Rebecca Struthers

Uhrwerke

REBECCA
STRUTHERS

UHR
WERKE

**Eine Uhrmacherin erzählt
die Geschichte der
Zeitmessung**

*Aus dem Englischen
von Christiane Wagler*

C.Bertelsmann

Die Originalausgabe erschien 2023 unter dem Titel
Hands of Time. A Watchmaker's History of the Time
bei Hodder & Stoughton, London.

MIX
Papier | Fördert gute Waldnutzung
FSC® C014496

Penguin Random House Verlagsgruppe FSC® N001967

1. Auflage

Lektorat: Eckard Schuster
Illustrationen: © Craig Struthers 2023
Fotos: © Andy Pilsbury 2023
Umschlaggestaltung: Hafen Werbeagentur, Hamburg,
unter Verwendung einer Vorlage von Holly Ovenden
Umschlagabbildung: © Holly Ovenden
Satz: satz-bau Leingärtner, Nabburg
Druck und Bindung: GGP Media GmbH, Pößneck
Printed in Germany
ISBN 978-3-570-10549-8

www.cbertelsmann.de

Im Gedenken an
Adam Phillips und Indy Struthers

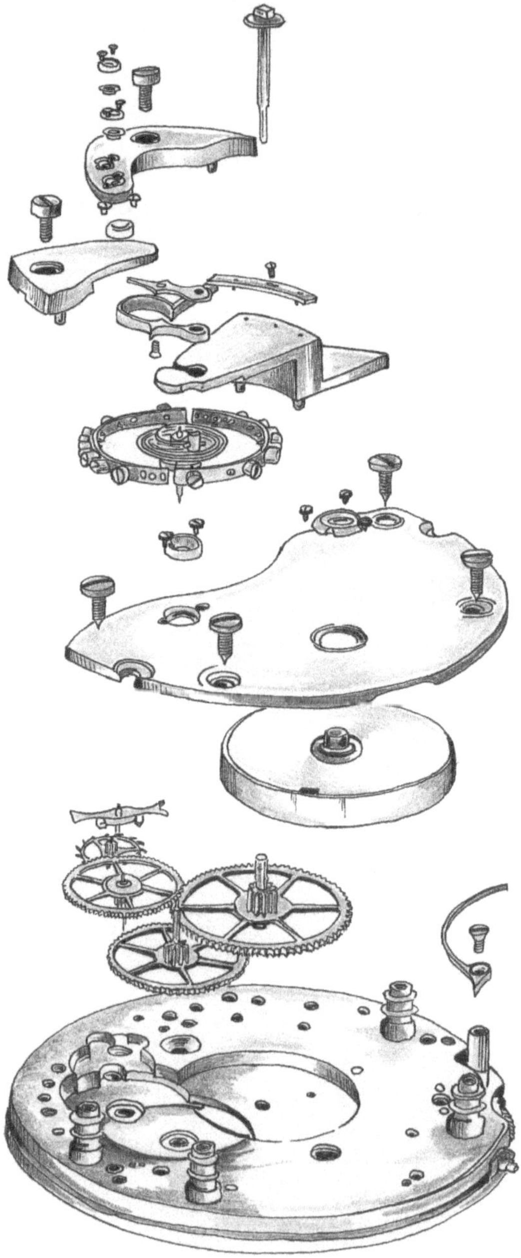

Inhalt

Rückblickendes Vorwort*

Jeff 10/3/71

Als ich mit neunzehn Jahren meine Ausbildung zur Uhrmacherin begann, brachte man mir bei, niemals eine Spur meiner Anwesenheit in einer Uhr zu hinterlassen, die ich restaurierte. Und doch können uns diese Spuren alle möglichen Geschichten über eigentlich leblose Gegenstände erzählen. So wurde das Vintage-Modell der Omega Seamaster auf meiner Werkbank von einem Mann namens Jeff am 10. März 1971 repariert. Das weiß ich, weil Jeff seinen Namen und das Revisionsdatum in die Rückseite des Zifferblatts eingravierte, damit er, falls die Uhr je wieder bei ihm landete, wusste, dass und wann er bereits einmal daran gearbeitet hatte.

Wir beschäftigen uns mit Objekten von nur ein paar Zentimeter Durchmesser, und daher ist die Welt einer Uhrmacherin oft nicht viel größer als ein Daumennagel. Doch sie nimmt uns völlig gefangen. Manchmal verstreicht ein ganzer Morgen, und ich habe kaum einmal den Blick von der briefmarkengroßen Mechanik abgewendet, die ich in Händen halte. Dann merke ich plötzlich, dass mein Kaffee kalt ist und meine Augen trocken sind, weil ich mich so sehr konzentriert habe, dass ich vergessen habe zu blinzeln. Mein Ehemann Craig ist auch Uhrmacher, und obwohl sich unsere Werkbänke gegenüberstehen, können wir den Tag in nahezu völligem Schweigen verbringen und kaum ein Wort

---

* Nach Alexander Marshack, *The Roots of Civilization.*

miteinander wechseln, es sei denn, um zu fragen, ob wir den Wasserkocher anstellen sollen. Wenn wir eine neue Uhr bauen, ob aus erhaltenen Teilen oder von Grund auf, kann uns das sechs Monate bis sechs Jahre beschäftigen. Wir können ganze Lebensabschnitte anhand dieser Uhren bemessen, und manchmal stellen wir fest, dass wir merklich gealtert sind, wenn wir sie fertiggestellt haben.

Unsere Werkstatt befindet sich in einem Goldschmiedebetrieb aus dem 18. Jahrhundert in Birminghams historischem Jewellery Quarter. Hier sind Handwerksleute seit sieben Generationen tätig, und die Mauern sind von dieser Vergangenheit durchdrungen. In den Räumen unter uns befinden sich jahrhundertealte Pressen, Matrizen und Texturplatten, mit denen noch immer Schmuck hergestellt wird. Unser kleines Zimmer im Obergeschoss ist hell und luftig, mit Oberlichtern und Bogenfenstern. Als wir hier einzogen und die Werkstatt einrichteten, berichtete man uns, dass im Zweiten Weltkrieg eine Bombe durch das Dach eingeschlagen, aber nicht detoniert sei. Ich riss die alte Dämmschicht vom Oberlicht ab und stieß auf einen vom Einschlag verkohlten Balken, den ich schrubbte und frei stehen ließ. Nun thront er über unserer Drehbank und der Räderschneidemaschine, die paradoxerweise aus Deutschland stammt. Wir nennen sie »Helga«. Sie steht auf einem langen Tisch, der sich über eine gesamte Seite unserer Werkstatt erstreckt und der mit einer Fülle alter Maschinen bestückt ist. Darunter ruhen zahlreiche Schubladen voller matt glänzender alter Uhrwerke und Bauteile, die wir im Laufe der Jahre angeschafft oder gerettet haben – oft von Edelmetallhändlern, die sie aus dem Gehäuse entnommen hatten, um sie als Altgold oder Altsilber zu verkaufen, oder aus alten Uhrmacherwerkstätten, die von der Familie aufgelöst wurden. Unsere »sauberen« Werkbänke sind auf der anderen Seite des Raumes, so weit wie möglich außer Reichweite von Öl und Schleifstaub, den die Maschinen gelegentlich verbreiten.

Wir halten die Werkstatt blitzblank, damit kein Schmutz oder Dreck in die sensiblen Uhrwerke gerät. In den hochmodernen Uhrenmanufakturen der Schweiz und Ostasiens haben die Werkräume Reinraumschleusen und Klebematten, um den Dreck von den Schuhen zu entfernen, und die Angestellten müssen einen Laborkittel und Schuhüberzieher tragen. Wir sind da ein bisschen entspannter. In einer Ecke döst Archie, unser Hund. Am Ende eines Tages, an dem wir neue Komponenten gefertigt haben, riecht es nach dem Gleitbahnöl der Drehbank, ein unverkennbarer Duft, fast wie der eines Tomatenstrauchs, mit einer metallischen Kupfer- und Eisennote. Um Drehbank, Fräs- und Bohrmaschinen türmen sich kleine Häufchen von Messing- oder Stahlspänen, und öl- und kaffeebefleckte Detailskizzen sind großzügig auf den Werkbänken verteilt. Wir fegen regelmäßig und gehen gelegentlich gemeinsam auf die Suche nach Bauteilen, die unbeabsichtigt davongeschnipst sind – in den meisten Uhrmacherwerkstätten könnte man aus den Teilchen, die zwischen den Dielen stecken oder unter die Schubladen gekullert sind, vermutlich eine komplette Uhr bauen. Unser Fußboden ist mit hellgrauem Linoleum ausgelegt, der perfekte Kontrast für gelbes Messing oder einen leuchtend roten Rubin-Lagerstein.* Dass die Fähigkeit, winzige glänzende Dinge auf dem Boden zu finden, als Kernkompetenz des Uhrmachers gilt, ist ein gut gehütetes Geheimnis.**

Die Vormieter unserer Werkstatt waren Emailleure, an diesem Ort wird seit mehr als zwei Jahrhunderten traditionelles Kunsthandwerk ausgeübt. Zumindest in unserem Raum hat sich nicht viel verändert. Obwohl wir auch Computer haben, sind die meisten der von uns verwendeten Werkzeuge und Maschinen zwischen fünfzig und einhundertfünfzig Jahre alt. Auch unsere Fertigkeiten stammen aus längst

---

* In vielen mechanischen Uhren sind die Lagersteine aus synthetischem Rubin oder Korund, weil diese eine unglaublich harte Oberfläche haben. Die kleinen Stahlzapfen, die die Zahnräder halten, können sich dann in dem Rubin drehen, ohne dass er durch die Reibung zu sehr abgenutzt wird.

** Unsere Jagd findet gewöhnlich unter dem aufmerksamen, wenn auch etwas verwirrten Blick von Archie statt, der nie so recht verstanden hat, warum man etwas sucht, das man nicht essen kann.

vergangenen Tagen. Im »Goldenen Zeitalter« der Uhrmacherei im 17. und 18. Jahrhundert war Großbritannien das Zentrum der Uhrmacherwelt. Heute gehören Uhrmacher und Uhrmacherinnen wie Craig und ich einer seltenen Spezies an. 2012 eröffneten wir unser Geschäft und reihten uns damit in eine Handvoll britischer Firmen ein, die mechanische Uhren von Grund auf bauen und antike Uhren aus den letzten fünf Jahrhunderten restaurieren können. Unsere Ausbildung jedoch gibt es nicht mehr. Die Rote Liste gefährdeter Handwerke (vergleichbar mit der Roten Liste gefährdeter Tier- und Pflanzenarten) der Organisation Heritage Crafts führt die kunsthandwerkliche Uhrmacherei derzeit als einen vom Aussterben bedrohten Beruf in Großbritannien auf.

Unser Können ist teilweise auch deshalb auf dem Rückzug, weil sich im Zeitalter des technischen Fortschritts mithilfe von CNC-Maschinen praktisch ganze Uhren bauen lassen. Und man kann sich natürlich auch fragen, warum wir uns mit dieser alten Ausrüstung abmühen, wenn wir stattdessen eine softwarebasierte Maschine mit einem am Computer erstellten Entwurf füttern könnten, die den Großteil der Fertigung für uns übernimmt. Aber wo bleibt dabei der Spaß? Wir lieben es, uns die Hände bei der Arbeit schmutzig zu machen und winzige Bauteile zu einem funktionierenden Mechanismus zusammenzusetzen. Man knüpft eine engere Beziehung zu den Dingen, die man herstellt, wenn man sie mit den Händen erschafft. Man kann die perfekte Schnittgeschwindigkeit der Drehbank oder des Bohrers hören und den richtigen Druck des Werkzeugs am Widerstand spüren. Wir mögen diese Art der Verbundenheit mit den Artefakten und den Generationen von Kunsthandwerkern, die uns vorausgegangen sind.

~

Die Zeit hat mich schon immer fasziniert, auch wenn ich nicht vorhatte, Uhrmacherin zu werden. Als Schülerin wollte ich Pathologin werden (das war, lange bevor die Forensik durch Krimiserien cool wurde). Ich war ein komischer Kauz und fand es spannend, wie etwas funktionierte, vor allem der menschliche Körper. Ich wollte mich mit Menschen befassen, obwohl es mir nicht leichtfiel, mich mit anderen zu unterhalten. Die Arbeit mit den Toten, dachte ich, würde mir eine Menge schwieriger Gespräche mit den Patienten ersparen. Mir gefiel die Vorstellung, herauszufinden, warum ein Körper versagt hatte. Dabei, so hoffte ich, könnte ich anderen helfen, etwa indem ich dazu beitrug, dass der Gerechtigkeit Genüge getan oder eine tödliche Krankheit besser verstanden wurde.

Eine Pathologin ist aus mir nicht geworden, doch die Restaurierung alter Uhren ist auch eine Art Spurensuche. Uhrwerke enthalten Dutzende, Hunderte und gelegentlich sogar Tausende Komponenten, von denen jede eine bestimmte Aufgabe zu erfüllen hat. Die einfachsten geben einfach nur die Zeit an. Die kompliziertesten (Zusatzfunktionen einer Uhr, die über die reine Zeitmessung hinausgehen, werden tatsächlich »Komplikationen« genannt) können die Stunden und Minuten auf Tonfedern aus fein gestimmtem Draht schlagen, mehr als ein Jahrhundert lang das korrekte Datum anzeigen oder die Sternkonstellationen sichtbar machen. Wenn irgendeines dieser Bauteile kaputtgeht, gereinigt oder geölt werden muss, bleibt das Uhrwerk stehen. Wenn wir eine Uhr restaurieren, nehmen wir sie auseinander, um die Ursache ihres Dahinscheidens zu finden, nur mit dem Unterschied, dass unser Objekt, wenn wir es repariert und wieder zusammengesetzt haben, die Chance auf ein neues Leben bekommt. Der letzte Arbeitsschritt beim Zusammenbau einer mechanischen Uhr ist das Einsetzen der Unruh, durch die sie wieder zu ticken anfängt. Zu hören, wie eine Uhr, die seit Jahren oder gar Jahrhunderten geschwiegen hat, wieder zum Leben erwacht, und zu wissen, dass ihr Ticken für mich genauso klingt wie für den Uhrmacher, der sie einst schuf, ist unbeschreiblich. Die Antriebsimpulse der Unruh werden als »Schläge« bezeichnet, die Spiralfeder, mit der sie reguliert wird, »atmet«.

Im Laufe der Zeit erschien es mir nur natürlich, nicht bloß an Uhren zu arbeiten, sondern auch über sie und ihre Geschichte nachzudenken und zu schreiben. Ich wurde die erste praktizierende Uhrmacherin im Vereinigten Königreich, die in Horologie (der Geschichte der Zeitmessung) promovierte. Schließlich sind Restaurateure bis zu einem gewissen Grad auch Historiker, und zwar praxisbezogene: Man muss wissen, wie etwas gebaut wurde und einst funktionierte, damit man es wieder in den Zustand versetzen kann, den sein Erbauer im Sinn hatte. Mittlerweile habe ich festgestellt, dass sich das Studium auch auf meine Arbeit ausgewirkt hat: Als Craig und ich anfingen, eigene Uhren zu fertigen, beeinflussten meine historischen Forschungen und Publikationen die Uhren, die wir herstellten. Es war also eine Art gegenseitiger Befruchtung. Mein Studium hat meine winzige Uhrmacherwelt erweitert. Das Objekt, dem ein Uhrmacher seine Aufmerksamkeit widmet, ist oft kleiner als ein Reiskorn, doch die Zeitmessung an sich ist vom Universum inspiriert – diesen Gegensatz von mikro und makro finde ich äußerst reizvoll. Und über die Bauweise einer Uhr aus dem 18. Jahrhundert zu grübeln und herauszufinden, was sie mir über ihre Herkunft und ihre vorherigen Eigentümer berichten kann, hat mein Bewusstsein nicht nur dafür geschärft, wie unsere Geschichte die Uhr geformt hat, sondern auch, wie die Uhr uns geformt hat.

Ohne Übertreibung lässt sich sagen, dass die Erfindung mechanischer Zeitmesser für die Kultur des Menschen ebenso wichtig war wie die Erfindung der Druckpresse. Stellen Sie sich nur einmal vor, Sie müssten einen Zug erreichen und könnten sich dabei bloß auf den Stand der Sonne verlassen. Oder Sie würden eine Online-Videokonferenz mit zweihundert Menschen aus aller Welt organisieren und die einzelnen Teilnehmer wüssten nur dann, ob es Zeit für das Meeting ist, wenn sie sich aus dem Fenster lehnten und die nächste öffentliche Uhr schlagen hörten. Oder, um es noch dramatischer auszudrücken, denken Sie an Chirurgen, die eine Organtransplantation durchführen oder einen Tumor entfernen müssten, ohne einen präzisen Bezugspunkt zu haben, anhand dessen sie den Herzschlag des Patienten ermitteln könnten. Unser Vermögen, Geschäfte zu tätigen, unseren Tag zu strukturieren und die lebensrettenden Errungenschaften in Wissenschaft und Medizin zu nutzen, beruht darauf – oder wird eigentlich erst dadurch ermöglicht –, dass uns die genaue Zeit zur Verfügung steht.

Von Anfang an hat die Uhr unsere Beziehung zur Zeit sowohl widergespiegelt als auch weiterentwickelt. Uhren erschaffen keine Zeit, sie bestimmen unser kulturelles Verständnis von Zeit. Alle zeitmessenden Geräte, seien es frühzeitliche Knochen mit eingeritzten Zählzeichen oder die Uhren, die ich auf meiner Werkbank instand setze, sind ein Mittel, um die Welt um uns zu zählen, zu messen und zu analysieren. Die ersten Zeitmesser bildeten natürliche Phänomene der Erde und des Sonnensystems ab. Auch heute noch können die modernsten Zeitcomputer, die wir besitzen – zum Beispiel Smartwatches wie die Apple Watch –, die Abläufe am Himmel verfolgen und mit unserem Planeten Schritt halten, während er sich im Laufe eines Tages auf seiner Bahn um die Sonne weiterbewegt. Die Systeme, die wir entwickelt haben, um diese Prozesse und unseren Platz darin zu verstehen, sind unsere Art, mit dem Universum zurande zu kommen, eine kosmische, rationale Ordnung anzuwenden, mit der wir unser Leben einfacher gestalten können.

Kleinuhren, also tragbare Uhren wie Armband- oder Taschenuhren, sind ein Wunder der Technik. Mechanische Uhren gehören zu den effizientesten Maschinen, die je erfunden wurden. Ich habe an Uhren gearbeitet, die seit den 1980er-Jahren nicht mehr zur Revision waren und trotzdem bis vor Kurzem noch liefen. Mir fällt beileibe keine andere Mechanik ein, die nahezu vierzig Jahre lang Tag und Nacht ihr Handwerk verrichtet, bevor sie gewartet werden muss. Stand 2020 besteht die komplizierteste Uhr der Welt aus fast 3000 Bauteilen und kann neben fünfzig weiteren Komplikationen den Gregorianischen, hebräischen, astronomischen Kalender und den Mondkalender anzeigen sowie die Stunden und Minuten schlagen – und das alles in einem Gerät, das in Ihre Handfläche passt. Das kleinste Uhrwerk aller Zeiten wurde erstmals in den 1920er-Jahren gefertigt und bietet achtundneunzig Bauteilen auf einem Rauminhalt von nur 0,2 Kubikzentimeter Platz. Das erste Chronometer, eine Uhr, die so präzise ist, dass Seeleute damit auf dem Meer die geographische Länge berechnen konnten, entstand mehr als sechzig Jahre vor der Erfindung des Elektromotors und mehr als einhundert Jahre vor der ersten elektrischen Lichtquelle. Seitdem haben Uhren Menschen auf den Gipfel des Everest, in die Tiefen des Marianengrabens, sowohl zum Nord- als auch zum Südpol und sogar zum Mond begleitet.

Unsere Vorstellung von Zeit ist untrennbar mit unserer Kultur verbunden. Tatsächlich rangiert das Wort »time« im Englischen unter den am häufigsten gebrauchten Substantiven[1] (wie auch das Wort »Zeit« im Deutschen – Anm. d. Ü.). In den kapitalistischen Gesellschaften des Westens ist Zeit etwas, das wir haben oder eben nicht haben, sparen oder verlieren, das voranschreitet oder sich hinzieht, stillzustehen scheint oder wie im Flug vergeht. Die Zeit trommelt beständig zu allem, was wir tun. Sie ist der Hintergrund und Kontext unserer Existenz und unseres Platzes in der heutigen hoch mechanisierten Welt.

Langsam, über Zehntausende Jahre, hat sich das Kräfteverhältnis zwischen Mensch und Zeit allmählich verschoben. Was damit begann, dass wir unser Leben um die Naturphänomene herum lebten, die die Welt über uns hereinbrechen ließ, entwickelte sich zu einer Sache, die wir zu beherrschen versuchten. Nun wirkt es oft so, als ob die Zeit uns beherrschen würde. Die Zeit, haben wir festgestellt, ist nicht so »beständig«, wie wir anfangs glaubten. Möglicherweise ist sie nicht universell, läuft immer weiter und wartet auf niemanden. Möglicherweise ist sie relativ, persönlich und eines Tages sogar umkehrbar – zumindest im medizinischen Sinne.

~

Mir war von Anfang an klar, dass ich lieber an kleinen als an großen Uhren arbeiten möchte. Armband- und Taschenuhren haben unseren Alltag seit Jahrhunderten begleitet und wurden direkt am Körper oder in Körpernähe getragen. Die Intimität dieser Beziehung fand ich schon immer faszinierend. Die Verbindung zwischen Mensch und Uhr, deren Ticken den Schlag unseres Pulses und den Rhythmus unseres Körpers widerspiegelt, war lange Zeit das engste Verhältnis, das wir zu einer Maschine hatten – bis natürlich die Mobiltelefone auf den Plan traten. In vielerlei Hinsicht sind Uhren eine Erweiterung von uns, eine Projektion unserer Identität, unserer Persönlichkeit, unserer Bestrebungen sowie unseres sozialen und ökonomischen Status. Eine Uhr ist der Zeitmesser eines Menschen, aber auch eine Art Tagebuch: In ihren ruhelosen Händen hält sie unsere Erinnerungen an die Stunden, Tage und Jahre, in denen wir sie getragen haben. Sie ist ein lebloses, aber ziemlich einzigartiges Archiv des menschlichen Lebens.

Auch dieses Buch ist eine Geschichte der Zeitmessung und der Zeit an sich, aber aus der ungewöhnlichen Perspektive einer Uhrmacherin des 21. Jahrhunderts. Wir beginnen mit den ältesten von Menschen gemachten Zeitmessern, die aus Knochen hergestellt wurden, die Schatten maßen oder sich der Elemente Wasser, Feuer und Sand bedienten. Anschließend erläutere ich, auf welchen Wegen spätere Erfinder natürliche Energiequellen mit technischer Finesse verbanden. Die ersten Uhren, wie wir sie kennen, waren das Ergebnis einer außerordentlichen Kombination aus Neugier, Experimentierfreude und hoch entwickelter Wissenschaft. Ihre Uhrwerke, die einst so groß waren, dass sie nur in riesigen Kirchtürmen Platz fanden, waren die Vorläufer der kleinen Zeitmesser, mit denen ich es tagtäglich auf meiner Werkbank zu tun habe.

Dann wenden wir uns dem magischen Kosmos der Kleinuhren zu. In jedem Kapitel ergründe ich eine Sternstunde in der Geschichte dieser Uhren, von ihrem Aufkommen vor fünfhundert Jahren bis zum heutigen Tag. Ich werde die unglaublichen technischen Fortschritte unter die Lupe nehmen, durch die diese Geräte tragbar und so präzise wurden, dass sie ihren Siegeszug um die Welt antraten. Dabei zeige ich auf, wie diese kleinen Instrumente Arbeit, Andacht und Kriege strukturierten und wie sie den europäischen Nationen dabei halfen, die Welt zu umsegeln und zu kartographieren, und damit den globalen Handel unterstützten und die koloniale Expansion ermöglichten. Wir werden erfahren, wie das nackte Überleben von Entdeckern und kampfmüden Soldaten von ihnen abhing und wie entscheidende historische Ereignisse von ihnen diktiert wurden. Außerdem zeichne ich nach, wie sie sich von einem elitären Statussymbol zu einem Alltagsgegenstand und dann wieder zurück zu einem Statussymbol entwickelten. Die Uhr ist das Metronom der westlichen Zivilisation an sich und gibt den Rhythmus vor, der unsere Vergangenheit bestimmt hat und auch heute noch unser zeit- und produktivitätsbesessenes Zeitalter dominiert.

Zudem ist es eine persönliche Geschichte. Meine eigenen Interessen schimmern unter dem Zifferblatt hindurch. Viele der in diesem Buch beschriebenen Uhren habe ich gewartet oder sogar restauriert, und ihre Geschichten stehen im Mittelpunkt dieser Erzählung. Einmal habe ich an einer Uhr gearbeitet, die Eltern ihrem Kind zur Hochzeit schenken wollten und die seit dem 18. Jahrhundert im Besitz der Familie war. Sie in Händen zu halten, instand zu setzen und dabei über ihre Vergangenheit und Zukunft nachzudenken, fühlte sich für mich so an, als würde ich eine Brücke über die Zeit an sich schlagen. Wenn man sich mit Jahrhunderten der Zeitmessung befasst, wird man sich seiner selbst auf unheimliche Weise bewusst. Bei der minutiösen Arbeit an einer alten Uhr spüre ich eine fast schon greifbare Verbindung zu den Menschen, die sie einst machten und trugen. Winzige Spuren, die andere hinterließen, fallen ins Auge wie eine Signatur – seien es im Uhrwerk verborgene Initialen oder Namen, wie der von Jeff, oder ein zweihundertfünfzig Jahre alter Fingerabdruck eines Emailleurs, der sich unabsichtlich und versteckt ins blaugrüne Schmelzglas der Zifferblattrückseite einer Taschenuhr eingebrannt hat. In dem Bewusstsein, dass ich ein weiteres Kapitel in der Chronik eines Gegenstands bin, der vor meiner Geburt erschaffen wurde und der, bei entsprechender Pflege, noch Jahrhunderte nach meinem Tod bestehen wird, sammle ich diese Lebenszeichen.

Als Uhrmacherin bin ich eine Hüterin, die diese Artefakte beschützt, ihre Geheimnisse in sich aufnimmt und sie für neue Beziehungen vorbereitet, die sie noch eingehen werden. Wenn gelegentlich eine Uhr zur Revision oder Reparatur wieder auf meinem Tisch landet, mit der ich mich Jahre zuvor schon einmal befasst habe, ist das wie ein Wiedersehen mit einer alten Freundin. Dann überfluten mich die Erinnerungen an die Kennzeichen und Besonderheiten der Uhr, und manchmal entstehen neue. Einmal bekam ich eine erst kürzlich wiederhergestellte Uhr mit einem Wasserschaden zurück; nicht lange nachdem sie ihm zum achtzehnten Geburtstag geschenkt worden war, tauchte sie mit ihrem leicht angetrunkenen neuen Besitzer in einem Swimmingpool bei einem Mallorca-Urlaub unter. Das Uhrwerk habe ich nun in seinen ursprünglichen Zustand zurückgebracht, doch der blasse Fleck um die Drei auf dem Zifferblatt ist eine beständige Mahnung daran, welche Tücken es in sich birgt, wenn man alte Präzisionsmechanik mit Tequila Shots und Chlorwasser mischt.

Jeden Morgen, wenn ich die Arbeit an meiner Werkbank aufnehme, ist die Uhr vor mir ein Neuanfang. Jede hat ihre ganz eigene Vergangenheit. Abgesehen von der technischen Finesse, erzählen jede Schramme und jeder Kratzer, jede verborgene Markierung eines früheren Reparateurs, selbst die Art, wie sie gestaltet, und die Technik, mit der sie hergestellt wurde, eine Geschichte, die weit mehr umfasst als das winzige Objekt vor meinen Augen.

1
Die Sonne im Blick

Kia whakatōmouri te haere whakamua
Ich gehe rückwärts in die Zukunft,
den Blick auf die Vergangenheit gewandt.

Maorisches Sprichwort

Die Natur hat mich schon immer in ihren Bann gezogen.

Als Kind tat ich nichts lieber, als Schnecken im Garten zu sammeln und mich dabei von oben bis unten mit Schleim und Schlamm zu bekleckern. Vor allem aber gefiel es mir, den Dingen auf den Grund zu gehen.

Eine meiner frühesten Erinnerungen ist, wie mein Vater mir sein Mikroskop zeigte. Erstaunt entdeckte ich eine andere Welt, die insgeheim in meiner existierte, mit bloßem Auge jedoch nicht zu sehen war. Das begeisterte mich so sehr, dass mir meine Eltern zu Weihnachten eine tragbare Version für Kinder schenkten, die mich auf meinen Streifzügen durch den Garten begleitete. Wir brachten Stunden damit zu, Teichwasserproben zu betrachten. Dann zeichnete ich die seltsamen und wunderbaren Kreaturen, die ich auf dem Objektträger hin und her huschen und kriechen gesehen hatte.

Ich wuchs in dem Birminghamer Vorort Perry Barr auf. Das war ein dicht besiedeltes Gebiet aus Backstein, Beton und Asphalt, das von der A34 und deren achterbahnartigen Über- und Unterführungen in zwei Teile getrennt wurde. Das, was einem Stückchen Landschaft am nächsten kam, war ein Ödland, auf dem die Leute illegal ihren Müll abluden und auf dem meine Schwester und ich heimlich spielten. Wir nannten es »Hintergrund« (es war buchstäblich der Grund hinter unserem Haus).

An die Jahreszeiten in Perry Barr kann ich mich nicht mehr recht entsinnen. Abgesehen von ein paar vereinzelten Schneeflocken im Winter, war das struppige Gras auf dem »Hintergrund« das ganze Jahr über rotbraun. Im Herbst sammelte sich Laub in glitschigen Klumpen auf dem Gehweg, während meine Eltern darüber diskutierten, ob es zu früh sei, die Heizung anzustellen. Nachts tauchten die Straßenlaternen den Himmel in ein milchig orangefarbenes Licht, das die Sterne fast unsichtbar machte.

Ich werde immer ein Mädchen aus Birmingham bleiben. Doch als ich Anfang dreißig war, blieb Craig und mir nichts anderes übrig, als wegzuziehen. Aus Kostengründen waren wir gezwungen, die Stadt zu verlassen und uns ein günstigeres Haus zu suchen, dessen Preis unser Einkommen als Selbstständige nicht sprengte. Wir kauften ein altes Webereigebäude in einer Kleinstadt im nördlichsten Teil von Staffordshire an der Grenze zum Peak District. Das war die billigste Bleibe, die wir in einem Radius von achtzig Kilometern um unsere Werkstatt finden konnten.

Keiner von uns beiden hatte jemals in einer so ländlichen Gegend gewohnt. Die ersten Monate brachten wir damit zu, mit unserem Hund die Felder, Wälder und Moore um unser neues Zuhause zu erkunden. Archies Lieblingsstrecke führte uns durch ein Tal, das, wie ich später erfuhr, Kleine Schweiz genannt wurde – eine passende Wahl für ein Uhrmacherpaar und dessen Wachhund.

Da wir schon immer von Relikten aus der industriellen Vergangenheit angezogen wurden, schlenderten wir gern an der mittlerweile zu Ausflugszwecken dienenden Strecke der Dampfeisenbahn entlang, die einst Cheshire mit Uttoxeter durch die Wälder von Dimmingsdale am Fluss Churnet entlang verband. Archie schnupperte aufgeregt an den vielen ungewohnten Duftmarkierungen von Dachs, Reh, Wiesel, Eule und Wühlmaus.

Mit den Jahreszeiten wandelten sich auch die Wege. Im Winter drangen die niedrigen Sonnenstrahlen durch die kahlen Zweige alter Eichen und reifbedeckter Hecken. Im Frühling tummelten sich Hasenglöckchen im Schatten der Wälder. Der Herbst brachte so dichten Nebel, dass wir manchmal nur ein paar Meter weit sehen konnten. Ich bemerkte, dass sich die Fauna auf den Feldern veränderte, in welcher Jahreszeit die Kühe auf der Weide waren und wann die Schafe Lämmer bekamen. Ich lernte auf leidvolle Weise, dass wir Archie im Spätwinter und Frühjahr, wenn die Äcker gedüngt wurden, von manchen Flecken unbedingt fernhalten mussten.

In meinem ersten Herbst im Cottage saß ich an einem wichtigen Uhrenprojekt, das zu Weihnachten fertig sein sollte. Es war ein besonders kompliziertes und ehrgeiziges Vorhaben, und während die Tage voranschritten, meine Arbeit aber nicht, sagte ich mir immer wieder: »Das Jahr ist noch nicht vorbei, ich habe noch Zeit.« Doch ich wünschte zunehmend, ich hätte meine Energie in die Erfindung einer Zeitmaschine und nicht in einen Zeitmesser gesteckt.

Eines Nachmittags im Spätherbst sah ich auf und erblickte einen Schwarm Kanadagänse, der lauthals trompetend in einer V-Formation den Himmel überquerte. Als die Wochen ins Land zogen, wurden die Schwärme größer und größer, bis eines Tages, als ich im Wald spazieren ging, der ganze Himmel von schlagenden Flügeln und schreienden Schnäbeln erfüllt war. Archie warf den Kopf hin und her mit einem neugierigen Ausdruck, der vermutlich entweder »Was ist das?« oder »Das sieht lecker aus, sollte ich mir eine schnappen?« bedeutete. Plötzlich erinnerte ich mich daran, wie ich als Kind auf dem »Hintergrund« gestanden und einen ähnlichen Gänseschwarm beobachtet hatte. Einen kurzen, bittersüßen Augenblick lang trafen Vergangenheit und Gegenwart aufeinander.

Auf der Nordhalbkugel sind Gänse, die sich scharen, ein sicheres

Archie beobachtet einen Schwarm Kanadagänse.

Anzeichen dafür, dass sich das Jahr dem Ende zuneigt.* Doch da mein Abgabetermin immer näher rückte, wäre es mir lieber gewesen, sie hätten damit aufgehört; es war fast so, als riefen sie mir zu, dass *meine* Uhr ticke. Auf gewisse Weise behielten sie wie ich die Zeit im Blick.

Wenn man weiß, wo man danach suchen muss, steckt die uns umgebende Natur voller Zeitindikatoren. Sie war unsere erste Uhr, und sie schlägt weiterhin für diejenigen, die sie zu lesen wissen. Weil der Mensch in der Natur lebte und von ihr durchdrungen war, entwickelte er die ersten Zeitmesser. Wenn Uhren ein persönliches Zeitmaß sind, dann war unsere erste Uhr unsere innere. Man könnte sagen, dass die Uhr aus unseren allerersten Bestrebungen hervorging, unser inneres Zeitgefühl mit dem in Einklang zu bringen, was wir in der Welt um uns wahrnahmen.

~

Das Artefakt, das man in der Archäologie derzeit für den stärksten Anwärter auf den frühesten bekannten Zeitmesser hält, ist 44 000 Jahre alt. Es wurde 1940 gefunden, als ein Mann, der in der heutigen Republik Südafrika Fledermaus-Guano sammelte, eine zwischen Büschen und Sträuchern verborgene Höhle in den Lebombo-Bergen entdeckte. Sie war mit alten Menschenknochen übersät, von denen einige 90 000 Jahre alt waren. Heute wird sie als *Border Cave* (Grenz-

---

* Ich dachte immer, Gänse seien Zugvögel. Doch in Großbritannien sind Kanadagänse mittlerweile heimische Standvögel, auch wenn sie sich im Herbst noch sammeln.

höhle) bezeichnet und ist einer der bedeutendsten Orte in der Geschichte der Menschheit. Die *Border Cave* war 120 000 Jahre lang durchgehend von Menschen bewohnt und bot ihnen Schutz im Leben und im Tod. Hoch oben in den Bergen gelegen und mit Blick auf die Ebenen des heutigen Eswatini (bis 2018: Swasiland – Anm. d. Ü.), war sie einfach vor Raubtieren und anderen Menschen zu verteidigen und ein guter Aussichtspunkt, um nach Beute Ausschau zu halten. Archäologen entdeckten dort mehr als 69 000 Artefakte, von denen viele ein umfassendes Verständnis der natürlichen Umgebung und der Auseinandersetzung mit ihr bezeugen:[1] Da waren Stöcke, mit denen nach kohlenhydratreichen Knollenfrüchten gegraben wurde, angespitzte Knochen für Lederarbeiten, Schmuckstücke aus Straußeneiern und Muscheln sowie Betten aus Gräsern, die in mehreren Lagen auf Asche und Kampferzweigen geschichtet wurden, die vermutlich Stechinsekten und Parasiten wie Zecken abwehren sollten.

Der außergewöhnlichste Fund für mich ist jedoch ein kleines Wadenbein eines Pavians, etwa so groß wie ein Zeigefinger, in das neunundzwanzig klar erkennbare Kerben geritzt sind und dessen Oberfläche glatt poliert ist von den Händen seiner Besitzer, die es über viele Jahre hinweg benutzten. Es ist der erste archäologische Beleg eines Zählzeichens in der Menschheitsgeschichte. Der Lebombo-Knochen entstand lange vor dem Aufkommen des Ackerbaus oder bevor es überhaupt irgendein Anzeichen einer jahreszeitlichen Planung gab, und erst recht lange bevor wir eine Vorstellung von so etwas wie einem normalen Arbeitstag entwickelten. Es ist ein Zählstock aus einer Zeit, als es, soweit uns bekannt ist, kaum etwas zu zählen gab.

Was also wollten unsere Vorfahren damit berechnen? Das lässt sich nicht mit Gewissheit sagen, aber es gibt eine wissenschaftliche Theorie. Neben dem Ablauf von Tag und Nacht waren die Mondphasen eine zweite Zeiteinteilung, nach der sich unsere Ahnen vermutlich richteten. Die Markierungen auf dem Knochen bestehen aus dreißig freien Flächen, die sich mit den neunundzwanzig Kerben abwechseln. Ein durchschnittlicher Mondmonat hat etwa 29,5 Tage. Wenn unsere Vorfahren abwechselnd die Kerben und die freien Flächen gezählt hätten, wären sie im Schnitt auf 29,5 Tage gekommen und hätten somit den Mondmonat richtig bestimmt.[2] Einige Wissenschaftler vermuten sogar, dass mit dem Knochen der Menstruationszyklus oder die Dauer einer Schwangerschaft ermittelt werden sollten. Mir gefällt der Gedanke, dass unsere Urur-hoch-unendlich-Großmutter damit die Tage herunterzählte.

Viele alte Kulturen glaubten an einen Zusammenhang zwischen Mond- und Menstruationszyklus, und diese Ansicht hält sich bis zum heutigen Tag. In einer neueren Studie konnte zwar keine eindeutige Verbindung nachgewiesen werden, aber es wurde gemutmaßt, dass diese Synchronizität durch unseren modernen Lebenswandel, insbesondere weil wir künstlichem Licht ausgesetzt sind, aufgeweicht wurde.[3] Gibt es einen Zusammenhang, wären wir beileibe nicht die einzigen Geschöpfe, deren innere Uhr an den Rhythmus der Natur angepasst ist.

Mein Freund Jim,* Landwirt und Master Blender für Whisky in Westschottland, und seine Frau Janet, eine Schäferin in vierter Generation, berichteten mir, dass die rasant abnehmende Tageslichtlänge im November bei ihren Mutterschafen die Ovulation einsetzen lasse. Mit unglaublicher Berechenbarkeit und innerhalb weniger Tage folgen alle Mutterschafe der Herde praktisch dem gleichen Zyklus. Innerhalb von zwei Zyklen sind die meisten, wenn nicht alle Mutterschafe trächtig. Einundzwanzig Wochen darauf, etwa in der ersten Aprilhälfte, kommen die Lämmer zur Welt, genau zu dem Zeitpunkt, wo der bitterkalte

---

* Jim lernte ich durch unsere gemeinsame Leidenschaft für Whisky und Handwerk kennen, eine der vielen ungewöhnlichen und faszinierenden Beziehungen, die man im Laufe der Zeit eingeht, wenn man in einem ebenso seltenen wie vielschichtigen Beruf arbeitet.

Winter endet und im Frühling alles zu sprießen anfängt. Jim bezeichnet diese zeitliche Abstimmung als »die Mäuler auf das Grasen vorbereiten«.

Wenn die Lämmer geboren werden, ein oder zwei Tage um den 17. April herum, kehren die Schwalben von ihrer 10 000 Kilometer langen Wanderung zurück und lassen den heißen südafrikanischen Sommer hinter sich. Zwischen den Jungtieren und den nistenden Schwalben zieht das Frühjahr auf dem Bauernhof ein, was Jim liebevoll als »gewaltigen Ausbruch des Lebens« bezeichnet. Im September versammeln sich die Schwalben auf Telegrafenmasten und Ästen und wissen irgendwie, dass es Zeit zum Aufbruch ist.

Jedes Lebewesen hat eine innere Uhr. Wer wie ich mit einem Hund unter einem Dach wohnt und geregelte Arbeitszeiten hat, dem wird aufgefallen sein, mit welch unheimlicher Genauigkeit unser Vierbeiner weiß, wann wir in etwa nach Hause kommen. Man vermutet, das liege daran, dass wir in dem Moment, in dem wir aus der Haustür treten, eine menschliche Duftmarkierung für unseren Hund hinterlassen. Er lernt, dass es, wenn sich der Geruch auf ein gewisses Niveau abgeschwächt hat, Zeit für unsere Rückkehr ist. Der Hahn, der den Tagesanbruch verkündet und ein universaler Zeitmesser ist, lebt nach einem inneren zirkadianen Rhythmus mit einer Länge von durchschnittlich 23,8 Stunden, weshalb er kurz vor Sonnenaufgang kräht. Uns ist bekannt, dass selbst Mikroorganismen wie Plankton bei Anbruch der Nacht zur Wasseroberfläche aufsteigen und sich in der Morgendämmerung wieder in die Tiefe sinken lassen. Man kann mit ziemlicher Bestimmtheit sagen, dass sie Unterschiede in der Intensität der UV-Strahlung spüren (in der prallen Sonne tauchen sie ein bisschen tiefer ins Wasser ab, um keinen Schaden zu nehmen) und daher anhand des Sonnenlichts zwischen Tag und Nacht unterscheiden können. Es wurde sogar bei überwachten Experimenten in einem abgedunkelten Aquarium beobachtet, wie die Organismen mehrere Tage lang trotz der völligen Abwesenheit von Licht ihre Vertikalwanderung

»Oje, ist es wirklich schon so spät?« Ein Plankton steigt an die Oberfläche auf.

fortsetzten. In anderen Worten: Auch sie haben eine biologische Uhr, die auf einem Vierundzwanzig-Stunden-System basiert.[4]

Unser Vermögen, unsere innere Uhr zu deuten, ist schwächer ausgebildet als bei den meisten Tieren, denn es unterliegt unserem Zeitempfinden, das von Emotionen verzerrt sein kann:[5] Glück, etwas Neues und eine intensive Beschäftigung scheinen die Zeit zu beschleunigen, Langeweile und Angst sie hingegen zu verlangsamen. Zweifelsohne haben wir eine biologische Uhr, fast wie einen sechsten Sinn, aber sie ist nicht allgemeingültig (meine innere Uhr kann sich von Ihrer inneren Uhr unterscheiden). Zeitmesser sind ein Symbol unseres Bestrebens, unser intuitives Zeitbewusstsein zu teilen, zu messen und anderen zugänglich zu machen. Der Lebombo-Knochen deutet darauf hin, dass wir dieses Bedürfnis bereits vor 40 000 Jahren hatten.[6]

Alte Messgeräte sind auf fast jedem Kontinent gefunden worden. Viele der ältesten Beispiele sind unabhängig voneinander entstanden, und ihre Strukturen lassen auf unterschiedliche Zwecke schließen. Als sich im Aurignacien die ersten anatomisch modernen Menschen in Europa ausbreiteten, hinterließen sie etwas, das wie ein Vorläufer eines Kalenders aussieht. Ein auf der Schwäbischen Alb entdecktes Elfenbeintäfelchen aus dem Stoßzahn eines Mammuts ist möglicherweise die weltweit älteste Darstellung eines Sternzeichens.* In der Demokratischen Republik Kongo weist ein 25 000 Jahre altes Griffelwerkzeug, das als Ishango-Knochen bekannt ist, eine Reihe von Einkerbungen auf, aus der sich Primzahlen ablesen lassen und die für Rechenoperationen wie Addition, Subtraktion und Verdopplung gedient haben könnten.[7]

* Dessen 86 Kerben könnten die Anzahl der Tage repräsentieren, an denen Beteigeuze, einer der beiden auffälligsten Sterne des Orions, sichtbar ist.

Diese tragbaren Artefakte markieren wahrscheinlich einen entscheidenden Wendepunkt im Denkvermögen unserer Spezies. Der Philosoph William Irwin Thompson drückt es so aus: »Der Mensch streifte nun nicht mehr einfach nur durch die Natur; er miniaturisierte das Universum und trug ein Modell davon in seiner Hand in Form eines Mondkalender-Kerbstocks.«[8] Ich denke, diese Objekte sind viel mehr als das. Indem wir kosmische Ereignisse auf einem Gerät abbilden, das wir uns um das Handgelenk binden oder in der Hand halten können, reden wir uns – vielleicht törichterweise – ein, dass wir das Unkontrollierbare kontrollieren könnten. Diese Dinge geben uns das Gefühl, dass wir nicht mehr bloß in der Zeit existieren, sondern dass wir sie *nutzen*, und zwar zu unserem Vorteil.

~

Wie fühlte sich die Zeit für unsere Urahnen an? Lebten sie einfach nur »im Moment«, wie es so manch ein Fan von Selbsthilfeliteratur zusammenfantasiert? Gut möglich, dass sie sich in einem »Überlebensmodus« befanden. Jeder Mensch, der schon einmal extreme Bedingungen erfahren hat, unter denen Nahrung, Wärme und Sicherheit begrenzt und bedroht sind, weiß zu berichten, dass er sich dann einzig und allein auf das Hier und Jetzt konzentriert hat. Aber es ist gewissermaßen ein »Fortschrittsmythos«, zu glauben, dass der Frühmensch, nur weil wir keine Belege dafür haben, dass er ein Verständnis davon zum Ausdruck brachte, zu einem bestimmten Zeitpunkt zu leben, auch keines hatte. Die Entwicklung der Höhlenmalerei, die sich bereits vor 45 000 Jahren herausbildete und vor 35 000 Jahren immer weiter verbreitete, bezeugt möglicherweise eine Vorstellung von einer entfernteren Vergangenheit und Zukunft. Wenn Sie regelmäßig eine Höhle aufgesucht hätten, in der es schon Felsmalereien gab, hätten Sie vielleicht ganz selbstverständlich an die Vorfahren gedacht, die sie vor Ihnen schufen. Und wenn Sie dann selbst Spuren an den Wänden hinterlassen hätten, hätten Sie womöglich über die Generationen nachgesonnen, die sie nach Ihrem Tod zu Gesicht bekämen. Aber es lässt sich nicht herausfinden, wo der Ursprung unseres gemeinsamen Zeitverständnisses liegt. Das spätere Aufkommen von Grabbeigaben vor etwa 13 000 bis 15 000 Jahren liefert uns schlüssigere Beweise für den Glauben an eine Zeit, die jenseits unserer eigenen liegt. Dass man nahestehende Menschen mit ihren wertvollen Besitztümern wie einem Lieblingsmesser, Schmuck oder Spielzeug begrub, lässt vermuten, dass diese Objekte für ein Leben im Jenseits gedacht waren.

Vor ein paar Jahren entdeckten Archäologen eine 23 000 Jahre alte Siedlung am fruchtbaren Ufer des Sees Genezareth in Israel. Dort stießen sie auf hundertvierzig verschiedene Pflanzenarten wie Emmer, Gerste, Hafer und vor allem auf Überreste unzähliger Unkrautpflanzen (Unkraut gedeiht auf bearbeiteten Böden und Kulturland, weshalb es der Fluch jedes Gärtners ist).* Dieser Ort ist der früheste bekannte Beleg einer einfachen Landwirtschaft, die etwa 11 000 Jahre früher einsetzte als zuvor angenommen.[9]

Diese ersten Ackerbauern beobachteten vermutlich auch den Stand der Sonne, die Phasen des Mondes und die Wanderung der Tiere. Vor allem aber hatten sie ganz eindeutig eine Vorstellung von Zukunft: Sie begriffen, dass sie, wenn sie etwas in der Gegenwart anbauten, den Lohn für ihre Bemühungen ein paar Monate später ernten konnten.

Das ist immer noch weit entfernt von der modernen Zeitauffassung, die nach den Stunden auf dem Zifferblatt einer Uhr bemessen wird. Für unsere Vorfahren wurde die Zeit nicht durch abstrakte Zahlen eingeteilt, sondern durch natürliche *Ereignisse* wie Jahreszeiten und die zugehörigen Witterungsbedingungen. So beschrieb der kenianische Philosoph Rev. Dr. John S. Mbiti auch die ereignisbezogene Zeitorientierung in Bezug auf traditionelle afrikanische Jäger-und-Sammler-Gruppen:[10] »Es gibt den ›heißen‹ Monat, den Monat des ersten Regens, den Jätmonat, den Bohnenmonat, den Jagdmonat usw. Es spielt keine Rolle,

* Außerdem wurden ein Mahlstein und Sicheln ausgegraben, was darauf hindeutet, dass das Getreide nach einem System angebaut, geerntet und verarbeitet wurde.

ob der ›Jagdmonat‹ fünfundzwanzig oder fünfunddreißig Tage hat: Das Ereignis der Jagd hat eine viel größere Bedeutung als die mathematische Länge des Monats.« Zyklen von längerer Dauer, wie ein Jahr, wurden anhand sich wiederholender landwirtschaftlicher Perioden bemessen, wie jeweils zwei vergehende Regen- und Trockenzeiten, wobei diese vier Perioden zusammen ein Jahr ergaben. Die genaue Anzahl von Tagen in einem Jahr war nicht wichtig, »da ein Jahr nicht in Form mathematischer Tage, sondern in Form von Ereignissen gerechnet wird. Daher hat ein Jahr vielleicht dreihundertfünfzig Tage, ein anderes hingegen dreihundertneunzig Tage. Die Jahre können sich, wie es oft auch der Fall ist, in der Länge nach Tagen unterscheiden, nicht aber hinsichtlich der Perioden und anderer regelmäßiger Ereignisse.« In vielerlei Hinsicht ist dieses System viel sinnvoller als unser Versuch, die unwägbaren Launen der Natur unserem Willen zu unterwerfen. Unsere Hoffnungen darauf zu setzen, dass ein Naturereignis an einem numerischen Tag oder zu einer numerischen Stunde in einem vom Menschen konstruierten kalendarischen System eintritt, ist zum Scheitern verurteilt.

Auch das Geschichtenerzählen war ein Stützpfeiler in einem ereignisbezogenen System der Zeiterfassung. Ohne einen numerischen Kalender, auf den man sich beziehen konnte, waren Erzählungen über Vorfahren – und ihre Erfahrungen mit guten und schlechten Ernten, Überschwemmungen, Dürren, Finsternissen – eine wertvolle Methode, um der Vergangenheit eine Gestalt zu geben und sich bewusst zu werden, wie sie sich auf die Gegenwart auswirkte und den Grundstein für die Zukunft legte. In einigen Communitys der Aborigines, die in den Küstenregionen des heutigen Australien leben, reichen diese Geschichten zurück bis zum Anstieg des Meeresspiegels nach der letzten Eiszeit vor 10 000 Jahren.[11] Auch die maorische Kultur legt großen Wert auf Genealogie und Abstammung – auf alles, was vor ihr kam – und hat dafür das wundervolle Wort »Whakapapa« (ausgesprochen: »Fakapapa«) geprägt. Für sie ist eine bedeutungsvolle Zukunft ohne Kenntnis der Vergangenheit unvorstellbar.[12]

Die Natur beeinflusst noch immer unsere Beziehung zur Zeit – selbst in unserem zunehmend digitalisierten Zeitalter. Dass es uns im Winter, wenn es früh noch dunkel ist, schwerer fällt, aus dem Bett zu steigen, beweist, dass das Licht entscheidender ist als die bloße Uhrzeit. Bis heute berechnen wir die Dauer einer Schwangerschaft in Mondmonaten (zehn Mondmonate entsprechen vierzig Wochen) oder planen Strandausflüge nach den Gezeiten. Wenn sich die Farbe der Blätter an den Bäumen ändert oder plötzlich ein kühlerer Wind weht, macht uns das viel deutlicher begreiflich, dass sich der Sommer dem Ende zuneigt, als irgendein Datum im Kalender.

Außerdem beruht auch unsere Zeitmessung *noch immer* auf Ereignissen und Episoden. Wir sagen: »Das war kurz vor deiner Geburt«, »Das war im Sommer nach meinem Schulabschluss«, »Das war im Monat nach unserer Hochzeit«, und nutzen damit wichtige Einschnitte in unserem Leben, um etwas einzuordnen. Die heutigen Generationen werden noch viele Jahre lang Geschehnisse in »vor« oder »nach Covid« einteilen. Die Pandemie war ein nahezu globales Ereignis, auch wenn für alle, die während der Lockdowns zu Hause festsaßen, die Zeit jegliche Bedeutung verlor. Da alle prägnanten Erlebnisse ausfielen, die ein Jahr normalerweise kennzeichnen – Hochzeiten und Urlaube, Partys und Prüfungen, selbst Weihnachten –, fühlten sich die Tage seltsam »aus der Zeit gefallen« an.

~

Schließen Sie die Augen und stellen Sie sich eine Armbanduhr vor.

Ich nehme an, Sie sehen ein analoges Zifferblatt vor Ihrem geistigen Auge, das in zwölf Abschnitte unterteilt ist.* Zwei Zeiger bewegen sich »im Uhrzeigersinn«. Und das Ganze ist an einem tragbaren Band befestigt.

---

* Obgleich das wahrscheinlich von Ihrem Alter abhängt! Da mittlerweile Mobiltelefone und Computer als unsere prädestinierten Zeitanzeigen dienen, sind analoge Uhren im öffentlichen Raum ein immer seltenerer Anblick. Viele Bahnhöfe verwenden heutzutage digitale Anzeigen. Und weil analoge Zeitmesser nicht mehr allgemein gebräuchlich sind, hängen auch in zahlreichen Klassenzimmern nun digitale Uhren.

All diese Komponenten wurden im Alten Orient und in der Antike festgelegt. Und sie alle entstanden im Dialog mit der Natur. Den Sumerern, der frühesten bekannten Zivilisation Mesopotamiens (im heutigen Irak und Syrien), wird oft die Erfindung des ersten numerischen Systems zur Zeitmessung zugeschrieben.[13] Sie entwickelten das früheste schriftliche Rechensystem, das auf der Zahl Sechzig basiert und das bis heute vorgibt, wie wir Minuten, Stunden, Winkel und geographische Koordinaten quantifizieren. Diese Zahl war einfach teilbar ohne komplizierte Bruch- oder Dezimalzahlen. Außerdem war sie durch drei teilbar, was vorteilhaft ist, weil der menschliche Körper quasi einen eingebauten Rechner für die Dreierreihe hat. Jeder unserer Finger hat drei Knöchel, also hat eine Hand (den Daumen nicht mitgerechnet!) zwölf Fingerknöchel. Beide Hände zusammen ergeben vierundzwanzig Fingerknöchel. Dieses Zählsystem könnte möglicherweise der Ursprung unseres Vierundzwanzig-Stunden-Tages sein.

Anderthalbtausend Kilometer westlich von Sumer im Alten Ägypten begannen die Gelehrten, anhand von Sonne und Sternen die Zeit noch weiter zu unterteilen.

Vor etwa 5000 Jahren richteten sie den Beginn des Sonnenjahres (der Zeit, die die Erde braucht, um sich einmal um die Sonne zu bewegen) nach dem Wiedererscheinen des Hundssterns Sirius aus, das eng mit der Nilschwemme und der Sommersonnenwende zusammenfiel.[14]

Auch unsere Vorstellung von »Uhrzeigersinn« geht auf die Sonne zurück, allerdings erfolgte die Festlegung anhand eines zufälligen Standorts. Die Kulturen, die unsere heutigen Zeiteinteilungssysteme formten, befanden sich im Allgemeinen in der nördlichen Hemisphäre. Und wenn Sie auf der Nordhalbkugel die Bahn der Sonne am Himmel verfolgen wollen, müssen Sie nach Süden blicken. Von dieser Position aus bewegt sich die Sonne im Verlauf eines Tages von links nach rechts, und ihr Schatten wandert von rechts nach links, in anderen Worten, im Uhrzeigersinn. Gewiss brachte diese einfache Beobachtung unsere Vorfahren dazu, die Zeit anhand der Länge und des Winkels der Schatten zu bemessen, die Menschen, Gebäude oder Bäume in ihrer Umgebung warfen. Die Sonnenuhr, die erste »Uhr mit Zifferblatt«, wie wir sie kennen, war der Versuch, sich ebendieses Phänomen zunutze zu machen. Die zufälligen schattenwerfenden Objekte wurden durch einen senkrecht in den Boden gesteckten Stab ersetzt, den man »Gnomon« (griechisch für »Schattenwerfer«) nannte.

Keiner weiß, wer die Sonnenuhr ursprünglich erfand. Sie tauchte überall auf der Welt auf, vom Steinkreis im englischen Stonehenge (um 3000 v. Chr.), der nach der Sommer- und Wintersonnenwende ausgerichtet ist, bis zu den bemalten Stöcken, mit denen in der altchinesischen astronomischen Stätte Taosi (um 2300 v. Chr.) Schattenberechnungen angestellt wurden. Im Tal der Könige, einer altägyptischen Begräbnisstätte, wurde auf dem Boden einer Arbeiterhütte eine auf Mitte des 2. Jahrtausends v. Chr. datierte flache Kalksteinplatte gefunden, auf der das Zifferblatt einer sehr frühen Sonnenuhr abgebildet war. Der Gnomon, in diesem Fall ein vertikaler Stift, der durch ein Loch in der Mitte der Sonnenuhr gesteckt wurde, ist nicht erhalten, aber einst warf er seinen Schatten auf einen in Schwarz aufgezeichneten Halbkreis, der in zwölf Abschnitte mit einem Abstand von etwa fünfzehn Grad unterteilt war. Die grobe Einteilung reichte aus, damit ihr Besitzer den Beginn des Arbeitstages, die Mittagspause und die Zeit ablesen konnte, wann er seine Sachen packen und heimgehen musste, bevor es dunkel wurde. Eine »echte« Sonnenuhr setzt sich aus ebenjener Kombination aus Gnomon und Zifferblatt zusammen.

Sonnenuhren dienten noch einem weiteren wichtigen Zweck: Sie waren der Mittelpunkt einer Gemeinschaft. Oft im Herzen von Siedlungen und Städten errichtet, stellten sie für die Bevölkerung eine einheitliche Zeitangabe dar, zu der jeder Zugang hatte und nach der sich jeder richten konnte. Dieses kollektive Zeitverständnis war für die Entwicklung der Zivilisation von entscheidender Bedeutung. Indem wir den Himmel kartierten und den Sonnenlauf aufzeichneten, konnten wir Leben und Alltag großer Gruppen von Menschen in immer kleinere und genauere

Zeitabschnitte untergliedern. Diese Strukturierung erleichtert die Zusammenarbeit und Interaktion mit anderen – sei es in der Landwirtschaft, im Handel, in der Bildung oder der Verwaltung – und hilft uns dabei, Pläne für die Zukunft zu schmieden.

In den Stunden der Dunkelheit blickten die Alten Ägypter auf zu den Sternen und nutzten sie wie eine riesige Himmelsuhr[15] (auch wir messen Zeitabschnitte noch anhand von Tierkreiszeichen und Sterngruppierungen).* Die ägyptischen Astronomen identifizierten mindestens dreiundvierzig verschiedene Sternbilder.[16] Dazu gehörten »sꜣ« (oder Sah, das Teile des Sternbilds Orion umfasst), »*ʿryt*« (Transkription von »Maul, Kiefer«, heutiges Sternbild Cassiopeia), »knmt« (bedeutet vermutlich »Kuh« und steht für das Sternbild Canis Major oder Großer Hund) und »nwt« (die Milchstraße und Symbol der Himmelsgöttin Nut). Außerdem kannten sie die Planeten Merkur, Venus, Mars, Saturn und Jupiter und konnten Mondfinsternisse berechnen und vorhersagen.[17] Die Himmelskalender spielten eine wichtige Rolle bei der Vorbereitung des jährlichen Mondfestes. Dabei wurden dem Mondgott und dem Fruchtbarkeitsgott Osiris bei Neumond Schweine geopfert.

Wenn ich mir eine Uhr vorstelle, höre ich sie immer ticken, eine kontinuierliche, quälende Erinnerung daran, wie schnell unsere Zeit auf diesem Planeten verstreicht. Viele frühe Zeitmesser zeichneten ebenfalls das *Vergehen* der Zeit auf. Wasseruhren taten dies, indem sie sich die gleichmäßige Geschwindigkeit zunutze machten, mit der Wasser durch ein Loch fließt. Die ersten Exemplare waren überraschend simpel: Im Grunde bestanden sie aus einem Tongefäß, das mit einer bestimmten Menge Wasser gefüllt war, das in ein zweites Tongefäß sickerte. Sie basierten auf einem genauen Verständnis von Volumen und Fließgeschwindigkeit. Bei diesen Uhren ging die Zeit buchstäblich zur Neige

---

* Die Konstellation des Großen Bären (Ursa Major) am Nachthimmel markiert die Jahreszeiten im Uhrzeigersinn. Der Schwanz des Bären zeigt im Frühling nach Osten, im Sommer nach Süden und im Winter nach Norden.

und musste dann von einem pflichtbewussten Bediensteten aufgefüllt werden. Die alten Ägypter hatten Wasseruhren aus Alabaster und schwarzem Basalt, wohingegen an der Schwarzmeerküste in der heutigen Ukraine Exemplare aus Ton aus der Bronzezeit gefunden wurden. Auf der gesamten Welt entstanden Variationen dieses einfachen Systems, vom Alten Babylon und Persien bis nach Indien, China, Nordamerika und dem Alten Rom. Im Alten Griechenland wurden am Athener Gerichtshof Klepsydren (»Wasserdiebe«) zur Bemessung der Redezeit verwendet. Einige dieser Uhren konnten sogar einen Ton von sich geben. Bei einer 427 v. Chr. von Platon erfundenen Wasseruhr sind vier Keramikurnen übereinander angeordnet. Das Wasser im obersten Gefäß sickert dann langsam und kontrolliert in das Gefäß darunter. Wenn diese Urne voll ist, ergießt sich das Wasser zu einem genau berechneten Zeitpunkt, der von der Größe der Urne und der Geschwindigkeit des darin einfließenden Wassers abhängt, auf einen Schlag durch einen Siphon in das dritte Gefäß. Die durch die plötzliche Wasserzufuhr verdrängte Luft in dieser Urne strömt durch ein Ventil am oberen Rand, das einen Pfeifton abgibt. Die vierte Urne am unteren Ende fängt das Wasser auf, damit es wiederverwendet werden kann.

Im England des 9. Jahrhunderts setzte Alfred der Große, König der Westsachsen, Kerzenuhren* wie ein moderner Produktivitätsguru ein und hielt sich an einen strengen Tagesablauf, der aus acht Stunden königlichen Pflichten, acht Stunden Studium und acht Stunden Schlaf bestand.[18] Seine »Uhr« bestand aus sechs Kerzen gleicher Höhe und gleichen Umfangs. Jede brannte innerhalb von vier Stunden herunter und war durch zwölf gleich große Abschnitte markiert, die für je zwanzig Minuten standen. Also zeigten zwei Kerzen die Zeit für Alfreds tägliche Lese- und Schreibarbeit an (er war ein passionierter Gelehrter, der

* Kerzenuhren wurden aus Walrat gefertigt und kamen vermutlich in China um 200 v. Chr. auf. Aufgrund ihrer relativ stabilen und gleichmäßigen Brenndauer eigneten sie sich für Innenräume und bei Nacht.

eine Vielzahl lateinischer religiöser Schriften ins Altenglische übertrug), ein zweites Paar stand parat, wenn er Kampftaktiken plante, um sein Land gegen die einfallenden Wikingerheere zu verteidigen, oder wenn er Streitigkeiten zwischen seinen Untertanen schlichtete. Das dritte Paar wachte über den König, während er schlief.

Als die Menschen immer mobiler wurden und die Zeit bestimmen mussten, die sie auf Reisen verbrachten, erwiesen sich viele der herkömmlichen Zeitmesser als unpraktisch: Sonnenuhren waren zu unbeweglich, das Wasser in den Klepsydren schwappte überall herum, und Kerzenuhren wurden vom Wind ausgeblasen. In der zweiten Hälfte des Mittelalters kamen zunehmend auch Stundengläser oder Sanduhren zum Einsatz. Ende des 13. Jahrhunderts wurden Sanduhren auf Schiffen verwendet. In seinen zwischen 1306 und 1313 verfassten *Documenti d'Amore* bestand Francesco da Barberino darauf, dass für einen Seemann neben einem Magnetstein (Kompass), einem erfahrenen Steuermann, einem guten Ausguck und einer Karte auch eine Sanduhr unabdingbar sei.[19] Ende des 15. Jahrhunderts soll Christoph Kolumbus ein »Ampoletta« (Ampulle, eine Art Glaskolben) genanntes Halbstundenglas gehabt haben, für das der Steuermann zuständig war.[20] Ob die Ampoletta richtig gebraucht wurde, ließ sich überprüfen, indem man die Anzahl der entleerten Stundengläser mit dem Zeitraum von einer Mittagssonne bis zur nächsten Mittagssonne verglich. Mithilfe von Sanduhren konnten Seeleute nicht nur die Zeit, sondern auch ihre Position bestimmen: Wenn man wusste, *wie viel* Zeit vergangen war, seit man in See gestochen war, und mit welcher Geschwindigkeit man unterwegs war (die buchstäblich in Knoten gemessen wurde, indem man während der Fahrt ein an einem Holzbrett befestigtes Seil, an dem sich Knoten in gleichen Abständen befanden, über Bord warf und zählte, wie viele Knoten in einem bestimmten Zeitraum durch die Hände des Seemanns glitten), konnte man ungefähr berechnen, wo man sich befand und wann man wieder Land erreichen würde. Diese Methode nennt man Koppelnavigation, und jahrhundertelang war die Sanduhr der beste zur Verfügung stehende Zeitmesser. Es brauchte noch weitere fünfhundert Jahre und eine Revolution in Wissenschaft und Technik, bevor die mechanische Uhr die Genauigkeit der Sanduhr bei der Messung der geographischen Länge auf See erreichte.

Im 16. Jahrhundert wurden Sonnenuhren klein und tragbar. Ringsonnenuhren* (die kleinsten waren in etwa so groß wie der Ehering eines Mannes) waren mit Gravuren versehene Metallringe, die man gegen die Sonne halten und von denen man die Zeit ablesen konnte, wenn das Licht durch ein kleines Loch auf den Hauptring fiel und einen hellen Punkt auf eine Ziffernskala auf der Innenseite warf. Die Uhr bestand aus separaten Metallteilen, die bewegt werden konnten, um den richtigen Monat und Breitengrad einzustellen, sodass die genaue Zeit angezeigt wurde. Ihre Erfindung wird Gemma Frisius (1508–1555) zugeschrieben, einem niederländischen Mathematiker und Philosophen, der seine Idee für einen »astronomischen Ring« 1534 dem Graveur und Goldschmied Gaspard van der Heyden vorstellte – eine Zusammenarbeit von Wissenschaft und Handwerk, die die Uhrmacherkunst vorausahnen ließ.

Das Armband, das wir uns am Anfang des Kapitels vorgestellt haben, ist ein wesentliches Merkmal einer Kleinuhr, denn dadurch wird die Uhrzeit zu etwas Tragbarem und damit Persönlichem. Die Ringsonnenuhr war aus demselben Grund bedeutsam. Sie war der erste Zeitmesser, den man in die Tasche stecken oder an einer Schnur oder Kette aufhängen und den ganzen Tag mit sich führen konnte. Klein, leicht und durch die Bewegung ihres Besitzers völlig unbeeinträchtigt, erwiesen sich Ringsonnenuhren als so praktisch, dass sie auch nach der Erfindung der Taschenuhr noch jahrhundertelang benutzt wurden. Sie haben sogar einen Kurzauftritt in Shakespeares *Wie es euch gefällt*, als Jacques die Begegnung mit einem Narren im Wald beschreibt, der mit großem Gehabe eine Sonnenuhr hervorzog und ihm »sehr weislich« sagte: »Zehn ist's an der Uhr.«

* Die exakte Bezeichnung ist »Universal-« oder »Äquinoktialsonnenring«.

Diese Textstelle erinnert mich an *mein* närrisches Verhalten im Wald, als ich zu dem Gänseschwarm aufsah und so viel Aufhebens um mein wichtiges Uhrenprojekt machte.

Am Ende zog der Termin, auf den ich in jenem ersten Winter auf dem Land hingearbeitet hatte, an mir vorbei wie die Vögel: Es dauerte weitere drei Jahre, bis ich die Uhr fertiggestellt hatte.

Ich finde den Gedanken tröstlich, dass die Zeit, wie mechanisiert und digitalisiert unser Empfinden von ihr heute auch sein mag, stets natürlichen Kräften unterliegt, die sich unserer Kontrolle völlig entziehen. Und dass die Dinge schlussendlich immer noch so lange brauchen, wie sie eben brauchen.

2
Geniale Erfindungen

»Man muss messen, was messbar ist,
und das messbar machen, was es nicht ist.«[1]

Galileo Galilei zugeschrieben
(1564–1642)

Mit siebzehn Jahren brach ich die Schule ab und schrieb mich in einen Studiengang für Gold- und Silberschmiedekunst und Schmuckgestaltung ein. Was meinen Freundeskreis und die Lehrkräfte an meiner Schule betraf, hätte ich auch mit einer Zirkustruppe durchbrennen können. Auch wenn ich Kunst von klein auf geliebt hatte, hatte ich alle Leistungskurse in den Naturwissenschaften belegt, weil ich davon träumte, Pathologin zu werden. Die Schule war nicht sehr ermutigend. Mein Berufsberater ließ durchblicken, dass Medizin nichts für ein Arbeiterkind wie mich sei. Und obwohl ich mich für Naturwissenschaften interessierte, fühlte sich die Art und Weise, wie sie unterrichtet wurden, für mich sehr starr, trocken und emotionslos an. Kaum etwas davon hatte einen Bezug zur Praxis. Ein ganzes Jahr lang freute ich mich darauf, das Herz eines Schafes im Biologieunterricht zu sezieren, nur um dann zu erfahren, dass das Experiment nicht mehr durchgeführt wurde, nachdem jemand in Ohnmacht gefallen war. Auf halbem Weg zum Abitur rebellierte ich: Wenn sie mich in der Wissenschaft nicht haben wollten, so beschloss ich, dann würde ich eben auf die Kunstakademie gehen.

2

Der Tutor im Bereich Gold- und Silberschmieden war ein Goldschmiedemeister aus Österreich, der seine Lehre mit dreizehn Jahren begonnen hatte und in jenem Jahr in Ruhestand gehen sollte, in dem ich den Studiengang abschloss. Peter verfügte über einen so gewaltigen Wissensschatz, dass man sich in seiner Gegenwart ganz klein fühlte. Ich halte mich noch immer an viele seiner Gestaltungsprinzipien. Ihm ist es zuzuschreiben, dass ich Uhrengehäuse stets aus Edelmetall fertige. Eines Tages sah er, wie ich ein Stück mit Falschgold entwarf (eine Legierung auf Kupferbasis mit ähnlichen Eigenschaften wie neunkarätiges Gold, aber um einiges kostengünstiger), und forderte mich auf, ihn zum Werkstatttresor zu begleiten. Ich erklärte ihm, dass ich mir Edelmetalle nicht leisten könne, doch er sah die Schubladen mit Goldblech und Golddraht durch und gab mir, was ich brauchte. »Rebecca«, sagte er, »Sie haben lange an diesem Stück gefeilt, das ein sehr schönes Design hat. Verwenden Sie nur Material, das Ihre Mühe wert ist. Machen Sie sich keine Sorgen wegen der Metallkosten, das klären wir später.« Und so gestaltete ich meine Brosche aus Gold. Sie hatte die Form eines Phönix mit Augen aus schwarzen Diamanten, blutroten Rubinen auf der Brust und einem Diamanten im Schwanz. Ich sägte die Federn aus seinen Flügeln aus und schuf so winzige Fenster oder Zellen im Metall, die ich mit Email füllte. Peter hatte recht. Es ist beängstigend und erst recht teuer, mit wertvollen Materialien umzugehen, aber andererseits sitzt man sonst vielleicht ein ganzes Jahr an einem Stück aus Falschgold, das nach der Fertigstellung kaum einen Wert besitzt. Wenn man aber den Mut und das Geld aufbringt, Edelmetall zu verwenden, steigt der Wert des fertigen Stücks sogar noch. Trotzdem zerlegte ich die Brosche ein paar Jahre darauf in ihre Einzelteile in einem meiner vielen verzweifelten Momente, in denen ich am Rande des finanziellen Ruins stand. Ich erinnere mich daran, wie ich weinte, als ich die Brosche mit einer Zange auseinandernahm, um die Steine aus ihrer Fassung zu lösen.

Peter brachte mir auch bei, wozu Fehler gut sind. Ich kreierte meinen ersten Solitärring mit Krappenfassung – eines der klassischsten

Designs für Verlobungsringe mit einem Stein. Ich hatte es beim Feilen der Krappen, die den Stein hielten, ein wenig übertrieben, sodass sie versehentlich zu kurz gerieten. Unglücklich fragte ich Peter, ob man die Fassung retten könne. Er setzte sich an meine Werkbank und bearbeitete die Krappen so lange, bis sie ihren Zweck wieder erfüllten. Ich weiß noch, dass ich ihn ein »Genie« nannte und ihm überschwänglich dafür dankte, dass er mir eine Woche Arbeit erspart habe. Und seine Antwort? »Rebecca [Wenn er mit mir sprach, fing er seine Sätze immer mit »Rebecca« an], wissen Sie, woher ich weiß, wie man das repariert? Ich weiß es, weil mir dieser Fehler selbst unterlaufen ist und ich daraus gelernt habe. Fehler sind nichts Schlimmes, solange man daraus klug wird.« An den meisten Tagen sind mir seine Worte noch immer im Ohr.

In Peters Kurs für Schmuckgestaltung erwarb ich die Grundlagen der Metallverarbeitung, wie den Umgang mit Lötkolben und Juweliersäge, also der Kunst, mit einem hauchdünnen Sägeblatt von etwa einem Millimeter Breite komplizierte Muster auszuschneiden. Mein Interesse an Wissenschaft und Technik war ungebrochen, und als ich mir mehr zutraute, begann ich, Scharniere, Zapfen und andere simple Komponenten einzubauen, damit meine Schmuckstücke beweglich wurden. Als visuell denkender Mensch war es für mich nur natürlich, dass ich mir vorstellen konnte, wie die Dinge in der realen Welt funktionieren. Im Nachhinein betrachtet, habe ich immer auf diese Weise gelernt, nämlich indem ich mit physikalischen Interaktionen experimentierte, sie beobachtete und die Ergebnisse auf die Probe stellte.

Nach einer Weile versuchte ich mich an einfachen Automaten – beweglichen Mechanismen, die bestimmte Abläufe selbstständig ausführen. Ich war schon immer von Orrerys begeistert – Räderwerkmodellen, die den Lauf der Planeten um die Sonne veranschaulichen. Für mich sind sie eines der schönsten Beispiele dafür, wie sich die Natur in Mechanik übersetzen lässt: unsere sehr menschliche Art, das Universum in einem Gerät einzufangen, das so klein ist, dass man es auf dem Arbeitstisch untersuchen kann. Also gestaltete ich als Abschlussprojekt meines

Studiengangs ein Orrery, bei dem jeder Planet ein Schmuckstück war, das man abnehmen und tragen konnte. Saturn war ein Anhänger, dessen Ringe unabhängig voneinander und in unterschiedliche Richtungen gedreht werden konnten. Die Sonne war ein Ring aus spitzen, wirbelnden »Flammen«, die zu flackern schienen. Bei einem Kampf hätte er auch einen guten Schlagring abgegeben.

Zu diesem Zeitpunkt fehlte mir das mechanische Verständnis, um ein voll funktionsfähiges Orrery anzufertigen, das die Planetenbewegungen nachzeichnen konnte. Außerdem saß mir der Abgabetermin im Nacken. Bei der Anordnung der Planeten nahm ich mir enorme Freiheiten heraus, und die Ringe, die sie hielten, mussten einzeln von Hand gedreht werden und waren kein zusammenhängendes System, das von einem Motor oder einer Kurbel angetrieben wurde. Das fertige Stück wurde meinem Entwurf nicht gerecht, ja, es entsprach nicht einmal annähernd dem, was ich mir vorgestellt hatte. Ich hätte mehr Zeit und Wissen gebraucht, um mein Konzept vollständig umzusetzen, dennoch war ich fasziniert von dem Mechanismus der ineinandergreifenden, beweglichen Teile.

Während der Abschlusspräsentation zog mein Orrery die Aufmerksamkeit der Uhrmacherstudenten auf sich. Eine kleine Gruppe (unter ihnen Craig) stürzte sich auf mich, weil ich offenbar ihr Interesse für die Herstellung kleiner, fummeliger, beweglicher Objekte teilte. Bis dahin dachte ich bei Uhrmachern (wenn ich überhaupt an sie dachte) an Leute, die in Einkaufszentren Batterien oder Armbänder auswechselten. Doch in ihrer Werkstatt, zum ersten Mal umgeben von den surrenden Drehbänken und Fräsmaschinen und dem Geruch von Metall und Spänen, wurde mir klar, dass die Uhrmacherei es mir ermöglichte, Künstlerin, Designerin, Ingenieurin und Physikerin in einem zu sein. Zum Ende meines Studiengangs hatte ich mich ihnen angeschlossen.

Ich wünschte, ich hätte mein Orrery noch. Aber wie die Phönixbrosche musste ich es schließlich zerlegen, um die Miete zu bezahlen.

Meine anfänglichen zaghaften Versuche, Objekte beweglich zu machen, kommen mir stets in den Sinn, wenn ich an die ersten Uhrmacher denke. Wasser-, Sand- und Kerzenuhren, die ständiges menschliches Eingreifen erforderten, waren kaum mehr als vorzeitliche Eieruhren. »Echte« Uhren erfordern einen sich selbst erneuernden oder mechanischen Antrieb. Obwohl mechanische Großuhren und Kleinuhren erst im 14. beziehungsweise 16. Jahrhundert aufkamen, setzten die Entwicklungen, die für diesen Fortschritt vonnöten waren, schon über ein Jahrtausend zuvor ein. Im Alten Mesopotamien lieferten alle möglichen technischen Errungenschaften – von hydraulischen Geräten, Bewässerungsanlagen und Textilmanufakturen über die Massenproduktion von Ziegelsteinen und Töpferwaren bis hin zur Erfindung des zweirädrigen Kampfwagens und des Pflugs – die Grundlagen für mechanische Zeitmesser.[2]

Ich stelle mir gern vor, welches Erstaunen dem ersten hydromechanischen Zeitmesser in Europa entgegengeschlagen sein muss. Anfang des 9. Jahrhunderts kehrten Gesandte Karls des Großen von zwei Missionen aus Bagdad mit Geschenken zurück, die mächtig Eindruck schinden sollten. Sie stammten vom Kalifen Harun ar-Rashid und versinnbildlichten das Goldene Zeitalter des Islam, das unter seiner Herrschaft erblüht war. Ein Höhepunkt war zweifelsohne Abul-Abbas, ein ausgewachsener asiatischer Elefant, der tumultartige Szenen hervorgerufen haben muss, als er durch die Straßen von Aix-la-Chapelle* stapfte. Ebenso beeindruckend war wohl ein späteres Geschenk, eine aus Messing gearbeitete Wasseruhr mit einem Mechanismus, der die Stunden schlagen konnte. Zeugen beschrieben, wie zu jeder vollen Stunde eine eherne Kugel in ein Becken fiel und einen Klang erzeugte, während eine Reiterfigur aus einer der zwölf Türen hervorkam. Wir wissen nicht genau, wie die Mechanik funktionierte, aber es muss sich um ein System aus Gewichten und Seilen gehandelt haben, das durch den wechselnden Stand des durch ein Loch sickernden Wassers angetrieben und gesteu-

* Das heutige Aachen.

ert wurde.[3] Auf die glücklichen Europäer, die sie zu Gesicht bekamen, muss die Uhr wie Hexenwerk gewirkt haben.

Im 11. Jahrhundert entwarf az-Zarqali, ein arabischer, in Spanien lebender Astronom und Erfinder wissenschaftlicher Instrumente, eine Wasseruhr, die nicht nur die Stunden eines Tages, sondern auch astronomische Informationen anzeigen konnte. Die Uhr befand sich in der alten zentralspanischen Stadt Toledo und konnte bekanntermaßen die aktuelle Mondphase anzeigen, indem sich zwei Becken im Verlauf von neunundzwanzig Tagen analog zur Zunahme und Abnahme des Mondes allmählich mit Wasser füllten und wieder entleerten. Den Wasserstand kontrollierte az-Zarqali mit einem unterirdischen Rohrsystem, das den Becken entsprechend Wasser zuführte oder entzog, wenn sich jemand an ihnen zu schaffen machte.[4] Vor meinem geistigen Auge sehe ich ein neugieriges Kind (das wäre ich gewesen), das sich zu az-Zarqalis Uhr davonstahl, während seine Eltern mit einem Händler auf dem nahe gelegenen Markt feilschten. Wenn es ein bisschen Wasser abgeschöpft hätte, um zu sehen, was daraufhin passiert, dann hätte es staunend beobachtet, wie sich das Becken wie von Zauberhand wieder bis zum richtigen Wasserstand füllte.

Auch im Herzen meiner Heimatstadt Birmingham steht ein Wasserspiel. Ein Brunnen, der den Titel *The River* (Der Fluss) trägt und 1992 von dem indischen Bildhauer Dhruva Mistry geschaffen wurde, nimmt einen Ehrenplatz vor dem Rathaus auf dem Victoria Square ein. Oben hält eine riesige Bronzeskulptur eines weiblichen liegenden Aktes einen Krug mit Wasser, das sich in ein pompöses oberes Becken ergießt, wo es zurückgehalten wird, bis es über den unteren Rand läuft und eine Reihe von Stufen hinabfließt, die in ein zweites großes Becken am Boden münden. Von den Einheimischen liebevoll als »Floozie in the Jacuzzi« (Flittchen im Whirlpool) bezeichnet, ist der Brunnen ein praktischer, allseits bekannter Treffpunkt. Einige Leute werfen Münzen hinein und wünschen sich etwas, andere wagen sich an heißen Sommertagen gar ins Wasser (wenn auch verbotenerweise), um darin zu planschen und sich abzukühlen. Installationen im öffentlichen Raum laden zur Interaktion ein.* Es sind gemeinsam genutzte Orte, an denen wir alle in gewisser Weise Anteil haben.

Az-Zarqalis Uhr blieb in Toledo, bis ein späterer Erfinder, der von ihrer Bauweise fasziniert war, die Erlaubnis bekam, sie zu Untersuchungszwecken auseinanderzunehmen, aber augenscheinlich nicht in der Lage war, sie wieder zusammenzusetzen.[5] Diese Geschichte hat mich immer berührt, denn ich habe an vielen Zeitmessern gearbeitet, die das gleiche Schicksal ereilt hatte. Gewöhnlich beginnt dann die erste Unterhaltung mit dem Besitzer mit den Worten: »Na ja, es ist mir ein bisschen unangenehm, aber ich habe … und dann habe ich … und wie Sie sehen … um es kurz zu machen …«, bevor er mit der Sprache herausrückt und zugibt, dass die von seinen Großeltern geerbte, auf einer Auktion erworbene oder zu einem wichtigen Anlass als Geschenk erhaltene Uhr nun nur noch eine Tüte mit Einzelteilen sei und er keine Ahnung habe, wie er sie wieder zusammenbauen solle. Der Neugier sind jahrhundertelang zahllose Uhren zum Opfer gefallen.

Fast 10 000 Kilometer östlich von Toledo in der chinesischen Provinz Henan beauftragte der Kaiser im Jahr 1088 den Astronomen Su Song mit dem Bau der schönsten Wasseruhr der Welt, die ein Musterbeispiel für das intellektuelle Vermögen der Song-Dynastie sein sollte.[6] Su Songs Wasseruhr sollte eine Reihe komplizierter astronomischer Anzeigen enthalten.[7] Zu jener Zeit wurde die Herrschaft der chinesischen Dynastien durch das »Mandat des Himmels« (*Tianming*) legitimiert, was voraussetzte, dass man astronomische Ereignisse verfolgen, vorhersagen und deuten konnte als Leitfaden für administrative Entscheidungen. Mit einem bronzenen Himmelsglobus und einer Armillarsphäre sowie

* Manchmal übertreiben es die Leute aber auch. Nachdem der Brunnen ein paar Jahre außer Betrieb und das Wasser durch ein Blumenbeet ersetzt worden war, erstrahlte »Floozie« 2022 wieder in all ihrem sprudelnden Glanz. Doch innerhalb eines Monats war sie wieder beschädigt, weil jemand Schaumbad hineingekippt hatte – ein Problem, mit dem sich az-Zarqali nicht herumschlagen musste.

beweglichen Figuren, die die Stunden auf Gongs schlugen, demonstrierte Su Songs Uhr nicht nur Chinas technische Vormachtstellung, sondern fungierte auch als »direkter Draht zum Göttlichen, eine Leitung, durch die himmlische Weisheit in den Kaiserhof floss«.[8]

Ausgehend von einem verkleinerten Modell aus Holz im Stil einer Pagode, bauten Su Song und seine Handwerker und Ingenieure acht Jahre an der hydromechanischen »Himmelsmaschine«. Die fertige Uhr war rund zwölf Meter hoch – etwa so hoch wie ein vierstöckiges Gebäude – und wurde von einem riesigen Wasserrad mit einem Durchmesser von etwa 3,3 Metern angetrieben, das mit sechsunddreißig Behältern bestückt war. Wenn sich ein Behälter mit Wasser gefüllt hatte, löste sein Gewicht den Hemmmechanismus des Rades, das sich drehte, bis sich der nächste leere Behälter unter dem Wasserstrahl befand, der aus einem separaten Vorratsbehälter strömte, damit das Volumen konstant blieb.

Was mich als Uhrmacherin an Su Songs bahnbrechendem technischem Meisterwerk fasziniert, ist, dass hier zum ersten Mal überhaupt eine Hemmung zum Einsatz kommt – ein Mechanismus, der Gangräder abwechselnd anhält und freigibt, was es der Uhr theoretisch ermöglicht, für unbegrenzte Zeit zu laufen. (Unbegrenzt natürlich nur so lange, wie ein Mensch permanent den Wasserstand im Vorratsbehälter im Blick behält und die notwendigen Anpassungs- und Wartungsarbeiten durchführt.) Diese Gruppe von Bauteilen, die Bewegungsenergie aus einer Quelle wie Wasser, der Schwerkraft oder einer Feder hemmen und freigeben können, sollten entscheidend sein bei der Erfindung der ersten vollmechanischen Uhren. Zudem war es, möchte ich hinzufügen, der erste Moment in der Geschichte, in dem man das »Ticken« einer Uhr hören konnte.

~

All diese frühen mechanischen Geräte waren durchdrungen von reiner Experimentier- und Entdeckerfreude und das Ergebnis von Versuch und Irrtum und endlosen Möglichkeiten. Um die Wende zum 13. Jahrhundert hob Ismail al-Jazari, ein islamischer Universalgelehrter und Erfinder aus dem nördlichen Teil Mesopotamiens, die Entwicklung der Mechanik auf eine völlig neue Ebene. Der oberste Baumeister am Ortokidenhof in Ostanatolien wird zuweilen als einer der »Väter der Robotik« bezeichnet. Er war ein Meister der Automaten. Sein *Buch des Wissens von sinnreichen mechanischen Vorrichtungen*, das auch für Leonardo da Vinci zweihundertfünfzig Jahre später eine Fundgrube gewesen sein soll, enthält eine umfangreiche Beschreibung von mehr als einhundert mechanischen Erfindungen, die von herrlich lebendigen Buchmalereien ergänzt werden. Dazu gehören ein Automat zum Händewaschen in Pfauengestalt, eine wasserbetriebene Kellnerin auf Rollen, die den Tischgästen Wein nachschenkte, ein »musikalisches Boot«, in dem Figuren von Sklavinnen für Gäste musizierten, sowie mehrere komplizierte Kerzen - und Wasseruhren.[9]

Harun ar-Rashid hatte Karl dem Großen eine Wasseruhr und einen Elefanten gesandt. Al-Jazari jedoch setzte noch einen drauf und entwarf eine Wasseruhr in Form eines Elefanten. Auf dem Rücken des Geschöpfes befindet sich eine goldene, überdachte Sänfte, in der ein arabischer Schreiber mit einer Feder in der Hand auf einem Perserteppich sitzt. Ein Mahut genannter Elefantenführer reitet auf dem Nacken des Tieres, und rote chinesische Drachen und ein ägyptischer Phönix schmücken den Elefantensitz.[10] Verborgen im Bauch des Elefanten ist ein Wasserbassin. Auf dem Wasser schwimmt eine Schüssel mit einem kleinen Loch, die durch ein Seil mit einem Rollenmechanismus verbunden ist. Die Schüssel füllt sich langsam mit Wasser und sinkt nach unten, wodurch sich der Schreiber einmal in der Minute dreht. Nach einer halben Stunde ist die Schüssel bis zum Rand voll und taucht auf den Boden des Bassins ab, wobei sie einen Wippmechanismus auslöst, der eine Kugel in das Maul eines Drachen gleiten lässt. Durch das

Gewicht der Kugel kippt der Drache nach vorn und zieht die versunkene Schüssel wieder zur Oberfläche des Bassins. Bei diesem Vorgang hebt eine dritte Figur oben auf der Sänfte die Hand, eine Zimbel schlägt die halbe Stunde, der Phönix dreht sich, und der Mahut bewegt Beil und Streitaxt. Sobald der Zyklus vollständig abgelaufen und die Vorstellung beendet ist, kehren die Figuren auf ihre ursprüngliche Position zurück und warten darauf, dass sich die Schüssel wieder füllt.

Die Bauteile der Uhr waren bewusst so gestaltet, dass sie das gesamte technische Wissen der Welt zu jener Zeit in sich vereinten. Al-Jazari zufolge repräsentierte der Elefant die indische und die afrikanische Kultur, die zwei Drachen die chinesische, der Phönix die persische, das Wasserwerk die altgriechische und der Turban die islamische Kultur. Die Elefantenuhr zieht ihre Zuschauer bis heute in den Bann. Im Jahr 2005 wurde eine monumentale Replik als Herzstück eines Einkaufszentrums in Dubai errichtet. Inmitten einer Halle mit Marmorbögen und umgeben von gespannten Zuschauern, die sie fotografieren, ist die Elefantenuhr in Dubai zu einem Publikumsmagneten geworden.

Was Zeitmesser anbelangte, hinkten die Europäer im Mittelalter ihren chinesischen und islamischen Zeitgenossen etwas hinterher. Doch mit Einsetzen der europäischen Renaissance tat sich eine wachsende Anzahl von Astronomen innerhalb der katholischen Kirche und allgemeiner aus der Oberschicht hervor, die die Uhrmacherkunst in ein aufregendes neues Zeitalter führten. Da sie das Wasser, das in den europäischen Sommern verdunstete und in den Wintern gefror, für eine unzuverlässige Antriebsquelle hielten, erzielten sie große Fortschritte bei der Entwicklung echter mechanischer Uhren.

Der Schlüssel zum Bau einer vollmechanischen, relativ wartungsarmen Uhr war die Suche nach einer beständigen Antriebskraft. Das Problem wurde schließlich mit ein bisschen Unterstützung der Schwerkraft gelöst. Irgendwann im 14. Jahrhundert – wir wissen nicht genau, wer sie wann und wo erfand – tauchte eine bemerkenswerte Uhr auf. Sie wurde von einem Seil angetrieben, an dem ein schweres Gewicht hing und das um eine waagerechte Welle geschlungen war (ähnlich einer Spule, mit der man einen Faden aufwickelt), die wiederum mit dem Uhrwerk verbunden war. Die älteste erhaltene Uhr mit einem solchen Mechanismus wurde 1386 erbaut und befindet sich heute in der Kathedrale von Salisbury in England.* In ihrem Fall erfolgt der Antrieb über zwei Steingewichte; wenn sich die Gewichte senken, wickeln sich Seile von großen hölzernen Wellen ab. Eine Welle treibt das Gehwerk an (das für einen gleichmäßigen Gang zuständig ist), die andere treibt das Schlagwerk an (das die Uhrzeit auf einer Glocke schlägt). Die Welle konnte manuell mit einer Kurbel gedreht werden, sodass sich das Seil langsam darumwand und das Gewicht nach oben zog. Durch eine Sperrvorrichtung konnte sich die Welle nur in eine Richtung drehen und wurde (ähnlich wie beim Einholen des Fisches mit einer Angel) daran gehindert, sich in die Gegenrichtung zu bewegen. Wenn das Seil vollständig aufgewickelt war, wurde das Gewicht durch die Schwerkraft wieder nach unten gezogen, wodurch die Welle eigentlich in einer ungeregelten Geschwindigkeit rotiert wäre. Um die Drehgeschwindigkeit der Welle zu kontrollieren, musste daher eine Vorrichtung entwickelt werden: Wir nennen sie »Spindelhemmung«.

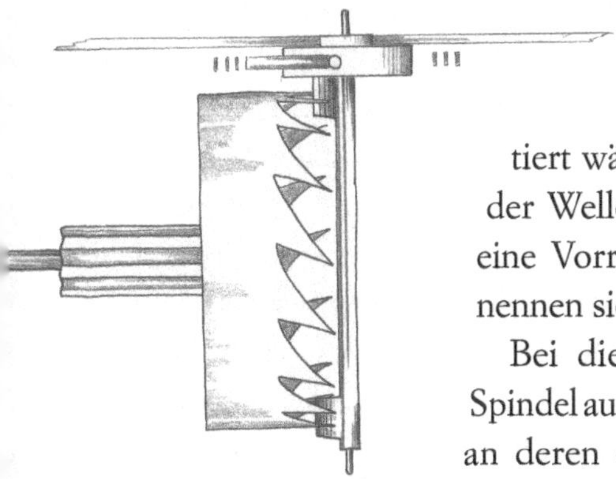

Die Spindelhemmung war die älteste Hemmungsart in vollmechanischen Zeitmessern und bis Anfang des 19. Jahrhunderts in Gebrauch.

Bei diesen frühen Uhren besteht die Spindel aus einer langen, dünnen Stahlstange, an deren oberem Ende ein waagerechter Balken angebracht ist (Foliot oder Waag), sodass das Ganze wie ein »T« aussieht. Oben und unten an der Spindel sind

* Es existiert eine detaillierte Beschreibung einer anderen Turmuhr aus Chioggia bei Venedig, die auch mindestens bis 1386 zurückreicht und erhalten geblieben ist – wenn auch derzeit stillgelegt.

zwei rechteckige Spindellappen, die in einem Winkel von etwa neunzig Grad zueinander stehen. Die Lappen sind so angeordnet, dass immer einer mit der hin- und herschwingenden Spindel in einen Zahn des Gang- oder Kronrades eingreifen kann (so genannt aufgrund seiner Zähne, die wie die Zacken einer Krone aussehen). Während sich das Rad dreht, gleitet ein Lappen an einem Zahn ab, und der andere stößt an den nächsten Zahn an, sodass sich das Rad nur schrittweise, um jeweils einen Zahn, drehen kann. Sobald der Lappen in Kontakt mit dem Kronrad gekommen ist, schwingt die Spindel durch den dabei entstehenden Kraftimpuls in die andere Richtung, sodass der Lappen den Zahn freigibt und der andere Lappen nun einen Zahn arretiert, und so geht es hin und her. Dieser Zyklus wiederholt sich zigfach in jeder Stunde, reguliert die Antriebsenergie und erzeugt ein hörbares *Klack, Klack, Klack*, jedes Mal, wenn der Lappen einen Zahn festhält.

Durch die Spindelhemmung konnten die ersten Uhren für Kirch- oder Stadttürme gebaut werden, die alles überragten und weithin sichtbar waren. Diese frühen Turmuhren hatten kein Zifferblatt, sondern die Uhrzeit wurde an einer Glocke geschlagen, um öffentliche Alltagsabläufe wie die Andacht zu strukturieren. Thomas Dekker, ein Dramatiker des Elisabethanischen Zeitalters, beschrieb, dass die Glocke »in weiter Entfernung zu hören ist, ob wir des Nächtens in unserem Bette liegen oder auch am Tage, wenn wir weit weg von einer Uhr sind«.[11] Das englische Wort »clock« für »Uhr« leitet sich vom mittellateinischen »clocca« und dem französischen »cloche« ab, was beides »Glocke« bedeutet. Im spätmittelalterlichen und frühneuzeitlichen Europa war Zeit bis ins 17. Jahrhundert eher eine öffentliche als eine private Angelegenheit und wurde buchstäblich von ganz oben herab verkündet.[12] In einer Epoche, in der neunzig Prozent der europäischen Bevölkerung Bauern waren, lag die Vorstellung von einer persönlichen Uhr, mit der man sich die Zeit selbst einteilen konnte, noch in weiter Ferne.[13]

Große Turmuhren im öffentlichen Raum haben rein gar nichts mit der winzigen Welt einer Uhrmacherin für Kleinuhren zu tun. Vor ein paar Jahren hatte ich das Vergnügen, die Werkstätten von Smith of Derby besichtigen zu können, einer Firma für den Bau und die Restaurierung von Turmuhren, die 1856 gegründet wurde und nun in fünfter Generation von der Familie Smith geführt wird. Ich kann mir vorstellen, dass ein solcher Besuch für die meisten Menschen ziemlich surreal wäre, aber ich, die ich aus meinem kleinen Atelier angereist war, kam mir vor wie ein Heinzelmännchen, das gerade hinter einer Fußleiste hervorgekrochen ist und sich in die Räume eines Riesen vorgewagt hat. Obwohl die Werkzeuge, mit denen wir arbeiten, ziemlich ähnlich sind, sind die der Smiths fünf-, zehn- oder gar zwanzigmal größer. Es fühlte sich unglaublich vertraut und dennoch völlig fremd an. Wenn ich die Zeiger auf einem Zifferblatt anbringe (einer der letzten Arbeitsschritte, wenn ich eine Armbanduhr wieder zusammenbaue), sind sie oft nicht größer als die Spitze meines kleinen Fingers. In den Werkstätten der Turmuhrenbauer müssen Riesenzeiger, von denen einige größer als Sie oder ich sind, auf Zifferblätter von der Größe eines Doppeldeckerbusses an ihren Platz gehievt werden.*

Abgesehen von den Größenunterschieden, schlagen sich Turmuhrenbauer mit Problemen herum, die für Hersteller kleinerer Uhren nahezu unvorstellbar sind. Auf Kirchtürmen kämpfen sie gegen Stürme und eisige Kälte, hängen an Klettergurten von Dächern herab, kratzen säurehaltige Taubenkothaufen ab, die das Uhrwerk verstopft haben, und müssen sich gelegentlich gegen wütende nistende Möwen zur Wehr setzen. Da lob ich mir doch meine warme, sichere Werkstatt. Dennoch haben Turmuhrwerke etwas Magisches an sich. Sie haben eine absolute

---

* Um Ihnen eine Vorstellung von den Dimensionen zu geben: Die größte Uhr der Welt befindet sich auf der Spitze des Mecca Royal Clock Tower Hotel im Hochhauskomplex Abraj Al Bait in Saudi-Arabien. Sie wurde 2012 errichtet, und ihr Zifferblatt hat einen Durchmesser von 43 Metern – das entspricht knapp der Länge von zwei aneinandergereihten männlichen Blauwalen.

H.-G.-Wells-Ästhetik und sind kuriose Science-Fiction-Maschinen, die rasseln, klackern und surren. Ihre Uhrwerke sind schwergängig und laufen unerbittlich weiter, fast schon symbolisch für die Art und Weise, mit der die Uhrzeit die moderne Welt später einmal dominieren sollte.

~

Tatsächlich war die Spindelhemmung nicht sehr genau – manche Uhren gingen im Laufe einer Woche mehrere Stunden vor oder nach –, aber sie lieferte die Grundlage, auf der nachfolgende Erfinder und Ingenieure aufbauen und Zeitmesser fertigen konnten, die komplexer, beeindruckender und augenfälliger waren, als es sich die Menschen nur ein Jahrhundert zuvor hätten vorstellen können. Mittelalterliche Turmuhren zeigten schon bald eine Reihe anspruchsvoller Informationen an, wie die Position der Planeten, vorherberechnete Sonnen- und Mondfinsternisse, Mondphasen sowie die Zeiten von Ebbe und Flut – oft durch kunstvolle Automaten zum Leben erweckt.[14] In den Finanzbüchern der Kathedrale von Norwich von 1321 bis 1325 werden die Beauftragung und Erbauung einer mechanischen Uhr aufgeführt, die unter anderem je ein Modell von Sonne und Mond sowie neunundfünfzig bewegliche Holzskulpturen, darunter ein Chor und eine Mönchsprozession, umfasste.* Im 14. und 15. Jahrhundert betrachtete die Kirche diese aufwendigen astronomischen Uhren als erhabene öffentliche Darstellung der christlichen Kosmologie, die den Gläubigen durch Ornamente und

---

* In den Inventaren wird die Verwendung von leuchtenden Farben und Vergoldungen detailliert beschrieben. Für die Umsetzung des Projekts waren kunstfertige Handwerker aus den verschiedensten Gewerken vonnöten, die drei Jahre lang mit dem Bau beschäftigt waren – von Schmieden und Tischlern bis zu Steinmetzen, Stuckateuren und Glockengießern. Die Gesamtkosten der Uhr sind mit zweiundfünfzig Pfund angegeben, was zu jener Zeit dem Lohn eines geübten Handwerksmeisters für vierzehn Jahre harte Arbeit entsprochen hätte.

Automaten die Bedeutung der Vergänglichkeit der Zeit veranschaulichen sollte.

Die Astronomie war ein zentraler Bestandteil der christlichen Weltanschauung des Mittelalters, die in Gott den allmächtigen Baumeister des Universums sah. Bildliche Darstellungen aus jener Zeit zeigen Gott als Geometer, wie er mit einem Zirkel in der Hand seinen kosmischen Plan entwirft. Außerdem glaubte man, dass Himmelsereignisse eine direkte Auswirkung auf das Leben der Menschen hätten. Hochzeiten, diplomatische Entscheidungen, selbst chirurgische Eingriffe richteten sich nach dem Stand von Mond und Sternen. Jedem der zwölf Tierkreiszeichen war ein Teil der menschlichen Anatomie zugeordnet, und es galt als gefährlich, ein Körperteil zu operieren, wenn der Mond im entsprechenden Tierkreiszeichen stand. Mithilfe von Geräten wie Mond-Volvellen ließ sich die Position des Mondes in Bezug auf die Sonne bestimmen.[15] Verglich man diese mit einem *Homo signorum* (Tierkreiszeichenmann) – der Illustration eines menschlichen Körpers, auf dem alle Körperregionen, die einem Tierkreiszeichen zugeordnet waren, eingezeichnet waren –, wusste man, ob die Sterne günstig standen. Hatte man einen eingewachsenen Zehennagel, und die Volvelle ließ erkennen, dass sich der Mond im Sternbild Fische befand (das Zeichen, das mit den Füßen in Verbindung gebracht wurde), hatte man Pech und musste einen Monat warten, bevor der Nagel gelöst werden konnte.

Wie im Alten Ägypten, als Studien auf dem Gebiet der Zeitmessung und Astronomie weitgehend von Priestern betrieben wurden, gehörten auch im Europa des Mittelalters die Mönche zu den wenigen Auserwählten, die, in Abwesenheit weltlicher Ablenkungen und ohne die Sorge um ein Dach über dem Kopf, sehr viel Zeit in die Erweiterung ihres Wissens stecken konnten. Einige der ältesten Uhrmacher waren Kirchenmänner, wie der Mönch und Naturphilosoph Richard von Wallingford (um 1292–1336), der in den 1320er-Jahren eine astronomische Uhr entwarf, und der Geistliche und Astronom Jean Fusoris (um

1365–1436), der Erbauer einer monumentalen astronomischen Uhr für die Kathedrale im französischen Bourges.

Die Astronomen entwickelten immer genauere Uhren.[16] Um Messungen eines beobachteten Phänomens wie einer Mondfinsternis oder eines vorbeiziehenden Kometen vornehmen zu können, brauchten sie einen Zeitmesser, der auf identischen Zeitabschnitten basierte. Bei alten Methoden der Zeiteinteilung wurden heller Tag und dunkle Nacht jeweils in die gleiche Anzahl von Stunden unterteilt, sodass diese Stunden unterschiedlich lang waren, je nachdem, in welcher Jahreszeit man sich befand und wie viel Zeit zwischen Sonnenaufgang und Sonnenuntergang lag. Mechanische Uhren kontrollierten die Bewegung der Zeiger hingegen mit einem Getriebe. Das bedeutete, dass es (vorausgesetzt, die Uhr ging genau und blieb nicht stehen) keine Abweichung in der Dauer gab, die ein Zeiger für eine volle Umdrehung brauchte. Die reglementierte Natur einer mechanischen Uhr ermöglichte eine absolut geregelte Gleichförmigkeit.[17]

Galileo Galilei, von dem der Ausspruch »Man muss messen, was messbar ist, und das messbar machen, was es nicht ist« stammen soll, wird die Entdeckung eines Gesetzes zugeschrieben, das zu einer wesentlichen Verbesserung der Genauigkeit von Uhren führte: der Isochronismus des Pendels (die Fähigkeit eines Pendels, sich ohne störende Einflüsse wie Wind mit einer konstanten Schwingungsdauer zu bewegen). Man erzählt sich, dass der neunzehnjährige Galilei während einer Messe im Dom von Pisa nach oben blickte und das gleichmäßige Hin- und Herschwingen des Leuchters über dem Altar bemerkte.[18] Da kam ihm der Gedanke, dass sich diese Schwingung für den regelmäßigen Ablauf eines Mechanismus nutzen ließe. Die Idee spukte ihm jahrelang im Hinterkopf herum, bis er 1637 die erste Pendeluhr entwarf, bei der der Gang der Hemmung durch ein schwingendes Gewicht reguliert wurde. Fünf Jahre darauf starb Galilei und erlebte nicht mehr, wie sein genialer Einfall in die Wirklichkeit umgesetzt wurde. Es sollte noch fünfzehn Jahre dauern, bevor der niederländische Physiker und

Mathematiker Christiaan Huygens das Prinzip in ein funktionierendes Uhrwerk verwandelte.

Um astronomische Beobachtungen jedoch an unterschiedlichen Orten durchführen zu können, mussten die Uhren tragbar werden. Die wichtigste Errungenschaft bei diesem Prozess war die Einführung der sogenannten Zugfeder, eines spiralförmig aufgerollten Stahlbands, das die Gewichte als Antriebsquelle ablöste. Wir wissen nicht mit Gewissheit, wer die Zugfeder erfand, aber sie hatte ihren Ursprung höchstwahrscheinlich im Schlosserhandwerk und tauchte erstmals in Norditalien auf. Die älteste erhaltene Uhr mit Federantrieb ist aus dem Jahr 1430. Diese langen, aber hauchdünnen Federn – ein bisschen wie ein aufgerolltes Geschenkband – steckten in einem Federhaus und wurden mithilfe einer Kurbel oder eines Schlüssels um einen mittig angeordneten Federkern (Federwelle) gewickelt. Wenn sie losgelassen wird, entspannt sich die eng um den Federkern liegende Feder aufgrund ihrer Elastizität und wickelt sich ab. Dabei setzt sie das Federhaus und das damit verbundene Räderwerk in die alles entscheidende Drehbewegung. Um zu verhindern, dass die Zugfeder plötzlich all ihre Energie auf einmal über das Räderwerk abgibt, wird ihre Drehgeschwindigkeit mit derselben Methode reguliert wie bei den früheren Gewichten, nämlich über eine Hemmung.

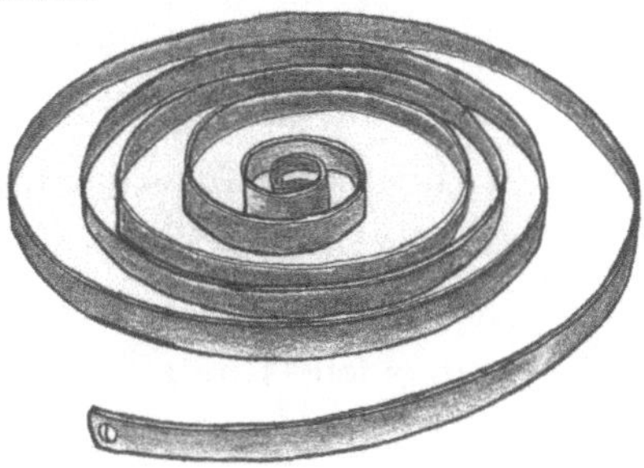

Eine klassische Zugfeder. In dieser Gestalt wurde sie seit ihrem Aufkommen bis ins 20. Jahrhundert verwendet. Dann wurde ihre Form verfeinert, um ein gleichmäßigeres Drehmoment bei der Entspannung zu erzeugen.

Durch die Zugfedern waren Uhren zum ersten Mal nicht mehr auf die Schwerkraft angewiesen und wurden daher so klein, dass man sie auf Reisen mitnehmen konnte. Während die Kirche die Entwicklung mechanischer Uhren in Bauwerken in ganz Europa gefördert und Gelehrte die Zeitmesser genauer und handhabbarer gemacht hatten, münzten die

Wohlhabenden diese genialen Geräte nun zu einem Statussymbol um. Im Laufe des 15. Jahrhunderts wurden Uhren zu einem alltäglichen Anblick in den Häusern der Aristokraten und betuchten Kaufleute – insbesondere bei denen mit einem Interesse an Astronomie.[19] Mithilfe dieser Artefakte stellten sie ihr Wissen über die neuesten technischen Errungenschaften zur Schau, so, wie wir es heute tun, wenn wir uns tagelang vor einem Apple-Store anstellen, um das neueste iPhone zu ergattern. Ihr Preis und damit ihre Exklusivität machten die Uhren zu begehrten Objekten, und bald schon ersetzten Materialien wie vergoldetes Messing und Kupfer das in den ersten Uhrwerken verwendete Eisen. Sobald sich Graveure und Vergolder der Uhren annahmen, wurden sie immer kunstvoller.

Das British Museum besitzt eine außergewöhnliche Uhr, die der Augsburger Uhrmacher Hans Schlottheim 1585 vermutlich für Kaiser Rudolf II. anfertigte. Die Uhr ist in einen Automaten in Form einer Galeone aus vergoldeter Kupferlegierung integriert, die über eine geschäftige Festtafel »segeln« und Schüsse aus rauchenden Miniaturkanonen »abfeuern« konnte, während sich die Figuren an Deck dazu bewegten. Die Stunden und Viertelstunden wurden auf Glocken im Mastkorb geschlagen, während durch eine im Rumpf versteckte Mechanik Musik zum Rhythmus einer Trommel ertönte. Inmitten der spektakulären Darbietung ging das winzige Uhrenblatt am Sockel des größten Mastes fast unter.

Im 16. Jahrhundert waren diese ausgefallenen Uhren gar nicht so selten: Viele Handwerksmeister in ganz Europa schufen solche mechanischen Wunderwerke, um der unersättlichen Nachfrage der Reichen und Mächtigen nachzukommen. Es gab nur ein Problem: Diese raffinierten Maschinen konnten nur im eigenen Heim bewundert werden, und daher musste der stolze Besitzer seine Freunde, Kollegen und Kunden zu sich zum Souper einladen. Nun verlangten die Herrschenden Europas nach Artefakten, die sich, obwohl ebenso ausgetüftelt und kurios, mit um die Welt nehmen ließen. Damit das möglich war, mussten Uhren so klein werden, dass man sie tragen konnte.

Kleine Dinge verschwinden gern. Sie können gestohlen, zerstört oder verlegt werden. Sie können in den Tiefen von Privatsammlungen untertauchen. Sie können sich ganz hinten in der Schublade, in Schuhkartons unter dem Bett und sogar unter den Dielen verstecken. Doch manchmal kommen sie durch einen Zufall wieder zum Vorschein.

So verhielt es sich mit der ältesten bekannten Taschenuhr der Welt, die 1987 auf einem Londoner Flohmarkt in einer Schachtel mit alten Uhrenteilen lag und für zehn Pfund verkauft wurde. Für ein ungeschultes Auge sieht sie gar nicht wie eine Uhr aus. Im Grunde hat sie die Gestalt eines Balls, etwa von der Größe und dem Gewicht eines Hühnereis, und besteht aus zwei Halbkugeln aus Kupferblech, die mit dem Hammer in eine nahezu vollkommene runde Form getrieben wurden. Oben ist eine Öse, vermutlich für eine Kette, sodass man die Kugel um den Hals tragen konnte. Durch drei kleine Füße an der Unterseite kann sie auf dem Tisch stehen, ohne wegzurollen. Das Gehäuse ist mit ungelenken Gravuren von Figuren, einer Dorfszene und Blättern verziert. Die obere Kugelhälfte ist von einer Reihe kommaförmiger Öffnungen durchbrochen, durch die man gerade so das Zifferblatt im Inneren erkennen kann. Um die Uhrzeit abzulesen, muss man den Verschluss der oberen Hälfte öffnen, die sich dann aufklappen lässt und den Blick auf ein graviertes Zifferblatt mit einem Ring aus römischen Zahlen freigibt, auf dem ein einzelner Stundenzeiger kreist. (Die ersten Taschenuhren waren noch nicht so genau, dass sie einen Minutenzeiger erfordert hätten, und kleinere Zeitabschnitte waren für die Menschen damals auch nicht so wichtig wie für uns heute.) Die Uhr ist mit den Initialen »MDVPHN« gekennzeichnet. Das liefert uns einen ersten Anhaltspunkt auf ihren Ursprung: MDV ist das Datum – 1505; PH steht für Peter Henlein, einen Uhrmacher, der dafür bekannt ist, dass er zu jener Zeit kleine, tragbare, mechanische Uhren baute; und N steht für Nürnberg, woher dieses Exemplar stammt.

Der Käufer dieses ungewöhnlichen Artefakts zweifelte anfangs an dessen Echtheit und verkaufte die Uhr ein paar Jahre darauf. Der neue

Eigentümer brachte das Gerät zu einem Experten, der ihm sagte, es handle sich um eine Fälschung. Wieder wechselte die Uhr ihren Besitzer für eine unbekannte, aber vermutlich niedrige Summe. Der dritte Käufer unterzog die Uhr dann einer detaillierten wissenschaftlichen Analyse, die ohne jeden Zweifel nachwies, dass das Stück tatsächlich um 1505 gefertigt wurde, wahrscheinlich echt ist und es sich somit um die älteste erhaltene Taschenuhr der Geschichte handelt. Heute wird der Wert dieser Uhr auf fünfundvierzig bis siebzig Millionen britische Pfund geschätzt.

An der außergewöhnlichen Geschichte dieses kleinen Objekts ist wahrscheinlich am bemerkenswertesten, dass wir etwas über seinen Schöpfer wissen. Es ist bekannt, dass Peter Henlein 1485 in Nürnberg als Sohn eines Rotschmieds geboren und zum Schlosser ausgebildet wurde, wie viele der ersten Uhrmacher. Außerdem ist überliefert, dass er einen entscheidenden Wendepunkt seines Lebens in jungen Jahren nicht in der Werkstatt, sondern in einem Wirtshaus erlebte. 1504, im Alter von neunzehn Jahren, war Henlein in einen Streit verwickelt, infolge dessen ein anderer Schlosser, Georg Glaser, zu Tode kam. Als einer der Mordverdächtigen bat er um Asyl im Nürnberger Barfüßerkloster und fand dort von 1504 bis 1508 Unterschlupf.

Im 15. und 16. Jahrhundert war Nürnberg eine der kreativen und geistigen Hochburgen Europas. Es war ein Zentrum der deutschen Renaissance, Wohnort des bekannten Goldschmieds Wenzel Jamnitzer (1507/08–1585) sowie Albrecht Dürers, der sich dort 1495 eine Werkstatt eingerichtet hatte. Auch das Kloster war ein Anziehungspunkt für Gelehrte und Handwerksmeister und verschaffte Henlein zweifelsohne Zugang zu neuen Werkzeugen und Techniken sowie dem Werk von Mathematikern und Astronomen, die sich dort aufhielten. Durch einen glücklichen Umstand fand sich Henlein in einem Umfeld wieder, in dem er seine Begabung voll entfalten konnte.

Vielleicht lernte Henlein im Kloster den Bau der kleinen Schnecke, die er in seine Uhr einbaute. Die mit der Zugfeder verbundene

Schnecke wurde möglicherweise als Armbrustmechanismus entwickelt, sie tauchte in einem entsprechenden Entwurf von Leonardo da Vinci aus dem Jahr 1490 auf. Wenn die Uhr aufgezogen wird, wickelt sich die Feder fest auf und speichert Energie, durch die dann beim Abwickeln das Federhaus, in dem sie steckt, rotiert – wie eine Tänzerin, die sich auf einer Spieldose dreht, oder wie eine mechanische Eieruhr. Und ebenso, wie die Pirouetten der Tänzerin mit der Zeit immer langsamer werden, wird auch die anfangs starke Drehkraft der Feder beim Entspannen immer schwächer. Die konische Schnecke sorgt mithilfe eines Prinzips, das der Gangschaltung am Fahrrad ähnelt, dafür, dass diese Kraft konstant bleibt.

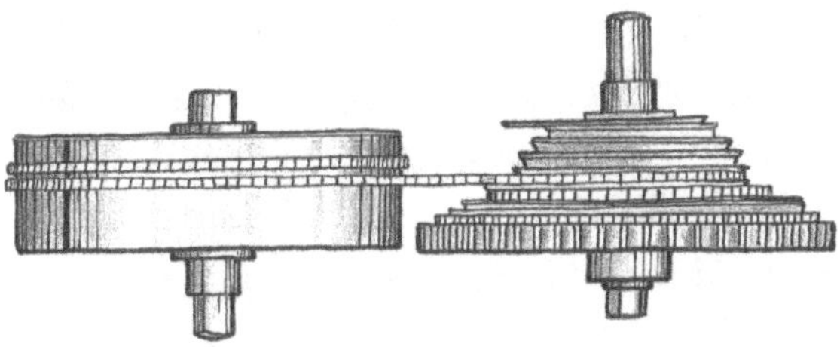

Die Schnecke ist durch eine dünne Kette (ähnlich einer Fahrradkette) mit dem Federhaus verbunden. Frühere Ausführungen mit Darmsaiten funktionierten auf die gleiche Weise.

Schon bald erwarb sich Henlein den Ruf, Uhren von außerordentlichem Einfallsreichtum und in höchster Handwerksqualität herzustellen. Vom Nürnberger Stadtrat erhielt er den Auftrag für den Bau eines astronomischen Geräts, und er schuf eine Uhr für den Turm des Schlosses Lichtenau. Doch seine Spezialität, so scheint es, waren kleine, verzierte, kugelförmige Uhren wie die zuvor beschriebene, die als Schmuck an einer Kette hingen oder mithilfe von Chatelaines an der Kleidung befestigt wurden. 1511 schrieb der Gelehrte Johannes Cochlaeus über Peter Henlein: »Er macht aus wenig Eisen Uhren mit vielen Rädern, die, wie man sie auch legen mag, ohne jedes Gewicht vierzig Stunden zeigen und schlagen, auch wenn sie auf der Brust oder in der Börse getragen werden.«[20]

Den Menschen hinter diesen wunderbaren Geräten zu entschlüsseln, ist jedoch schwieriger. Als einer der wenigen namentlich bekannten Uhrmacher jener Zeit wurde sein Charakter immer wieder mythologisiert. Sein Ruhm in der Neuzeit ist das Ergebnis von Walter Harlans Tragödie *Das Nürnbergisch Ei* (1913), die verfilmt wurde und 1939 im Rahmen der nationalsozialistischen Propaganda zur Demonstration deutscher Überlegenheit in die Kinos kam. Die endgültige Fassung wurde von Joseph Goebbels persönlich abgesegnet. Theaterstück und Film machen aus Henlein einen liebevollen Ehemann und hingebungsvollen Kunsthandwerker, der an einer Herzschwäche stirbt. Doch spätere Nachforschungen bringen eine dunklere Seite zum Vorschein. Eine Computertomographie des Uhrwerks dieser ersten Taschenuhr hat winzige »PH«-Initialen zutage gefördert, die überall auf den Werksteilen eingraviert und mit bloßem Auge nicht erkennbar sind. Eine befreundete Psychologin deutet das als Hinweis auf eine soziopathische und narzisstische Persönlichkeit. Wir wissen, dass Henlein zu Gewalt neigte (die Mordanklage wurde nur deshalb fallen gelassen, weil er der Familie des Opfers Schmerzensgeld zahlte, nicht weil seine Unschuld bewiesen worden wäre), und er trat uneingeschränkt für seinen Bruder Hermann ein, der wegen Mordes an einer achtjährigen Bettlerin enthauptet wurde, wobei es sich vermutlich um eine sexuell motivierte Straftat handelte. Henlein zeigte keinerlei Mitgefühl für das ermordete Mädchen und dessen Familie und bemühte sich wiederholt um die Begnadigung seines Bruders. Einfach ausgedrückt ist Peter Henlein einer der wenigen berühmten Uhrmacher der Geschichte, mit dem ich niemals ein Bier trinken gehen würde.

Henleins Uhr ist in mancherlei Hinsicht ziemlich schlicht. Das Metall ist unbehandelt und weist keine der ausgefeilten Polituren oder feinen Veredelungen auf, wie man sie mit dem modernen Luxusuhrenbau in Verbindung bringt. Das Uhrwerk ist aus Eisen, was nicht gerade ein ideales Material für eine Uhr ist, denn wenn sie angestoßen werden, neigen die Atome von Eisen dazu, sich nach dem Magnetfeld der Erde auszurichten, wodurch sich das Uhrwerk in einen Magneten verwandelt und die Mechanik gestört wird. Und die Gravuren auf dem Außengehäuse sind derb und unbeholfen. Und dennoch bringt mich als moderne Uhrmacherin das Geschick, das hinter diesem Gerät steht, zum Staunen. Henleins Taschenuhr entstand vor dem Aufkommen hochwertiger Vergrößerungswerkzeuge, digitaler Messgeräte und motorbetriebener Drehbänke und Bohrmaschinen. Jedes Element seiner Uhr – jeder Zahn eines Rades oder Triebes, jede noch so kleine Schraube – wurde von Hand gefertigt und zusammengebaut. Und erstaunlicherweise sind Uhren wie diese fünfhundert Jahre später noch immer funktionsfähig, wenn auch durch die Sorgfalt und Aufmerksamkeit von Restauratorinnen wie mich.

Wir sind nun bei unserem ersten nennenswerten mechanischen, tragbaren Zeitmesser angelangt. Ich sehe diese Uhr als einen Höhepunkt und als einen Anfang: Sie ist der Höhepunkt einer Zehntausende Jahre währenden Reise der Menschheit hin zu einer persönlichen, transportablen und mechanisierten Zeit. Und sie ist der Anfang einer viel schneller voranschreitenden Geschichte von Mensch und Maschine, die kaum mehr als fünf Jahrhunderte umfasst.

3
Tempus fugit

Viel größeren Nutzen bietet Stunde als das Glück,
Denn wie es günstig ist, so schwankt es schon zurück.

Das Alter ist ein Leiden, das nichts heilen kann,
Und keinen schont es, daß er in der Jugend blühe,
Es schafft, daß alsobald Tod tritt den Menschen an,
Und wen man glücklich glaubt, der hat nur größere Mühe.[1]

Maria Stuart, Königin von Schottland,
um 1580

Auf den ersten Blick sehen die leeren schwarzen Augenhöhlen, die klaffende Nasenhöhle und das fleischlose, verzerrte Grinsen schaurig aus. Doch ich versuche, diesen Eindruck beiseitezuschieben, meinen Geist wie eine Zaubertafel sauber zu wischen und mir vorzustellen, was diese Uhr ihrer ursprünglichen Besitzerin bedeutet haben mag. Ich betrachte eine Totenkopfuhr aus der Sammlung der Worshipful Company of Clockmakers, von der man einst glaubte, dass sie Maria Stuart, der Königin von Schottland, gehörte.

Die Uhr ist aus Silber, in etwa so groß wie eine kleine Satsuma und mit kunstvollen Gravuren verziert. Auf der Stirn des Schädels steht ein Sanduhr und Sense haltendes Skelett mit einem Fuß im Tor eines Palastes, mit dem anderen in der Tür eines Bauernhauses – eine Mahnung daran, dass der Tod Prinzen und Bettler gleichermaßen ereilt.[2]

3

Auf der Rückseite des Schädels wird die Allegorie der Zeit, ebenfalls mit einer Sense in der Hand, von einer sich in den Schwanz beißenden Schlange und dem berühmten Ovid-Zitat »tempus edax rerum« (Die Zeit verschlingt alles) flankiert. Die Seiten des Schädels sind mit einem verschlungenen Ornamentmotiv durchbrochen. Im Inneren des Kopfes befindet sich eine Glocke, auf der die Stunden geschlagen werden. Um die Uhrzeit abzulesen, muss man den Kiefer aufklappen. Dann kommt ein am Gaumen verborgenes Zifferblatt zum Vorschein. Das Uhrwerk ist dort, wo bei einem lebenden Menschen das Gehirn sitzen würde.

Diese Uhr ist eine Devotionalie aus einer Zeit, als das Leben kurz und der Tod allgegenwärtig war. Allein ihr Anblick rief einem ins Gedächtnis, dass man in jedem Augenblick zu seinem Schöpfer gerufen werden konnte. Das ist ein ernüchternder Gedanke für uns alle, aber besonders für diejenigen, denen die eigene Sterblichkeit schon einmal deutlich bewusst geworden ist.

Beispiel einer silbernen Totenkopfuhr aus dem Anfang des 17. Jahrhunderts.

Ich wurde als streng praktizierende Atheistin erzogen. Wir wohnten in einem multikulturellen Viertel mit Sikhs, Hindus, Muslimen, irischen Katholiken und polnischen Juden zusammen, mein Vater aber wollte nichts mehr mit seiner katholischen Erziehung zu tun haben. Vater hatte in einer Sozialbehörde im nahe gelegenen Handsworth gearbeitet, bevor er seine Stelle dort aufgab, um meine Schwester und mich großzuziehen. Er schärfte uns ein, wir sollten die Religionen anderer respektieren, ohne uns selbst einer zu verschreiben. Unsere westindischen Nachbarn von nebenan waren eng mit unserer Familie befreundet, und obwohl sie nie mit uns über ihren christlichen Glauben sprachen, kannten sie unsere Einstellung. Hin und wieder warfen sie probehalber eine Broschüre ihrer Kirche in unseren Briefkasten und luden uns ein, das Licht Jesu zu entdecken. Ich weiß noch, wie ich Vater fragte, warum sie das täten, wo sie doch wüssten, dass wir nicht an Gott glaubten. Er erklärte, sie machten das deshalb, weil sie uns mochten, wir ihnen am Herzen lägen und sie sich sorgten, dass wir als Ungläubige in die Hölle kämen. Es sei eine nette Geste, sagte er, und wir sollten dafür dankbar sein, uns aber nicht bekehren lassen.

Und dennoch haben mich Kirchen und Kathedralen schon immer in ihren Bann gezogen. Liegt es an der Ruhe, die die Mauern der Andacht zu durchdringen scheint, oder an den leuchtend farbigen Strahlen, die durch die Buntglasfenster fallen? Was auch immer es sein mag, es ist schwer, keine Rührung zu empfinden, wenn man einem vielstimmigen Chorgesang oder einem Orgelkonzert in einem Gotteshaus lauscht. Hier können wir uns in Zeit und Raum verlieren und uns unserer kosmischen Bedeutungslosigkeit gewahr werden. Religion gibt uns das Gefühl, klein und dennoch Teil von etwas Größerem zu sein. Im 16. Jahrhundert war das gewiss der Fall. Damals prägte der Glaube, zu Gottes Schöpfung zu gehören, jeden Aspekt eines Menschenlebens wie auch die Einstellung zur Zeit – und damit zu den Uhren.

~

Ende des 18. Jahrhunderts herrschte große Aufregung unter den Antiquitätenhändlern Londons, als eine Taschenuhr auftauchte, die König Robert I. (Robert the Bruce) gehört haben sollte, der die Schotten im Unabhängigkeitskampf gegen England anführte.[3] Das wäre in der Tat ein beeindruckender Fund gewesen, wenn man bedenkt, dass Robert 1329, also mehr als einhundertfünfzig Jahre vor der Erfindung der Taschenuhr, starb.

Diese Anekdote verdeutlicht, dass sich die genaue Herkunft einer Uhr oft schwer bestimmen lässt und sie zuweilen Wunschdenken unterliegt. Und hier macht auch die Uhr von Maria Stuart keine Ausnahme. Es heißt, die Königin habe sie stets bei sich getragen und sie erst kurz vor ihrer Hinrichtung ihrer Lieblingshofdame Mary Seton geschenkt.* Doch Anfang der 1980er-Jahre stieß Cedric Jagger, der ehemalige Kurator der Sammlung der Worshipful Company of Clockmakers, neben einem Dutzend Kopien auf verschiedene Uhren, die im Laufe der Jahrhunderte Maria Stuart zugeschrieben worden waren.[4] Aller Wahrscheinlichkeit nach werden wir nie erfahren, ob eine dieser Totenkopfuhren diejenige war, die Maria Stuart besaß – oder ob ihre Uhr überhaupt erhalten geblieben ist.

Aber nehmen wir einmal an, unsere Uhr *hat* Maria Stuart gehört, was hätte sie ihr dann bedeutet? Sie hätte natürlich einen materiellen Wert besessen.[5] Für eine Königin war Schmuck ein wertvolles Gut – eine Währung, die zur Finanzierung von Kriegen, zum Schließen von Allianzen oder zum Aushandeln von Verträgen eingesetzt werden konnte. Vermutlich hatte sie auch einen sentimentalen Wert. Maria Stuart soll die Uhr von ihrem ersten Ehemann Franz II., dem König von Frankreich, bekommen haben. Maria und Franz heirateten 1558, als sie fünfzehn beziehungsweise vierzehn Jahre alt waren. Ihre Ehe scheint, trotz ihres jungen Alters, außerordentlich glücklich gewesen zu sein, denn die beiden waren gemeinsam aufgezogen worden. Doch Franz, der schon immer kränklich gewesen war, starb weniger als drei Jahre nach ihrer Hochzeit und siebzehn Monate nach Herrschaftsantritt an einer Ohrenentzündung, die zu einem Abszess im Gehirn führte. Im selben Jahr war auch Maria Stuarts viel geliebte Mutter verstorben. Es gab nicht viel, was die trauernde Witwe noch in Frankreich hielt. Und so kehrte sie 1561 nach Schottland zurück und erhob als gläubige französische Katholikin Anspruch auf den Thron in einem nunmehr pro-

---

* Mary Seton, eine der berühmten »vier Marys«, die Maria Stuart als Kind von Schottland nach Frankreich begleitet hatten, war während der letzten Gefangenschaft der Königin nicht bei ihr. Man nimmt daher an, dass die Uhr zusammen mit anderen persönlichen Gegenständen wie Schmuck, Briefen und kleinen Porträts den Bediensteten mit der Anweisung hinterlassen wurde, sie entsprechend zu verteilen, wenn sie schließlich freikämen.

testantischen Land. Vielleicht erinnerte sie ihre Uhr an all das, was sie verloren hatte.

Zudem hätte die Uhr einen religiösen Wert gehabt. Im 16. und 17. Jahrhundert waren Totenschädel ein wiederkehrendes Motiv auf Stillleben und Porträts, oft neben Zeitmessern wie Sanduhren, Räderuhren und frühen Taschenuhren. Eine treffende Gegenüberstellung, denn Tod und Zeit gehen natürlich Hand in Hand. Die Zeit ist der unaufhaltsame Takt, zu dem unsere Lebenszeit heruntergezählt wird. Baudelaire beschrieb sie in seinen Gedichten als »unheilvollen, wachen Feind« oder als »der finstere Feind, der uns das Herz zerfrisst«. Viele Totenkopfuhren waren gleichermaßen mit lateinischen Versen verziert, wie »Tempus fugit« (Die Zeit verfliegt), »Memento mori« (Bedenke, dass du sterben musst), »Carpe diem« (Nutze den Tag) oder »Mors certa, hora incerta« (Der Tod ist gewiss, die Stunde ungewiss). Sie sollten ihren Besitzern ins Gedächtnis rufen, dass die irdische Existenz nur eine Vorbereitung auf das Leben nach dem Tod war, das ihrer harrte.

Für Maria Stuart stand der Schädel möglicherweise auch sinnbildlich für den einen Bereich, über den sie die volle Kontrolle behalten hatte: ihren Geist. Damals war die Freiheit von Frauen sehr eingeschränkt. Maria, die erst sechs Tage alt war, als sie auf den schottischen Thron gesetzt wurde, war von Geburt an eine Schachfigur der Politik. Als sie sechs Monate alt war, wurde vertraglich vereinbart, dass sie den einzigen Sohn von Heinrich VIII. heiraten solle, den protestantischen Prinzen Eduard (später Eduard VI.), doch die schottischen Katholiken lehnten die Verbindung ab. Mit fünf Jahren wurde sie dem damaligen französischen Thronfolger Franz versprochen und zur Erziehung an den französischen Hof gebracht. Als sie nach Franz' Tod als Königin nach Schottland zurückkehrte, sollte sie nur fünf Jahre herrschen, bevor sie 1567 zur Abdankung gezwungen wurde. Selbst im Hausarrest war sie in mehrere Komplotte katholischer Verschwörer verwickelt, die Königin Elisabeth I. stürzen wollten, bis selbige schließlich widerwillig die Hinrichtungsurkunde für ihre Verwandte unterzeichnete.

3

Da sie die letzten neunzehn Jahre ihres Lebens in Gefangenschaft verbrachte, mag Marias Totenkopf eine tröstliche Verheißung gewesen sein, dass, trotz all der verlorenen Zeit, nach dem Tod ein anderes, besseres, *ewiges* Leben anbrechen würde. Die Gesundheit der einst schönen und lebenssprühenden Königin litt furchtbar in jenen zwei Jahrzehnten. Sie wurde von Krankheitsschüben geplagt, wie einem quälenden Schmerz in der rechten Seite, der sie nachts wach hielt, und zeitweiligen Beschwerden im rechten Arm, die sie selbst beim Schreiben behinderten. Die Schmerzen in den Beinen wurden so stark, dass sie zum Zeitpunkt ihrer Hinrichtung nicht mehr richtig laufen konnte. Später mutmaßten Mediziner, sie habe an Porphyrie, einer erblichen Stoffwechselerkrankung, gelitten (die auch ihren Nachkommen Georg III. befiel), was auch ihre regelmäßigen emotionalen Zusammenbrüche erklären könnte, die damals als Hysterie oder Wahnsinn abgetan wurden. Die Briefe sowie die Verse, die sie während ihrer Gefangenschaft stickte, verdeutlichen, dass sie bereit war, ihr irdisches Dasein, in dem die drohende Hinrichtung wie ein Damoklesschwert über ihr schwebte, hinter sich zu lassen und im Himmel neu geboren zu werden.[6]

An einem kalten Februarmorgen im Jahr 1587 wurde Maria wegen Hochverrats im Fotheringhay Castle in Northamptonshire enthauptet. Sie wusste, dass sie durch ihren Tod zu einer Symbolfigur werden würde, und nutzte den Moment, um ihr Vermächtnis für die nachfolgenden Jahrhunderte zu sichern. Nachdem sie zum Schafott geführt worden war, halfen ihr die Hofdamen dabei, ihr tiefschwarzes, mit schwarzem Samt besticktes und mit perlenbesetzten Knöpfen verziertes Satinkleid abzulegen. Als sie die Überbekleidung abgestreift hatte, kamen ein purpurfarbener Unterrock und ein rotes Satinmieder mit roten Ärmeln zum Vorschein: die Farbe des Blutes und im Katholizismus die Farbe der Märtyrer.[7]

Oft stelle ich mir Maria Stuart vor, wie sie in der Nacht vor ihrer Hinrichtung in ihren eiskalten Gemächern im Kerzenlicht vor der Bibel kniet und ihre Uhr in der Hand hält. Ihr Zeitmesser, der so langsam war wie alle Taschenuhren des 16. Jahrhunderts, hätte in einem Rhythmus getickt, der ihrem Herzschlag nahegekommen wäre. Ich würde gern glauben, dass ihre Uhr, als sich Maria Stuart auf ihre Hinrichtung vorbereitete, ihr ein wenig Trost spendete.

~

Was war eine Kleinuhr im 16. Jahrhundert? Ehrlich gesagt hatte sie nicht viel mit einem Zeitmesser gemein. Uhren mit Spindelhemmung sind launisch. Sie besaßen keine Vorrichtung, die Temperaturschwankungen ausgeglichen hätte, und vertrugen keine Erschütterungen oder ruckartigen Bewegungen. Daher neigten sie dazu, stehen zu bleiben und Minuten oder gar Stunden nachzugehen. Eine Taschenuhr war eher eine exotische Rarität und nur den Reichsten vorbehalten. Damals waren nur sehr wenige Uhren im Umlauf, und während eines Großteils der drei Jahrhunderte, die ihrem Aufkommen folgten, waren sie außerordentlich kostspielig. Auf einem Porträt König Heinrichs VIII. von Hans Holbein dem Jüngeren aus dem Jahr 1536 hängt ein seltsames Medaillon an einer Goldkette um den Hals des Monarchen, das verdächtig nach einer Uhr des 16. Jahrhunderts aussieht.[8] Weitere Uhren sind in einem Inventar der königlichen Garderobe von Königin Elisabeth I. aufgeführt, darunter ebenfalls eine Totenkopfuhr und möglicherweise eine der ersten Armbanduhren. Auf der 1572 erstellten Liste ist »ein Armreif oder eine Gliederkette aus Gold, über und über hübsch mit Rubinen und Diamanten verziert, die in ihrem Verschluss eine Uhr hat« beschrieben.[9] Leider ist dieses spektakulär klingende Artefakt nicht erhalten geblieben.

Die ältesten Kleinuhren lassen sich gewöhnlich nach zwei Stilen unterscheiden und wurden gern an einer Kette getragen. Ein Typus war kugelförmig wie Henleins Uhr und wurde wie die gleichnamigen käfigartigen Behälter, die wohlriechendes Räucherwerk enthielten und in der Kirche geschwenkt wurden, als Bisamapfel oder Bisamkugeluhr bezeichnet.[10] Der andere Typus war in einem flachen, zylindrischen

Gehäuse untergebracht, wurde Tambour- (französisch für »Trommel«) oder Dosenuhr genannt und war mit Klappdeckeln an Vorder- und Rückseite versehen. Mitte des 16. Jahrhunderts erlaubte es der technische Fortschritt den Uhrmachern, andere Gehäuseformen mit kleineren Uhrwerken zu erkunden und mit neuen Verzierungstechniken zu experimentieren. Das war der Anfang der Formuhren, so genannt, weil sie die Gestalt anderer Objekte wie Blütenknospen und Tiere nachahmten. Oft dienten sie auch als Devotionalien und hatten das Aussehen von Kreuzen, Bibeln und natürlich Totenköpfen.

Wenn ich Formuhren in Museen oder Auktionshäusern sehe, kann ich mir ein Lächeln nicht verkneifen. Es sind so erlesene kleine Artefakte. Eine perfekte Kombination aus raffinierter Handwerks-, Gestaltungs- und Ingenieurskunst. Wenn ich alles entwerfen könnte, was mir in den Sinn kommt, und mich nicht um die Bezahlung meiner Rechnungen kümmern müsste, würde ich solche Uhren bauen. Sie sind gleichermaßen Kunstobjekte wie Uhren und wurden gemeinsam von den Meistern verschiedener Gewerke geschaffen. Oft sind diese mit Gold, Silber, Rubinen, Smaragden und Diamanten verzierten Preziosen das Produkt von Emailleuren, Graveuren, Ziseleuren, Goldschmieden und Edelsteinschleifern, die sich mit traditionellen Uhrmachern zusammengetan haben. Bei diesen Uhren ordnet sich die Funktion noch immer einer schillernden, unverhohlen luxuriösen Form unter. Es ist leicht vorstellbar, wie kostbar und anrührend sie für ihre Besitzer waren und wie ihrem kalten steinernen oder metallenen Äußeren fast schon eine spirituelle Verehrung entgegenschlug.

1912 rissen Arbeiter baufällige Gebäude an der Ecke der Straße Cheapside in London ab, als sie unter ihren Füßen etwas glitzern sahen. Nachdem sie sorgfältig Dielen und Erde entfernt hatten, förderten sie fünfhundert sagenhafte Schmuckstücke aus dem Elisabethanischen und Jakobinischen Zeitalter zutage – ein Fund, der daraufhin »Cheapside Hoard« (Schatz von Cheapside) getauft wurde.[11] Von dieser Geschichte bekomme ich Gänsehaut. Eine der vielen magischen Eigenschaften von

Gold ist, dass es weder mit dem Alter noch unter schlechten Lagerbedingungen beschlägt. Es ist eines der Materialien, die man sofort erkennt – zu hell, zu satt und warm in der Farbe und zu schwer, um irgendetwas anderes zu sein. Auch Emailornamente behalten ihre ursprüngliche Farbe, ebenso wie die meisten Edelsteine. Und obwohl es nahezu dreihundert Jahre im Boden verbracht hatte, glänzte dieses Sammelsurium an Kostbarkeiten fast noch so wie an dem Tag, als es vergraben wurde.

Zuerst beschlossen die Arbeiter, ihren Fund dem Eigentümer des Grundstücks nicht zu melden, bei dem es sich zufällig um die Worshipful Company of Goldsmiths handelte.* Stattdessen brachten sie ihre Beute zu dem Antiquitätenhändler George Fabian Lawrence, der unter Londoner Bauarbeitern besser bekannt war als »Stony Jack«. Dort kamen sie mit Taschen, Mützen und Taschentüchern an, die vollgestopft mit Schmuckstücken waren. In Zeitungsartikeln aus jener Zeit wird berichtet, wie sie »zahlreiche, mit Erde verkrustete, große Klumpen« auf dem Boden des Geschäftes ausbreiteten und einer der Arbeiter ausrief: »Da sind wir wohl auf einen Spielzeugladen gestoßen, Meister!« Lawrence erkannte sofort die Bedeutung der Sammlung und machte sich daran, den Schatz für das London Museum zu sichern.**

Eines der außergewöhnlichsten Stücke des Schatzes war eine Formuhr, deren vergoldetes Uhrwerk in einen kolumbianischen Smaragd von der Größe einer Kirschtomate eingelassen wurde. Es ist die einzige bekannte erhaltene Uhr mit einem massiven Smaragdgehäuse. Das wertvolle grüne Mineral wurde in die Form einer sechseckigen Dose gebracht, um die prismatische Struktur der Smaragdkristalle aufzuneh-

---

* Die Goldsmiths' Company ist einer von mehreren wohlhabenden Londoner Berufsverbänden oder Zünften, die noch immer Grund- und Immobilienbesitz in der ganzen Stadt haben.

** 1976 wurden die Sammlungen des London Museum und des Guildhall Museum im Museum of London zusammengelegt, wo der Cheapside Hoard heute aufbewahrt wird.

men und so die Lichtbrechung und Farbbrillanz zu verstärken. Das durch den durchsichtigen Steindeckel sichtbare Zifferblatt hat einen strukturierten goldenen Hintergrund, der in einem passenden Smaragdton emailliert und mit einem Ring aus römischen Ziffern verziert ist. Leider hat die Mechanik im Inneren das unterirdische Abenteuer nicht so gut überstanden wie das Äußere. Der Rost aus Jahrhunderten hat sie auf ewig mit dem Smaragdgehäuse verschmolzen.

Das wenige, was wir über diese Uhr wissen, ist anhand von stereographischen Röntgenaufnahmen entschlüsselt worden. Das Uhrwerk ist typisch für eine fein gearbeitete Uhr jener Epoche, aber unsigniert, daher kennen wir den Namen ihres Schöpfers und den Ort, wo sie entstanden ist, nicht. Es ist bekannt, dass der Smaragd aus Muzo in Kolumbien stammte – ein Beweis für den internationalen Handel mit Luxusgütern zu jener Zeit –, nicht bekannt ist hingegen, wer ihn schliff. In Sevilla, Lissabon, Genf und vermutlich auch London gab es Steinschleifer, die ein solches Gehäuse hätten herstellen können. Wer auch immer dafür verantwortlich zeichnete, besaß ein außerordentliches Geschick. Ich habe kurzzeitig eine Ausbildung zur Diamantengutachterin durchlaufen und weiß, dass es ein unglaubliches Maß an Erfahrung und Können braucht, um einen Edelstein so zu schleifen. Steinschleifer benötigen ein umfassendes Wissen über die Eigenschaften verschiedener Steine. Je nach Molekularstruktur muss jeder Stein auf unterschiedliche Weise geschliffen und poliert werden, und jeder ist wie ein Fingerabdruck, mit Mustern und Einschlüssen, die so einzigartig sind wie eine Schneeflocke. Steinschleifer lesen die Steine und studieren ihre Struktur bis ins kleinste Detail, um die Form des endgültigen Schliffs zu bestimmen. Smaragd ist besonders heikel. Er ist eine Varietät des Berylls und entwickelt aufgrund der Gestalt seiner Moleküle sechseckige, säulige Kristalle vom Umfang eines Bleistifts. Er ist nicht so hart wie Rubin oder Saphir, aber splittert leicht. Je größer und wertvoller der unbearbeitete Edelstein ist, umso größer ist der Druck auf den Steinschleifer, seine Sache gut zu machen. Durch eine falsche Bewegung könnte ein riesiges Stück aus dem Gehäuse herausbrechen oder, schlimmer noch, das ganze Ding gleich in zwei Teile zerfallen – und damit wäre auch der Wert des Steines dahin.

Ein roher Smaragd bildet von Natur aus sechseckige Kristalle.

Wir können uns fast sicher sein, dass diese Uhr – meiner Meinung nach eines der schönsten Schmuckstücke überhaupt – nicht von einer Hand geschaffen wurde. Nur wenige Formuhren waren das: Die Uhrmacher jener Zeit griffen auf das Können einer Vielzahl an Handwerkern zurück, die ihre Arbeit an der Mechanik unterstützten und ergänzten. In gewissem Maße handhaben Craig und ich das auch heute noch so. Zusammengerechnet haben wir beide fast vier Jahrzehnte damit zugebracht, uns auf ein Handwerk zu spezialisieren. Daher sind wir uns nur allzu bewusst, wie viel Mühe vonnöten ist, bis man es meisterhaft beherrscht. Wir werden nie so gut gravieren, emaillieren oder Steine schleifen können wie andere, die ihr Leben dieser Kunst gewidmet haben. Wenn man die höchsten Ansprüche an sein Werk stellt, muss man mit anderen Könnern zusammenarbeiten.

Jedes Mal, wenn wir eine Uhr entwerfen, stellen wir als einen der ersten Schritte ein Team aus erstklassigen Kunsthandwerkern zusammen. Einige der Menschen, mit denen wir arbeiten, kommen aus der Gegend (manchmal sogar aus der Etage unter uns). Andere befinden sich nur ein paar Straßen weiter. Wieder andere stammen aus ganz Europa – was auch auf die Uhrmacher des 17. Jahrhunderts zutraf, obgleich wir im Gegensatz zu unseren Uhren bauenden Vorgängern einige unserer Kontakte über Instagram kennengelernt haben. Ich habe eine Uhr mit einem Gehäuse aus Bergkristall gefertigt und den passenden Stein von einem Händler in London besorgt, auf Anraten eines Steinschleifers in Birmingham, der ihn dann für mich schliff. Ich habe mit einem Zifferblatt-Emailleur aus Glasgow zusammengewirkt (dem einzigen, der dieses Gewerbe noch in Großbritannien betreibt) und mit ihm jahrelang getüftelt, um eine perfekte, glatte Oberfläche zu erzielen. Ich habe einen

Waffengraveur aus Deutschland damit beauftragt, unsere Uhrwerke mit kunstvoll verschnörkelten, winzigen Akanthusblättern und Schrift zu verzieren, die so klein wie ein Reiskorn ist. Der Ideenaustausch mit anderen Experten ist ein Katalysator für Innovation und Kreativität. Bei einer Arbeit, die sehr einsam sein kann, ist es äußerst anregend, wenn man anderen begegnet, die sich ihrem Handwerk ebenso intensiv verschrieben haben wie man selbst.

Schnörkelgravur von Akanthusblättern auf einer Uhrenplatine. Dieser Stil ist seit Jahrhunderten gefragt – das ist Teil des Entwurfs für eine Uhr, die wir kürzlich gefertigt haben.

Im 16. Jahrhundert arbeiteten viele der besten Emailleure, Graveure und Goldschmiede in der kleinen französischen Stadt Blois.* Das Schloss von Blois war eine offizielle königliche Residenz, und die heimischen Handwerker versorgten Königsfamilien und Adel, für die die Stadt zu einer zweiten Heimat geriet. Hier wurde unsere Totenkopfuhr erschaffen. Zweifelsohne erarbeiteten sich diese Kunsthandwerker ihren internationalen Ruf durch ihr Werk, doch ihre Bekanntheit stieg auch dadurch, dass sie in einer Ära gewaltsamer religiöser Verfolgung gezwungen waren, durch ganz Europa zu ziehen. Es ist zutiefst paradox, dass Maria Stuarts Uhr, ein mächtiger religiöser Talisman einer katholischen Frau in einem ungastlichen protestantischen Land, sehr wahrscheinlich von einem protestantischen Kunsthandwerker in einem ebenso feindseligen katholischen Frankreich geschaffen wurde.

Viele außergewöhnlich begabte französische Handwerker jener Zeit, von Goldschmieden und Emailleuren wie jenen in Blois bis zu Uhrmachern in Paris, waren Hugenotten – der gebräuchliche Name für

* Blois pflegte enge Verbindungen zu den Medici. Katharina von Medici lebte im königlichen Schloss von Blois und starb dort 1589.

die französischen Anhänger von Johannes Calvin, dem Begründer der protestantischen Glaubensrichtung des Calvinismus. Das katholische Frankreich unter Katharina von Medici und ihren Söhnen war ein erbitterter Gegner des Protestantismus. Die über das Land herrschenden katholischen Aristokraten (von denen viele mit Maria Stuart blutsverwandt oder über eine Heirat verbunden waren, auch wenn Maria stets für Toleranz zwischen den Glaubensrichtungen eintrat und diese auch praktizierte) waren verantwortlich für die Unterstützung von Gräueltaten, die heute als ethnische Säuberung oder Genozid eingestuft werden würden.

Der Ärger begann für die Hugenotten im Jahr 1547, als Marias Schwiegervater, König Heinrich II. von Frankreich, beschloss, etwas gegen die protestantische Bedrohung zu unternehmen und in der Folgezeit fünfhundert Anhänger Calvins wegen Ketzerei verhaften ließ. 1562, ein Jahr nachdem Maria Stuart nach Schottland zurückgekehrt war, drangen die Truppen ihres Onkels, des Katholikenführers Herzog Franz von Guise, in der französischen Stadt Wassy in einen verbotenen Gottesdienst der Hugenotten ein. Bei dem darauf folgenden Blutbad wurden zahlreiche der 1200 anwesenden Hugenotten, darunter Frauen und Kinder, mit Schwertern und Musketen getötet oder verletzt. Durch das Massaker (das Maria Stuart bei ihren neuen protestantischen schottischen Untertanen bestimmt nicht beliebt machte) entbrannte ein langwieriger religiös geprägter Konflikt mit insgesamt acht Hugenottenkriegen. Im August 1572 kamen bei einem erneuten Angriff unter Führung der Familie Guise mehrere Tausend Protestanten während der Bartholomäusnacht in Paris ums Leben. Bei weiteren Unruhen in Bordeaux, Lyon und anderen französischen Städten wurden bis zu 10 000 Menschen getötet. In den nächsten zwei Jahrzehnten der Verfolgung waren Tausende Hugenotten in ganz Europa auf der Flucht.[12] Die Flüchtlinge kamen in ihrer neuen Heimat mit kaum mehr als einem Bündel Kleider auf dem Rücken, ihrem Wissen und ihren handwerklichen Fertigkeiten an.

3

Das British Museum besitzt eine Uhr des französischen Uhrmachers David Bouguet, die um 1650 entstand und Zeugnis von dem Talent der Zugewanderten ablegt. Es handelt sich um eine klassische Taschenuhr mit einem kleinen, runden Gehäuse von etwas mehr als 4,5 Zentimeter Durchmesser. Außen ist es mit einer Vielzahl farbenprächtiger Blumen auf schwarzem Hintergrund emailliert: blutrote Rosen, blau-gelbe Hornveilchen, bunt gemischte Tulpen und rot-weiße Schachbrettblumen, die durch goldgelbe und grüne, verschnörkelte Ranken miteinander verbunden sind. Zudem ist der Deckel auf der Vorderseite, unter dem sich das Zifferblatt verbirgt, mit zweiundneunzig Diamanten bestückt, die ringförmig um die Blumen eingefasst sind. Diese alten, leicht unregelmäßig geformten Diamanten sind im niederländischen Rosenschliff bearbeitet. Sie haben deutlich weniger Facetten als moderne Diamanten, bei denen die hohe Facettenzahl dafür sorgen soll, dass möglichst viel Licht vom Stein zurückgeworfen wird. Diese hier sind stumpfer, funkeln aber in dezentem Grau, wie Wassertropfen auf der Motorhaube eines schwarz glänzenden Autos.

Das Innere der Uhr ist ebenso kunstvoll. Wenn man den Deckel öffnet, kommt auf seiner Unterseite eine gemalte Landschaft mit einem Wanderer samt Stock zum Vorschein, die in feinen schwarzen Linien auf himmelblaues Email gezeichnet ist. Die römischen Ziffern des Zifferblatts stehen in Schwarz auf einem weißen Stundenring, der eine farbige Miniatur zweier in eine Toga gekleideter Figuren umgibt, die inmitten einer elysischen Szene an einem See in ein Gespräch vertieft sind, während über sie ein Schwarm Vögel hinwegzieht. Demgegenüber ist die Verzierung des eigentlichen Uhrwerks eher schlicht, wenn auch wunderschön veredelt. Höchstwahrscheinlich wurde das gesamte Gehäuse dieser Uhr von Kunsthandwerkern in Blois angefertigt, bevor es nach London exportiert wurde, wo Bouguet, der aus Frankreich eingewanderte hugenottische Uhrmacher, ein passendes Uhrwerk dazu schuf.

Die Gemeinschaft der hugenottischen Flüchtlinge hielt zusammen. Sie tauschten ihr Wissen, Können und Handwerk untereinander aus und gaben es an die nächste Generation weiter. David Bouguets Familie ist ein sehr gutes Beispiel dafür. Bouguet wird erstmals 1622 in England erwähnt und wurde 1628 in die Worshipful Company of Blacksmiths, die Londoner Schmiedezunft, aufgenommen. Zwei seiner Söhne, David und Solomon, wurden ebenfalls Uhrmacher. Ein dritter Sohn, Hector, ging bei dem hugenottischen Diamantenschleifer Isaac Mebert/Maubert in die Lehre, der schließlich Bouguets Tochter Marie heiratete. Isaacs Bruder Nicholas ehelichte Bouguets andere Tochter Suzanne, eine weitere Tochter, Marthe, vermählte sich mit dem Juwelier Isaac Romieu. Es würde mich nicht überraschen, wenn die Diamanten auf Bouguets schwarzer Uhr in der Werkstatt seines Schwiegersohns geschliffen worden wären.

Oft bezeichneten die Londoner die in »Liberties« (Freibezirke, die der städtischen Gerichtsbarkeit nicht unterlagen, wie beispielsweise Blackfriars – Anm. d. Ü.) lebenden Hugenotten als »Strangers« (Fremde, Ausländer) und gaben ihnen nicht immer das Gefühl, willkommen zu sein. 1622 waren die englischen Uhrmacher so besorgt über die Neuankömmlinge, dass sie Jakob I. ersuchten, ihnen den Handel in der Stadt zu verbieten und eine Uhrmacherzunft ins Leben zu rufen. Und so wurde 1631 die Worshipful Company of Clockmakers gegründet, auch wenn die Hugenotten nicht explizit davon ausgeschlossen waren. 1678 beklagte sich die Goldschmiedezunft darüber, dass die Hugenotten englische Arbeiter unterböten und damit ihrem Gewerbe schadeten, und versuchte, ausländische protestantische Handwerker daran zu hindern, an bestimmten Orten zu arbeiten und die siebenjährige Lehre zu absolvieren, durch die sie Mitglied der Zunft werden durften. Doch wie es das Schicksal so wollte, beschäftigten viele der Handwerker, die gegen die französischen Einwanderer vorgingen, Nachkommen der Hugenotten, und es wurde zur Gewohnheit, dass britische Handwerker ihre Söhne zur Lehre bei einem hugenottischen Meister schickten oder selbst hugenottische Lehrlinge aufnahmen. Bouguets Leben muss voller Höhen und Tiefen gewesen sein: In der einen

Minute war er für reiche Gönner tätig, die sein Werk bewunderten, respektierten und schätzten, in der nächsten wurde er auf der Straße als »französischer Hund« (oder übler) beschimpft.

~

Die Reformation veränderte die Natur der Uhr grundlegend. Als Erstes mussten sämtliche Anzeichen von Pomp und Prunk weichen. Katholische Uhrmacher hatten Gott mit kunstvollen Verzierungen ihre Ehre erwiesen, für die Reformatoren hingegen lenkte jegliches Zierwerk von Gottes wahrer Herrlichkeit ab. Johannes Calvin verbot es seinen Anhängern gar, Schmuck zu tragen. Paradoxerweise brachte das viele Juweliere dazu, sich der Uhrmacherei zuzuwenden, wodurch Schweizer Uhrengehäuse nun zunehmend mit kunstvollen Goldschmiede- und Emailarbeiten sowie Steinbesätzen aufwarteten.*

Im protestantischen England während des Bürgerkrieges in den 1640er-Jahren und unter Oliver Cromwell in den 1650er-Jahren wollten die Puritaner die anglikanische Kirche von den letzten Resten des römisch-katholischen Glaubens »reinigen«, von dem unter der Herrschaft von Karl I. ihrer Meinung nach zu viel überdauert hatte. Extravaganter Kleidung sagte man nach, sie würde nach »Papismus und Teufelei« stinken, ein Symbol von Stolz und Verführung zur Wollust sein.[13] Alles, von in Locken gelegten Bärten, importierten Duftstoffen und Halskrausen bis zu Kosmetik, engen Wamsen und übertrieben großen Schamkapseln, geriet unter Beschuss. Selbst die gepuderten Perücken, die unter Karl I. die Mode beherrscht hatten, wurden abgeschafft.[14] Die Puritaner kleideten sich bescheiden und trugen gedämpfte Farben, schlichte Leinenmanschetten und -kragen (zuweilen

* Genfer Uhrmacher, die aufwendige Stücke herstellen wollten, fanden im Ausland Abnehmer für ihre Waren. Die kleine silberne Taschenuhr in Gestalt eines Löwen, die Jean-Baptiste Duboule um 1635 schuf, war höchstwahrscheinlich für Konstantinopel (Istanbul) im Osmanischen Reich bestimmt.

aus selbst gewebtem Stoff, gänzlich ohne Posamenten oder Knöpfe) und glatte, schlichte Frisuren.

Uhren waren jedoch bereits solche unschätzbaren Alltagshelfer, dass selbst strenge Puritaner nicht auf sie verzichten wollten (auch Cromwell scheint eine besessen zu haben).[15] Doch auch ihr Aussehen wurde einer deutlichen Verschlankungskur unterzogen. Die Puritaner-Uhren waren mit einer Breite von etwa drei Zentimetern und einer Länge von bis zu fünf Zentimetern relativ klein und hatten oft eine ovale Form. Sie waren schmucklos, ohne Verzierungen, Dekor oder Edelsteine. Gewöhnlich wurden die völlig schlichten Gehäuse aus Silber gefertigt – Gold wäre zu prunkvoll gewesen* –, und ihre glatte Oberfläche glich dem zart schimmernden Glanz verwitterter Strandkiesel. Auch die Zifferblätter unter dem vorderen Deckel waren einfach gehalten, mit Ausnahme des rein funktionalen Stundenrings, auf dem ein einzelner Zeiger die Stunden des Tages anzeigte.

Eine typische silberne Puritaner-Uhr, schlicht und ohne jegliche Verzierung. Sie stand in völligem Gegensatz zu den Formuhren.

In dieser neuen, reduzierten Form kündete die Uhr von einem ganz anderen Zeitverständnis als die Totenkopfuhr, die wir am Anfang dieses Kapitels betrachtet haben. Für die Protestanten war Zeit ein Geschenk Gottes, sie zu verschwenden, war eine Sünde. Sie glaubten, dass man die Zeit im Diesseits sinnvoll nutzen müsse, damit es einem im Jenseits wohlergehe.[16] Zu puritanischen Kernwerten gehörten Pflichtbewusstsein, Selbstbeherrschung, Fleiß und Tüchtigkeit. Im Tagesablauf eines Puritaners gab es keine Freizeit, sondern nur Zeit, die im Dienste Gottes verbracht werden sollte.[17] Es hieß sogar, »Zeit mit Müßiggang zu verbringen«, sei »eine Form von Diebstahl, ein Betrug am Herrn«.[18]

* Obwohl es bemerkenswerterweise vereinzelte Exemplare aus Gold gibt.

3

1673 veröffentliche der einflussreiche puritanische Theologe Richard Baxter *A Christian Directory* (Ein christlicher Leitfaden), um die Gläubigen zu lehren, wie sich ein guter Christ die Zeit einteilen sollte:

> Da die Zeit dem Menschen die Gelegenheit gibt, all die Werke zu verrichten, für die er lebt, die sein Schöpfer von ihm erwartet und von denen sein ewiges Leben abhängt, muss es von größter Wichtigkeit für ihn sein, sie bestmöglich zu gebrauchen: Und daher hat es der heilige *Paulus* zu einem bedeutenden Merkmal erklärt, durch das sich die *Klugen* von den Unverständigen unterscheiden.[19]

Der verantwortungsvolle Umgang mit Zeit, so scheint es, war ein Anzeichen von Gottesfurcht. »Eine der größten Zeit vergeudenden Sünden ist Müßiggang oder Trägheit«, schreibt er weiter und verurteilt denjenigen, der

> … seine Zeit mit fruchtlosen Wünschen verbringt: Er liegt im Bett oder sitzt untätig herum und *wünschte sich*, das wäre arbeiten: Er mästet seinen Körper und *wünschte sich*, das wäre fasten: Er geht seinen Vergnügungen nach und *wünschte sich*, das wäre beten und ein enthaltsames Leben. Er lässt sein Herz der Lust, dem Stolz oder der Begierde nachlaufen und *wünschte sich*, das wäre eine fromme Gesinnung.
>
> … Gebt also sorgfältig darauf acht, wie ihr lebt, sagt der Apostel … macht den bestmöglichen Gebrauch von eurer Zeit; nutzt so viel wie möglich davon für die sinnvollsten Aufgaben; entreißt jeden flüchtigen Moment den Händen der Sünde und des Satans, den Händen der Trägheit, der Bequemlichkeit, des Vergnügens, der weltlichen Belange.

Einen Großteil meines Lebens habe ich damit zugebracht, mich schuldig zu fühlen, weil ich zu wenig gearbeitet oder zu lange geschlafen habe. Selbst im Urlaub fällt es mir schwer, mich zu entspannen, weil das Nichtstun ein schlechtes Gewissen verursacht. Ich bezweifle, dass meine Vorfahren, die in Höhlen lebten und Sternzeichen in Knochen ritzten, dieselbe brennende Scham empfanden, wenn sie sich einen Moment der Ruhe gönnten. Unsere Schuldgefühle ob der »vertanen« Zeit sind gesellschaftlich konditioniert. Wenn man sonntagmorgens ausschläft, richtet das keinen großen Schaden an. Wenn man sich ein paar kostbare Minuten nimmt, um mit seinem Kind zu kuscheln oder sich im Garten die Sonne ins Gesicht scheinen zu lassen, bleiben vielleicht die Arbeit liegen oder der Abwasch stehen – aber die Schuldgefühle, die viele von uns deswegen plagen, stehen oft in keinem Verhältnis zu dem, was solche Auszeiten bewirken. Etwas in unserer kulturellen Vergangenheit hat uns dazu gebracht, uns schlecht zu fühlen, wenn wir nicht arbeiten. Wenn ich Baxters Predigt über die Gefahren lesen, die meinem Seelenheil drohen, wenn ich mich auch nur kurz dem Vergnügen hingebe, kann ich mich des Verdachts nicht erwehren, dass, ebenso wie katholische Rituale mich noch immer beeinflussen, auch der Puritanismus des 16. Jahrhunderts noch durch meine atheistischen Adern fließt. Auch wenn diese extreme Auslegung der christlichen Lehre seit über dreihundert Jahren an Bedeutung verliert, prägt sie weiterhin unsere Zeitwahrnehmung. Der Puritanismus markierte den Anfang vom Ende der »Work-Life-Balance«.

~

Cromwells puritanisches Commonwealth war nur von kurzer Dauer. Nach seinem Tod 1658 und einer nicht einmal einjährigen Regentschaft seines Sohnes Richard kehrte ein König auf den englischen Thron zurück. Und unweigerlich erlebten auch die dekadenten Zeitmesser eine Renaissance. Karl II. war ein großer Bewunderer der Uhrmacherkunst. Er hatte mindestens sieben Uhren in seinem Schlafgemach – deren asynchrones Schlagen seine Bediensteten zur Verzweiflung trieb – und eine weitere in seinem Vorzimmer, die auch die Windrichtung anzeigen konnte. Unter seiner Herrschaft erlebte die Uhrmacherei eine Blüte, und oft bestand der König darauf, als Erster die neuesten Errungenschaften auf diesem Gebiet zu begutachten.[20]

In Frankreich verschaffte das Edikt von Nantes aus dem Jahr 1598, das Heinrich IV. nach der Thronbesteigung unterzeichnete, den Hugenotten einige Jahre, in denen sie ihren Glauben relativ ungestört ausüben durften. Doch obwohl Ludwig XIV. die Unterstützung des Edikts zugesagt hatte, wurden im Frankreich der 1680er-Jahre neue Maßnahmen zur Unterdrückung des Protestantismus eingeleitet. Zwangskonvertierungen, Propaganda, die Trennung hugenottischer Kinder von ihren Familien und die Zerstörung protestantischer Kirchen erschwerten das Leben der Hugenotten wieder zunehmend. Schließlich fand das »ewige und unwiderrufliche« Edikt 1685 ein Ende. Was folgte, war ein weiterer Exodus der Hugenotten. In den Jahren nach der Widerrufung flohen zwischen 200 000 und 250 000 Hugenotten, während bis zu 700 000 ihrem Glauben abschworen und zum Katholizismus übertraten.[21] Während die Mehrheit der Flüchtlinge in der Republik der Vereinigten Niederlande Schutz suchte, war England das zweitbeliebteste Ziel, wo sich schätzungsweise 50 000 bis 60 000 in Sicherheit brachten.[22] Auch die Schweiz bot einer großen Anzahl hugenottischer Siedler Unterschlupf. Diese hugenottischen Einwanderer spielten eine zentrale Rolle bei der Entwicklung der britischen und Schweizer Uhrenindustrie, und ihr Einfluss wirkt bis heute nach.[23] Unter der Herrschaft eines uhrenliebenden Souveräns und nun mit einem Zustrom neuer Talente ausgestattet, war London für ein Goldenes Zeitalter der Uhrmacherei gerüstet.

4

Das Goldene Zeitalter

Aus der rechten Uhrtasche hing eine große Silberkette heraus
mit einer wunderbaren Art Maschine am Ende.
… Er nannte es sein Orakel und sagte,
es weise die Zeit aus für jede Handlung seines Lebens.[1]

Jonathan Swift, Gullivers Reisen, 1726

Als angehende Uhrmacherin muss man zunächst einmal seine eigenen Werkzeuge herstellen. Es ist sinnvoll, dass man, bevor man sich an die unglaublich fragile Mechanik eines Uhrwerks herantraut, mit etwas Robusterem anfängt, das man auf lange Sicht brauchen wird. Daher war mein erstes Projekt während meiner dreijährigen Ausbildung am British Horological Institute die Fertigung eines Zentrierbohrers in Kombination mit einer Anreißnadel. Das war ein bleistiftartiger Stahlstab, der zwei Funktionen erfüllte. Ein Ende musste ich in die Form eines Schlitzschraubendrehers bringen, nur rasiermesserscharf (die Anreißnadel), am anderen musste ich drei Flächen schleifen, die an der Spitze zusammenliefen (der Zentrierbohrer). Damit brachten wir Zentrierpunkte in unsere Werkstücke ein, in denen der Metallbohrer dann ansetzen konnte. Uhrmacher müssen viele Löcher bohren.

Mit unserem ersten Werkzeug fertigten wir unser nächstes – einen Werkhalter. Wie bei einem Minischraubstock fixiert man damit ein Uhrwerk, während man daran arbeitet. Den Halter mussten wir von Hand nach einer präzisen technischen Zeichnung feilen, und unser fertiges

Stück musste diesen Maßen mit einer Abweichung von maximal drei Zehntelmillimetern entsprechen. Dieser minimale Genauigkeitsspielraum wird als Toleranz bezeichnet. Damals fühlte sich das unglaublich genau an, aber es war nur eine Einführung auf Anfängerniveau in die mikroskopisch kleine Welt der Uhrmacherei. Heutzutage arbeiten wir manchmal mit einer Toleranz im Mikrometerbereich, dem Tausendstel eines Millimeters.

Auf diese Weise bewegten wir uns im Schneckentempo durch unsere Ausbildung und kamen erst ganz am Ende des ersten Jahres tatsächlich mit einem Taschenuhrwerk in Berührung (das ich in meinem Werkhalter bearbeitete). Zu diesem Zeitpunkt hatten einige meiner Klassenkameraden bereits das Handtuch geworfen, weil sie es satthatten, fast ein Jahr lang nur mit Feilen und Metallstücken zu hantieren. Für mich war die Herstellung des Werkhalters wie eine sehr kontrollierte Form des Gold- und Silberschmiedens, und ich fand großen Gefallen daran. Dennoch konnte ich nicht widerstehen, diesem elementarsten aller Werkzeuge einen dekorativen Anstrich zu verleihen. Ich bearbeitete die Oberfläche mit einer Drahtbürste, wie ich es in der Schmuckgestaltung gelernt hatte (statt ihr einen gleichmäßigen Feinschliff zu verleihen, wie es in der Uhrmacherei üblich ist). Dann vergoldete ich es und gab bei unserem örtlichen Steinschleifer einen Lapislazuli in Auftrag, den ich in den Rändelknopf einsetzte, mit dem man die Backen öffnet und schließt. Erst das zweite Projekt, und schon tanzte ich aus der Reihe.

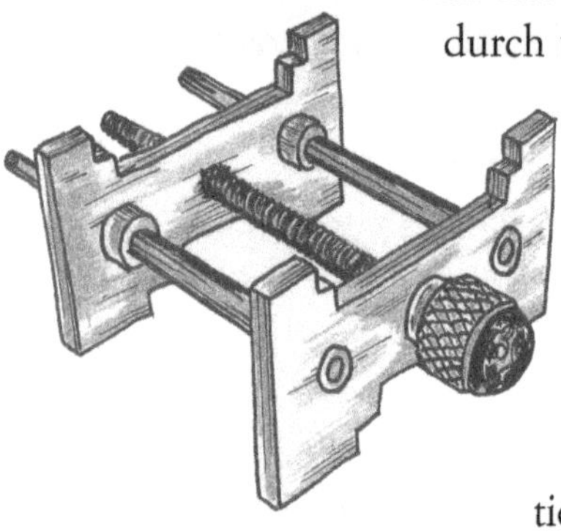

Ein Werkhalter aus Messing, der das Uhrwerk fixiert, während ich daran arbeite.

Im zweiten Jahr begannen wir mit der Herstellung von Uhrenteilen – zunächst in Übergröße anhand von Zeichnungen aus dem Lehrwerk. Dabei entwickelten wir unsere Fähigkeiten weiter, sodass wir an Bauteilen für die echten Uhren auf unserer Werkbank arbeiten konnten, die immer kleiner und komplizierter wurden. Zuerst nahmen wir Taschenuhren in Angriff, bevor wir uns langsam zu den kleineren Herrenuhren und schließlich zu den winzigen Damenuhren vorarbeiteten. Wir lernten, grundlegende Komplikationen wie automatische Aufzugswerke oder Datums- und Kalendermechanismen zu warten, bevor wir uns allmählich in die Welt der Chronographen vorwagten. Zudem erforderte es der Lehrplan, dass wir unser Können im Umgang mit Spindelhemmung, Zylinderhemmung sowie englischer und Schweizer Ankerhemmung unter Beweis stellten. Obwohl in der modernen Uhrmacherei nur noch Letztere eine Rolle spielt, verlieren sie alle für einen Restaurator nie an Bedeutung. Nach dem Grundlagenkurs konnten sich die Absolventen für einen Einstiegsjob in einer Werkstatt bewerben, und dann waren noch einige Jahre harte Arbeit und Glück vonnöten, um es bis zum Uhrmachermeister zu schaffen. Es war eine Ausbildung in Fingerfertigkeit, Detailtreue und vor allem Geduld.*

Im 18. Jahrhundert war das keineswegs einfacher. Eine Uhrmacherlehre, die gesetzlich vorgeschrieben war, wenn man in der Stadt London als Uhrmacher tätig sein wollte, dauerte sieben Jahre, in denen man beinahe schon ein Mönchsdasein führte (ein Lehrling durfte während der Ausbildung nicht heiraten). Darauf folgten vielleicht zwei oder drei Jahre als Uhrmachergeselle, in denen man sein Können ausbaute, bis man durch ein »Meisterstück« – eine vollständig und von Grund auf gebaute Uhr – den Titel eines Uhrmachers erhielt.

Hoch qualifiziert und erfindungsreich, waren die besten Uhrmacher heiß begehrt und gewannen allmählich an Ansehen und Ruhm. Es war das Goldene Zeitalter der Uhrmacherei in England, in dem die genialsten Uhrmacher Europas sich gegenseitig inspirierten und um die Verbesserung der Genauigkeit und Komplexität von Uhren wetteiferten.

---

* Damals wusste ich nicht, dass ich als eine der Letzten diese Ausbildung absolvieren durfte. Ein paar Jahre darauf wurde der Kurs zugunsten eines theorielastigeren Bachelorstudiengangs in Horologie eingestellt.

Viele der berühmten Uhrmacher jener Zeit kannten sich durch die Worshipful Company of Clockmakers, eine Zunft, die wie erwähnt 1631 ins Leben gerufen wurde. In Archivdokumenten aus jener Ära habe ich die Namen der Großen gefunden, alle zusammen als Unterzeichner derselben Briefe der Zunft aufgeführt, wie ein *Who is Who* der Uhrmacherkunst: Thomas Tompion, der als »Vater des englischen Großuhrenbaus« gilt und zusammen mit Robert Hooke einige der ersten Kleinuhren mit Spiralfeder schuf; George Graham, Tompions Schüler und Nachfolger (er heiratete Tompions Nichte Elizabeth Tompion), der, wenn er nicht gerade mit dem Bau wissenschaftlicher Instrumente für Edmond Halley beschäftigt war, die Zeit fand, das Orrery zu entwickeln, und die Konstruktion von Pendeln beträchtlich verbesserte; Daniel Quare, Meister der Repetieruhr; sowie Thomas Mudge, einst George Grahams Lehrling und königlicher Uhrmacher von Georg III., dessen Ankerhemmung geradezu revolutionär war. Das sind die Stars der Uhrmacherwelt – eine Werkstatt, die sie alle beschäftigen würde, wäre so etwas wie eine Traumfußballmannschaft in der Premier League. In einem Jahrhundert, in dem das Klavier, die Dampfmaschine, der Heißluftballon, die Spinnmaschine und das Dampfschiff erfunden wurden, hielt die Uhr Schritt und erwies sich als unverzichtbar für die Lösung einiger der drängendsten wissenschaftlichen Fragen jener Epoche.

~

Anfang des 18. Jahrhunderts waren Zeitmesser physisch, wenn auch nicht immer finanziell, allen zugänglich und vertraut. Die überwiegende Mehrheit der englischen Gemeinden besaß nun eine öffentliche Uhr an ihrem Kirchturm, und sie hielt in Gasthäusern, Schulen, Postämtern und Armenhäusern Einzug. Bis zum Ende des Jahrhunderts waren Uhren in jedem Pub und jeder Schänke auf den Britischen Inseln zu finden. Wenn man durch die Straßen von Städten wie London oder Bristol lief, war eine Uhr immer in Sicht- oder Hörweite. Auch in Privathaushalten waren Uhren immer häufiger anzutreffen – selbst Bedienstete, die sich keine eigene Uhr leisten konnten, waren an ihren Anblick gewöhnt. Die stolzen Besitzer heimischer Uhren hängten sie am liebsten in der Küche auf – einem der wenigen Räume, die es in jedem Haushalt gibt, unabhängig von Wohlstand oder Status.

Die Zeit drang nicht nur ins öffentliche Bewusstsein, sondern wurde zum Gegenstand intensiver philosophischer Debatten. Während Isaac Newton glaubte, dass die Zeit »absolut, wirklich und mathematisch«[2] sei, vertraten andere wie David Hume und John Locke die Ansicht, dass sie relativ sei – dass Zeit im Wesentlichen davon abhänge, wie die Menschen sie wahrnähmen (diese Vorstellung wurde bekanntermaßen im 20. Jahrhundert in Einsteins Relativitätstheorie fortgeführt). Zur selben Zeit spielte der Schriftsteller Laurence Sterne in seinem Meisterwerk *Leben und Ansichten von Tristram Shandy, Gentleman* genüsslich mit der Zeit und entwarf eine Handlung, in der sich die Zeit zusammenzieht, ausdehnt und sowohl vorwärts- als auch rückwärtsläuft.

Ab der zweiten Hälfte des 17. Jahrhunderts hatten Uhren eine zunehmend wichtige (wenn auch nicht besonders nützliche) Rolle im persönlichen Leben der Wohlhabenden eingenommen. Auch Samuel Pepys, der im Mai 1665 seine neue Uhr abholte, die ihm der Notar Briggs geschenkt hatte (»ein sehr gutes Stück«[3]), war davon genauso begeistert, abgelenkt und abhängig, wie wir es zuweilen von einem neuen Smartphone sind. »Nach Hause und noch spät ins Amt«, schrieb er, wie er es so oft tat:[4]

> Himmel, wie eitel und kindisch ich bin, daß ich den ganzen Nachmittag in der Kutsche die Uhr in der Hand halten und wohl hundertmal nachsehen mußte, wie spät es war. Zudem frage ich mich, wie ich so lange ohne Uhr auskommen konnte, obwohl ich mich erinnere, daß ich schon einmal eine hatte und sie mir sehr lästig war und ich mir damals schwor, mein Lebtag keine mehr bei mir zu tragen.

Zwei Monate darauf war seine Uhr bereits wieder zur Reparatur. An der Genauigkeit einer Uhr gab es noch immer viel zu verbessern.

Zu Pepys' Glück machte die Entwicklung der Uhr um 1700 zwei bemerkenswerte Sprünge, durch die ein Jahrhundert eingeläutet wurde, das von der Zeit besessen war. 1657 erfand der niederländische Mathematiker Christiaan Huygens die Pendeluhr und wandte dabei Galileis Isochronismus-Theorie von 1637 erfolgreich an. Sie besagt, dass ein Pendel für eine Schwingung unabhängig von der Schwingungsweite immer die gleiche Zeit benötigt. Diese gleichmäßigen Schwingungen führten zu einem ebenso gleichmäßigen Arretieren und Lösen der Hemmung und ebneten so der genauesten Großuhr den Weg, die bis dato erfunden worden war. Das unter dem Uhrwerk schwingende lange Pendel brachte den Bau von Standuhren hervor, die in den darauffolgenden Jahrzehnten immer beliebter wurden. 1675 entwickelte der Universalgelehrte Robert Hooke die metallene Spiralfeder oder Unruhfeder, wie sie auch genannt wird, die für die Kleinuhren so bahnbrechend war wie das Pendel für die Großuhren. Die Unruhfeder*, eine aus einem dünnen Stahlband bestehende Flachspirale, wurde nach dem Prinzip des Hookeschen Gesetzes der Elastizität konstruiert – »ut tensio, sic vis«, was bedeutet »wie die Dehnung, so die Kraft«. Die gleiche Kraft, die ich auf eine Feder ausübe, wird von der Feder zurückgegeben. Wenn ich eine Spiralfeder über ihren Ruhezustand hinaus zusammenziehe und sie dann loslasse, dehnt sie sich blitzartig wieder aus. Während sie das tut, bringt die Kraft sie dazu, sich etwas zu weit auszudehnen, sodass sie sich wieder zu der hübschen, behaglichen Spirale zusammenrollen will, zu der sie einst geformt wurde. Dieser Vorgang führt dazu, dass die Feder »atmet«, während sie sich rhythmisch mit der schwingenden Unruh auf und ab windet und für ein kontinuierliches Anhalten und Freigeben der Zähne des Hemmrades sorgt. Die Auswirkung auf die

* Die metallenen Spiralfedern lösten die ihnen vorangegangenen Schweineborsten ab.

Genauigkeit von Uhren war dramatisch. Durch diese Erfindung lohnte es sich erstmals, Uhren mit einem Minutenzeiger auszustatten – ein Meilenstein in der Geschichte der Konstruktion mechanischer Uhren. Die Spiralfedern aus Metall wurden schnell von einer zunehmend uhrenbegeisterten Öffentlichkeit angenommen, und es war nicht unüblich, dass die Leute ältere Uhren ohne Spiralfeder, die kaum eine oder gar keine Regulierung hatten, nun mit der Feder nachrüsten ließen. Bald schon konnte Pepys auf die Minute genau sehen, wie viel Zeit er für seine Spaziergänge zwischen Woolwich und Greenwich brauchte.

Zu jener Zeit war London das schlagende Herz der Uhrmacherwelt. 1665 hatte die Große Pest die Bevölkerung der Stadt dezimiert (innerhalb von achtzehn Monaten raffte sie knapp 100 000 Menschen dahin, fast ein Viertel der Einwohner), doch durch unsere hugenottischen Kunsthandwerker, die nach der Widerrufung des Edikts von Nantes 1685 geflohen waren, war die Bewohnerzahl wieder gestiegen. Im 18. Jahrhundert beschäftigten Uhrmacherwerkstätten in England gewöhnlich eine kleine Gruppe von Gesellen und Lehrlingen unter der Führung eines Meisters, denen andere lokale Handwerksbetriebe wie Goldschmiede, Graveure, Ketten- und Federmacher zuarbeiteten. Wenn ich eine Uhr aus dieser Ära auseinandernehme, zähle ich oft bis zu vier, fünf oder mehr verschiedene Herstellerzeichen und andere Signaturen, die auf dem gesamten Uhrwerk innen und außen versteckt sind.[5] Auf diese Weise kann ich mir ein Bild von den kreativen Gemeinschaften machen, die in Uhrmacherzentren wie dem Londoner Viertel Clerkenwell existierten, wo Uhren und Uhrenteile zwischen verschiedenen Werkstätten im Umkreis von ein paar Straßen hin und her gereicht wurden. Wenn ich auf alten Karten die Adressen eingetragener Hersteller suche, stelle ich unweigerlich fest, dass oft mittendrin ein Wirtshaus liegt, und ich stelle mir gern vor, wie diese Handwerksleute in verrauchten Schänken bei einem Krug Bier zusammensaßen, um Geschäfte zu besprechen und Ideen auszutauschen. Anklänge daran sind noch immer im Birminghamer Jewellery Quarter zu erkennen, in dem ich arbeite. Obwohl die Jungen aus dem Viertel nicht mehr mit Schubkarren voller Goldschmuck zum Punzierungsamt rennen, um die Stücke dort kennzeichnen zu lassen, sind wir Handwerksleute uns auch heute noch verbunden. Wir wissen, wer in welchem Gewerbe tätig ist, und treffen uns ab und an auf ein gutes altes Ale.

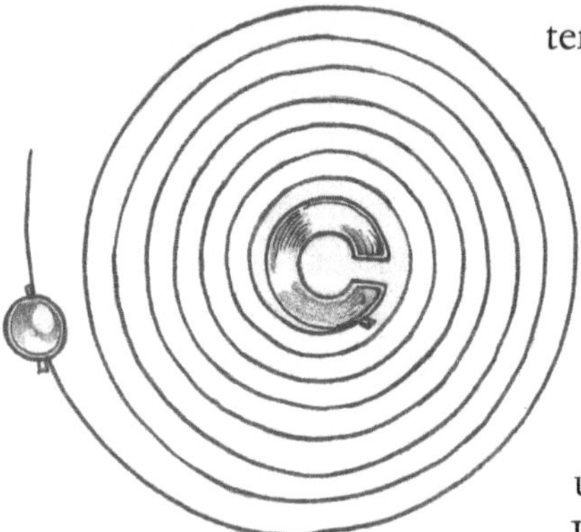

Die ersten Unruhfedern waren Flachspiralen. Die Spiralrolle in der Mitte dient zur Befestigung an der Unruhwelle.

Uhrmacherwerkzeuge, Bauteile und später sogar ganze Uhrwerke (wenn auch ohne Gehäuse und nicht verkaufsfertig) wurden häufig in Werkstätten in Lancashire gefertigt, insbesondere in Prescot, rund dreizehn Kilometer östlich von Liverpool, wo reichlich Kohlevorräte, eine lange Tradition der Metallverarbeitung und eine gute Verkehrsanbindung an London eine Heimindustrie von Zulieferern begünstigten. Doch die fortschrittlichsten Zweige des Handwerks konzentrierten sich in London.

Außerhalb Londons absolvierten Uhr- und Werkzeugmacher nur selten eine Lehre, aber innerhalb der Stadt bot ein streng reglementiertes Lehrlingswesen den angehenden Uhrmachern, die das Glück hatten, eine Lehrstelle zu finden, sehr gute Möglichkeiten. Uhrmachermeister und ihre offiziellen Lehrlinge zogen von Stadt zu Stadt und erweiterten so ihr Netzwerk potenzieller Auftraggeber. Die Preise ihrer Uhren richteten sich ebenso sehr nach ihrer gesellschaftlichen Stellung wie nach der Qualität ihrer Arbeit, und daher waren Uhrmacher (und ihre Lehrlinge) aus wohlhabenderen Verhältnissen von Anfang an erfolgreicher.[6] Es war ein bisschen wie die Uhrmacherversion einer Privatschule – nicht nur, was man konnte, sondern auch, wen man kannte, verschaffte einem Vorteile.

Der fünfzehnjährige Thomas Mudge, Sohn eines Schulrektors in

Devon, trat im Frühjahr 1730 seine Lehre bei dem renommierten Uhrmacher George Graham an. Nach der Aufnahme in die Clockmakers' Company 1738 mietete er ein Zimmer und führte zu Beginn seiner Laufbahn ein Schattendasein. Er fertigte außerordentlich kunstvolle Uhren im Auftrag anderer Uhrmacher und signierte seine Werke mit deren Namen – ein damals übliches Vorgehen. So hätte er vielleicht bis in alle Ewigkeit weitergemacht, wenn er nicht eine Uhr für John Ellicott, einen anderen berühmten Uhrmacher jener Zeit, geschaffen hätte. Die Uhr, die die Zeitgleichung (die Differenz zwischen der wahren Sonnenzeit, die sich am Sonnenstand orientiert, und der mittleren Sonnenzeit) sowie eine Reihe zusätzlicher Kalenderangaben anzeigen konnte, wurde an König Ferdinand VI. von Spanien verkauft. Aber, so erzählt man sich, jemand am königlichen Hof ließ die Uhr zu Boden fallen, wodurch sie so stark beschädigt wurde, dass sie an Ellicott zurückgesandt werden musste, der sie jedoch nicht reparieren konnte. Er musste sie an Mudge, ihren eigentlichen Schöpfer, weiterreichen, der sie wieder in Ordnung brachte. Als Ferdinand VI. das herausfand, bestand er darauf, Mudge von nun an direkt zu beauftragen. Dass er den König als Auftraggeber gewonnen hatte, holte Mudge aus der Versenkung und ermutigte ihn dazu, sich 1748 eine eigene Werkstatt im Dial and One Crown in der Fleet Street einzurichten.

Mudge wurde für die mechanischen Neuerungen in seinen Uhren bekannt. Für Ferdinand VI. baute er eine Uhr mit Grande Sonnerie, die oben in einen Spazierstock eingelassen war. Die Grande Sonnerie gilt als eine der raffiniertesten Komplikationen, da ihr Werk sowohl die Stunde als auch die Viertelstunde schlagen und zusätzlich jede Uhrzeit dazwischen kundtun kann, wenn ihr Eigentümer es wünscht. Zudem wurde Mudge als erster Uhrmacher berühmt, der einen Ewigen Kalender in eine Kleinuhr integrierte – so genannt, weil er Unterschiede in Monats- und Jahresdauer berücksichtigt und damit immer den richtigen Tag und das richtige Datum anzeigt. Thomas Tompion und George Graham hatten den Ewigen Kalender bereits 1695 in eine Großuhr eingebaut, doch die Verkleinerung der Mechanik auf Taschenuhrgröße wird Mudge zugeschrieben.* So wie einflussreiche Mäzene die Entwicklung der ersten mechanischen Großuhren zu Zeiten Su Songs gefördert hatten, so wurden auch die technischen Fortschritte dieser immer komplizierteren Kleinuhren von den Wohlhabenden finanziert, die danach verlangten. Es war in etwa so, wie wenn Sie heute in ein Technologie-Start-up investieren. Ihre Investition trägt zu Innovationen des Unternehmens bei, und diese Innovationen wiederum steigern den Wert Ihrer Aktienanteile. Nur dass man damals statt Aktien eine sehr schöne Uhr erhielt, die man tragen konnte, während ihr Wert (idealerweise) mit dem Ansehen ihres Herstellers stieg.

Mudges Korrespondenz mit einem anderen seiner Auftraggeber, Hans Moritz Graf von Brühl, einem kursächsischen Diplomaten, der eine der größten Uhrensammlungen in Europa besessen haben soll, gewährt uns einen Einblick in die für beide Seiten vorteilhafte Beziehung zwischen Mäzen und Handwerker. Während des gesamten Herstellungsprozesses standen die zwei in regelmäßigem Kontakt. In seinen Briefen an den Grafen geht Mudge erstaunlich ausführlich auf technische Details ein und erörtert Konstruktions- und Materialprinzipien,

---

* Ewige Kalender sind vermutlich eine der unauffälligsten – wenn auch komplexesten – jemals erfundenen Komplikationen. Sie zeigen (nahezu) ewig etwas an, das wir bei einer modernen Uhr für selbstverständlich halten – nämlich das korrekte Datum. Das wird mit einer Reihe von Rädchen bewerkstelligt, die nicht nur Tage und Monate, sondern auch Jahre und Schaltjahre zählen können. Ihre Zähne sind auf die Anzahl der Tage jedes Monats abgestimmt, und das langsamste dreht sich nur einmal alle vier Jahre. Wenn man sich einen der erhaltenen Ewigen Kalender von Mudge aus der Zeit um 1762 ansieht, erkennt man, mit welcher Sorgfalt er das funktionale, leicht ablesbare Zifferblatt gestaltete. Ein kleiner goldener Zeiger über der Zwölf-Uhr-Position markiert das Datum auf einer sich drehenden Scheibe am äußersten Rand des Zifferblatts. In der Mitte des Zifferblatts wird die Mondphase über zwei halbkreisförmigen Öffnungen angezeigt, auf denen man den Wochentag beziehungsweise den Monat ablesen kann. Der Februar hat ein zweites Zifferblatt, das angibt, ob es sich um ein Schaltjahr handelt. Trotz der Vielfalt der Informationen ist die Uhr übersichtlich.

Temperaturkoeffizienten und andere technische Herausforderungen, denen er sich gegenübersah. Für viele Mäzene war die Beauftragung einer Uhr mehr als nur der Kauf eines schönen Artefakts; es war ein dynamisches Verhältnis, bei dem der Auftraggeber oder die Auftraggeberin ebenso viel in die Fertigung wie in das vollendete Produkt investierte. Oft waren die Mäzene aufrichtig daran interessiert, die Funktionsweise ihrer Uhr vollständig zu verstehen und an ihrer Entstehung teilzuhaben.

Auch in unserer Werkstatt ist die Einbeziehung von Sammlern und Kunden noch immer ein wichtiger Aspekt des Herstellungsprozesses. Maßanfertigungen ermöglichen es uns nicht nur, einen konkreten Auftrag zu erfüllen, sondern auch während des Uhrenbaus Bitten und Änderungswünsche zu berücksichtigen. Wir haben Aufzugskronen neu gefertigt und deren Größe auf die Ergonomie der Handgelenke unserer Auftraggeber abgestimmt, wir haben sie angepasst, wenn Kunden an Arthritis leiden und Schwierigkeiten haben, die Uhr aufzuziehen, und wir haben sie danach ausgerichtet, ob die Uhr rechts oder links getragen wird. Wir haben Farben und Proportionen verändert, um die Lesbarkeit zu verbessern, und wir haben wiederholt Gehäuse neu und umgearbeitet, wenn die Kunden uns eine Rückmeldung dazu gaben, wie sich die Uhr im Vergleich zu ihren anderen Uhren anfühlte. Das Mitspracherecht der Auftraggeber bei den vielen kleinen Entscheidungen, die während eines Schaffensprozesses getroffen werden müssen, ist für uns von großem Nutzen, bietet den Kunden aber zugleich auch die Gelegenheit, Teil unserer Werkstatt zu werden. Sie sind ebenso am fertigen Produkt beteiligt wie unsere Hände.

Zugleich erweitern Kunden oder Sammler, die eine Uhr in Auftrag geben, unseren Horizont als Handwerker. Eine der Herausforderungen des Uhrmacherberufs besteht darin, dass wir kaum einmal so viel verdienen, dass wir uns eines der Objekte leisten können, die wir herstellen. Das führt dazu, dass wir in der Regel keine bedeutende Sammlung unser Eigen nennen, jedenfalls keine auf dem Niveau unserer Kunden.

Und deshalb weiß ich den Input unserer Auftraggeber zu schätzen: Sie schauen sich in der Welt nach Uhren um und wissen genau, welche sie warum auswählen, welche sie wirklich gern besitzen und täglich benutzen wollen.

Auch zu Mudges Zeiten wollten die Mäzene mit den allerneuesten technischen Errungenschaften in Verbindung gebracht werden. Mudges Zusammenarbeit mit Brühl führte dazu, dass König Georg III. ihn 1770 mit einer Uhr für seine Gemahlin, Königin Charlotte, beauftragte, die mit einem der frühesten bekannten Beispiele von Mudges bahnbrechendster Erfindung aufwartete – der freien Ankerhemmung. Wie Brühl zeigte auch der König ein aktives Interesse an den kleinen und großen Uhren, die er fertigen ließ, und war selbst eine Art Amateuruhrmacher. In der Royal Collection befinden sich Handschriften des Königs, in denen er die Montage und Demontage von Uhren beschreibt. Königin Charlotte war eine ebenso eifrige Uhrensammlerin und hatte etwas von einer Elster. Ihre Freundin, die Tagebuchschreiberin Caroline Lybbe Powys, erinnerte sich daran, wie sie 1767 »fünfundzwanzig Uhren, alle reich mit Edelsteinen bestückt«, in einer Schachtel neben dem Bett der Königin in Buckingham House sah. Dieser Eintrag lässt mich glauben, dass sie ihre Sammlung in unmittelbarer Nähe aufbewahrte, jeden Abend daneben einschlief und jeden Morgen daneben aufwachte. Ganz eindeutig liebte Königin Charlotte ihre Uhren.

Mit der »Uhr der Königin«, wie Mudge seine Uhr für Königin Charlotte nannte, konnte König Georg sicherlich glänzen. Mudge beschrieb sie später als »vollkommenste in der Tasche tragbare Uhr, die jemals hergestellt wurde«. Doch aus der Sicht einer Uhrmacherin ist Mudges freie Ankerhemmung der eigentliche Star.*

Einer der größten Feinde der Genauigkeit einer Uhr ist die Reibung, denn sie beeinträchtigt die Präzision der Hemmung. Bei der

---

* Mudge entwickelte die Ankerhemmung bereits 1754, aber sie tauchte das erste Mal in seiner Uhr für die Königin auf.

Spindelhemmung griff die schwingende Unruh nahezu ständig in das Räderwerk ein, was zu unterschiedlichen Reibungen führte. Die große Neuerung von Mudge bestand darin, dass er eine Hemmung erfand, die »frei« oder entkoppelt von der Unruh war. Dabei kam ein Anker zum Einsatz, der von einem an der Unterseite der schwingenden Unruh angebrachten Stift, dem Hebelstein, hin- und hergestoßen wurde. Während die Unruh und der darunterliegende Hebelstein hin- und herschwangen, schubsten sie gleichzeitig ein Ende des drehbar gelagerten Ankers, die Ankergabel, hin und her. Mit jedem »Ticken« griffen am anderen Ende des Ankers ein Paar Ankersteine oder Paletten abwechselnd in einen Zahn des Hemmrades ein oder gaben ihn frei. Auf diese Weise war die schwingende Unruh nur einen sehr kurzen Moment einer Reibung ausgesetzt, wenn der Hebelstein dem Anker einen Impuls gab.

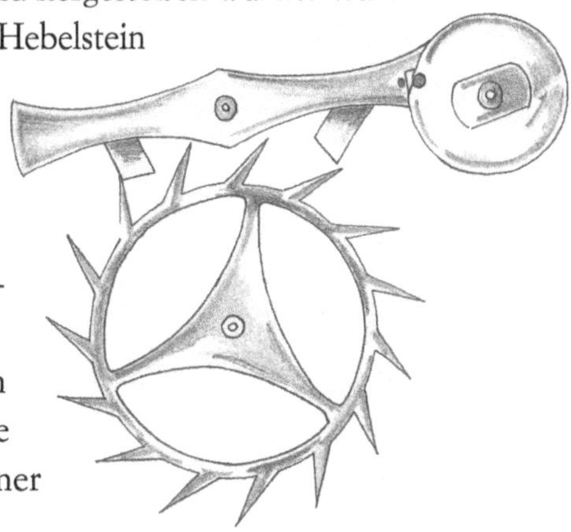

Die englische Ankerhemmung (auch »Spitzzahnankerhemmung« genannt) – die kommerzielle Adaption von Thomas Mudges freier Ankerhemmung. Das Prinzip wurde im 19. Jahrhundert mit der Schweizer Ankerhemmung aufgegriffen und verfeinert (die nationale Rivalität ist unverkennbar), die bis heute in fast allen mechanischen Kleinuhren zum Einsatz kommt.

Was das Potenzial seiner Erfindung anging, und sei es nur aufgrund ihrer unglaublichen technischen Raffinesse, gab sich Mudge bescheiden. In einem Brief an Brühl erklärte er:

> [Die Ankerhemmung] erfordert ein Feingefühl in der Ausführung, mit dem nur wenige Künstler aufwarten können und nach dem zu streben sich noch weniger die Mühe machen; was ihre Vorzüge beträchtlich schmälert. Und was die Anerkennung, ihr Erfinder zu sein, anbelangt, muss ich gestehen, dass ich nicht im Geringsten darum bekümmert bin; wer auch immer sie stehlen wollte, erweist mir die Ehre.

Es überrascht mich nicht, dass die freie Ankerhemmung Mudge Kopfzerbrechen bereitete. Sie erfordert ein hohes Maß an Genauigkeit und stellt selbst heute, wo wir über eine moderne technische Ausrüstung verfügen, eine Herausforderung dar. Und dennoch haben wir ihm die Ehre erwiesen, sie ihm zu »stehlen«. Noch immer kommt seine Erfindung weltweit in praktisch jeder mechanischen Kleinuhr zum Einsatz.

~

Diese Art technischer Innovationen auf hohem Niveau führte dazu, dass die Uhrmacher eine entscheidende Rolle bei der Entwicklung anderer Gewerbe zu spielen begannen. Der Uhrmacher Samuel Watson half dem Arzt Sir John Floyer (1649–1734) beim Entwurf, der Herstellung und dem Verkauf der ersten Pulsmesser, mithilfe derer Ärzte den Puls bei ihren Patienten bestimmen konnten. Thomas Mudge schuf eine Uhr mit Temperaturkompensation für John Smeaton (1724–1792), um das Ausdehnen und Zusammenziehen von Metallen beim Wechsel zwischen warmen und kalten Temperaturen auszugleichen. Smeaton, der erste selbst ernannte »Bauingenieur« der Welt, ist für die Entwicklung neuer Zementformen bekannt, mit denen er die Bauweise britischer Leuchttürme verbesserte. Seine Mudge-Uhr setzte er bei Vermessungsarbeiten ein. (Eine Vorrichtung zum Ausgleich von Temperaturschwankungen findet sich auch in Mudges Uhr für Königin Charlotte.) 1777 lieferte der Uhrmacher John Wyke alle Räder, Triebe und den Rahmen für den ersten, von Matthew Boulton entworfenen Schrittzähler, eine Art vorzeitlicher Fitnesstracker, der die Schritte seines Trägers zählen konnte.[7] Uhrmacher wurden bei der Weiterentwicklung und Wartung der Ausstattung von Fabrikanlagen hinzugezogen. In einem Bericht aus einer Fabrik in Carlisle aus dem Jahr 1798 heißt es: »... die Woll- und Baumwollindustrie verdankt die Vollkommenheit ihrer Maschinen gänzlich den Uhrmachern, von denen viele jahrelang ...

damit beschäftigt waren, solche Maschinen zu erfinden, zu bauen und instand zu halten …«.[8] Doch die bekannteste uhrmacherische Herausforderung des 18. Jahrhunderts, eines Zeitalters, in dem die britische Marine exponentiell wuchs, war die Bestimmung der geographischen Länge – der wesentlichen Navigationskoordinate, die sich bis dahin auf Sterne, Koppelnavigation, Sanduhren und Vermutungen gestützt hatte.

Der Startschuss für die Suche nach einer zuverlässigen Methode zur Längengradermittlung fiel in Großbritannien Anfang jenes Jahrhunderts, ausgelöst durch eine der schlimmsten Schiffskatastrophen in der britischen Seefahrtsgeschichte. In einer nebligen Nacht 1707 erlitten vier Kriegsschiffe der Royal Navy unter dem Kommando von Sir Cloudesley Shovell vor der Küste der Scilly-Inseln Schiffbruch. Die Kriegsschiffe, die sich nach der Belagerung des Hafens im französischen Toulon auf dem Rückweg von Gibraltar befunden hatten, sanken, der Großteil der Besatzungsmitglieder ertrank, und ihre Leichen wurden noch Tage danach an die umliegende Küste gespült. Mindestens 2000 Männer kamen ums Leben. Als Ursache der Tragödie galt eine tödliche Mischung aus schlechter Sicht und einem Fehler in der Kursbestimmung aufgrund einer falschen Ermittlung des Längengrades, sodass man von der herannahenden Gefahr nichts ahnte.

Auf den Schiffen hatte man Schwierigkeiten, den momentanen Standort genau festzustellen. An Land lässt sich diese Position relativ einfach anhand von markanten Orientierungspunkten ausmachen. Die Navigatoren auf See waren jedoch – nun ja, eben *auf See*. Der Breitengrad – also wie weit nördlich oder südlich des Äquators man sich befindet – konnte vom Stand der Sonne am Himmel abgelesen werden. Um jedoch die als Längengrad bezeichnete Ost-West-Position zu berechnen – also wie viele der imaginären Linien, die von Pol zu Pol verlaufen, man überquert hatte –, musste ein Navigator in der Lage sein, die Geschwindigkeit und den Kurs anhand einer bestimmten Position zu einem bestimmten Zeitpunkt zu kalkulieren (in der Regel der Heimathafen und der Zeitpunkt des Ablegens). Wind, Strömungen und Gezeiten beeinflussten die Berechnungen, während Bewegung und Temperatur die Genauigkeit jeder Art von Zeitmesser beeinträchtigen konnten, mitunter mit fatalen Folgen.

Die Ursprünge der Längengradbestimmung reichen Tausende Jahre zurück. Einige der Sterne, die wir noch immer als Navigationshilfen verwenden, werden in Homers *Odyssee* erwähnt, in der die Göttin Kalypso dem Helden Odysseus erklärt, wie er Kurs auf die Insel der Phaiaken halten könne, wenn er darauf achte, dass sich die Sterne des Großen Bären stets zu seiner Linken befänden.[9] Wahrscheinlich gelang es erstmals den Polynesiern, die seit Tausenden Jahren Meister der Hochseenavigation sind, die geographische Lage auf See zu bestimmen. Tupaia, ein polynesischer Navigator aus Tahiti, der 1769 von Kapitän James Cook während seiner Expedition auf der HMS *Endeavour* zur Lokalisierung der Terra Australis Incognita angeheuert wurde, verblüffte die Besatzung mit seinem fast schon instinktiven Vermögen, den genauen Standort des Schiffes anhand der Sterne und der Koppelnavigation festzustellen. Außerdem war er in der Lage, aus dem Gedächtnis eine nunmehr berühmte Karte eines großen Areals des Pazifiks zu zeichnen, das in etwa der Fläche Europas einschließlich des europäischen Teils von Russland entspricht, sowie vierundsiebzig Inseln zu benennen und das komplexe pazifische Windsystem detailliert zu beschreiben.[10] Was mich dabei am meisten beeindruckt, ist, dass sich polynesische Navigatoren wie Tupaia im Pazifischen Ozean mithilfe natürlicher Mittel zurechtfanden, genau wie jene, die wir anfangs verwendeten, um die Zeit zu entdecken und zu messen. Im 18. Jahrhundert hatten sich die Europäer jedoch so weit von ihrer natürlichen Umwelt entfremdet, dass sie eine Maschine dafür brauchten.

Die Tragödie vor den Scilly-Inseln erwies sich als Katalysator. 1714 wurde mit dem Longitude Act (Längengradgesetz) ein Preisgeld von 20 000 Pfund (heute etwa anderthalb Millionen Pfund) für denjenigen ausgelobt, der das Längengradproblem lösen konnte. Es forderte die klügsten Köpfe Großbritanniens auf dem Gebiet der Wissenschaft, Technik und Mathematik heraus. Die dafür zuständige Kommission ließ sich von Isaac Newton beraten, damals im reifen Alter von zweiundsiebzig Jahren, sowie von dessen Freund Edmond Halley, auf den die Wahl aufgrund seiner Reisen, die er zur Kartierung der Sterne unternommen hatte, gefallen war. Als Newton dem Ausschuss seine Ausführungen zur bevorstehenden Aufgabe vortrug, zählte er die Methoden auf, die zu jener Zeit zur Verfügung standen, wenn auch »in der Exekution schwierig«. Eine Methode, so sagte er, sei, »mithilfe einer Uhr die genaue Zeit zu ermitteln. Es ist freilich noch keine Uhr hervorgebracht worden, die in der Lage wäre, unbehelligt von den Schiffsbewegungen, den Temperaturschwankungen, der unterschiedlichen Luftfeuchtigkeit und der unterschiedlichen Gravitation an verschiedenen Breitengraden genaue Ergebnisse anzuzeigen.«[11] Und seiner Meinung nach sei damit auch in Zukunft nicht zu rechnen.[12]

Newton und seine Zeitgenossen waren sich sicher, dass die Lösung in der Astronomie lag – vielleicht, indem man Finsternisse der Jupitermonde untersuchte oder vorausberechnete, wann unser Mond bestimmte Sterne verdeckte, oder indem man Mond- und Sonnenfinsternisse beobachtete. Eine Möglichkeit bot auch die »Methode der Monddistanzen«,[13] durch die die geographische Länge anhand der Entfernung zwischen Mond und Sonne bei Tag sowie Mond und Sternen bei Nacht ermittelt werden konnte. Auf Grundlage dieser Anmerkungen wurden die Bedingungen der Ausschreibung festgelegt, bei der ein erster, zweiter und dritter Preis an potenzielle Bewerber aus jedem Bereich der Wissenschaft und Kunst für ihre Erfindungen ausgelobt wurden, die allein anhand ihrer Genauigkeit beurteilt werden sollten. Diese würden auf einem Schiff erprobt, das über den Ozean »von Großbritannien nach einem beliebigen, von der Kommission zu bestimmenden Hafen der Westindischen Inseln segeln wird«[14] (anders ausgedrückt, dem karibisch-britischen Abschnitt des transatlantischen Dreieckshandels).

4

Da man die größten Genies jener Zeit auf den Plan gerufen hatte, war niemand darauf gefasst, dass ein ungelernter Uhrmacher aus Yorkshire das Problem lösen würde, und zwar in Gestalt einer Uhr.

~

Auf den ersten Blick sieht die H4 wie eine typische Taschenuhr jener Epoche aus, obwohl es bei einem Gesamtdurchmesser von 16,5 Zentimetern schwerfallen dürfte, eine Westen- oder Hosentasche zu finden, die so groß ist, dass sie hineinpasst. Auch ihr Aussehen ist ähnlich, mit einem schlichten, polierten Silbergehäuse und einem Zifferblatt aus weißem Email und schwarzen Ziffern, das umrandet ist von einer dekorativen schwarzlinigen Schnörkelgravur aus Akanthusblättern. Aber es ist keine gewöhnliche Taschenuhr. Sie wiegt fast anderthalb Kilogramm und enthält ein außergewöhnliches Uhrwerk.

Die 1759 fertiggestellte H4 ist die vierte von John Harrisons fünf experimentellen Schiffsuhren, die den Ansprüchen der Längenkommission genügen sollten. Ihre Vorgänger H1, H2 und H3 waren große, unhandliche Uhren gewesen, doch vielversprechend und technisch brillant genug, um das unschätzbare Interesse und die Unterstützung von George Graham, Mudges altem Lehrmeister, zu gewinnen. Selbst mit Grahams Hilfe war Harrisons Unterfangen eine zähe, einsame Schinderei. Er war selbst sein schärfster Kritiker, und als er einen Fehler in der H2 entdeckte, erlaubte er nicht, dass sie getestet wurde. Zwischen der H2 und der H3 verstrichen zwanzig Jahre, in denen sich Harrison, geplagt von technischen Schwierigkeiten, weiter abmühte. Mit der H3, die leichter als ihre Vorgängerinnen und mit einer Höhe von knapp über sechzig Zentimetern und einer Breite von rund dreißig Zentimetern vergleichsweise kompakt war, schien er die Größe einer Schiffsuhr so weit wie menschenmöglich reduziert zu haben.

Daher war es etwas überraschend, dass er nur ein Jahr nach der H3 die relativ kleine H4 in Form einer Taschenuhr vorlegte. Das Uhrwerk von Harrisons H4 zeugt von einer beispiellosen Ingenieurskunst. Obwohl er Mechanismen verwendete, die zu jener Zeit bereits in Taschenuhren eingesetzt wurden, wie etwa die Spindelhemmung, verfeinerte er sie in einem Maße, wie es auch heute nur noch selten anzutreffen ist. Um die Reibung zu verringern und die Lebensdauer zu erhöhen, fertigte er die Spindellappen der Hemmung aus Diamanten anstatt aus Stahl. Der Unruhreif ist riesig im Vergleich zu einer normalen Kleinuhr des 18. Jahrhunderts, aber durch diese technische Anpassung ist er weniger anfällig für Schwankungen, wenn sich die Uhr mit dem Schiff bewegt. Eine längere Zugfeder ermöglicht der H4 eine Laufdauer von dreißig Stunden, wenn sie voll aufgezogen ist.

Die H4 wurde erstmals 1761 auf die Probe gestellt, als die HMS *Deptford* von Portsmouth aus in Richtung Kingston in Jamaika in See stach. Harrison schickte seinen Zeitmesser mit seinem Sohn William an Bord, der sich unterwegs um ihn kümmern sollte. Die H4 machte schnell Eindruck und half dabei, die Ankunftszeit im Hafen von Madeira auf der Hinfahrt korrekt zu berechnen, und zwar früher als von der Besatzung vorhergesagt. Der Kapitän war davon so angetan, dass er vom Fleck weg angeboten haben soll, Harrisons nächsten Zeitmesser zu kaufen. Im Verlauf der Reise, die einundachtzig Tage und fünf Stunden dauerte, hatte die H4 einen Nachgang von lediglich drei Minuten und 36,5 Sekunden. Damit, so befand man, erfüllte sie die Genauigkeitsansprüche der Kommission – vorbehaltlich eines zweiten Tests. Während Harrison sich mit den immer strenger werdenden Bedingungen der Kommission herumschlug, wurde die H4 zur Vorlage für ihre Nachfolgerin, die H5.

Heute sind Harrisons erste Schiffsuhren im Royal Observatory in Greenwich zu bewundern. Die H4 und H5 sind wesentlich schlichter gestaltet als Taschenuhren für den Privatgebrauch jener Zeit. Harrisons H4 weist noch immer die typische Akanthusblätter-Schnörkelgravur und die durchbrochenen Ornamente auf, wie sie damals in Mode waren, aber zu Beginn des 19. Jahrhunderts waren diese Verzierungen bei der Herstellung von Chronometern nicht mehr üblich.

4

Je genauer und funktionaler Uhren wurden, so scheint es, umso weniger Zierwerk war vonnöten, um ihre Existenz zu rechtfertigen. Dennoch waren diese ersten wissenschaftlichen Instrumente erlesen, nur auf andere Art. Ihre Schönheit liegt in ihrer Funktionalität. Ich muss mir immer wieder ins Gedächtnis rufen, dass sie ohne die moderne Ausrüstung gefertigt wurden, die mir heute zur Verfügung steht, und dennoch sind sie genauer als einige der Allerweltsuhren, die derzeit auf dem Markt sind. Und wenn ich sie bearbeite, bin ich erstaunt, mit welcher Sorgfalt sie finissiert wurden. Oft fällt mir eine Technik auf, die als Abfasen oder Anglieren bezeichnet wird und bei der die scharfen Kanten der Platinen, Brücken und selbst der winzigen Speichen der Räder im Werk gewissenhaft mit einer Feile in einem Fünfundvierzig-Grad-Winkel abgeschrägt werden, damit sie leichter und feiner wirken. Diese Fasen werden im Gegensatz zu den gekörnten oder mattierten Oberflächen daneben hochglanzpoliert, damit sie glänzen, wenn man das Uhrwerk im Licht bewegt. Heute kann das eine Maschine präzise erledigen, doch manuell gefertigte Fasen erkennt man daran, dass sie das Licht unterschiedlich einfangen. Ich bin auch jedes Mal begeistert, wenn ich bei diesen frühen Chronometern etwas entdecke, das wir Uhrmacher als »Schwarzpolitur« bezeichnen.

Mit einer Schwarzpolitur werden gewöhnlich nur sehr harte Metalle wie Stahl versehen. Wenn die Oberfläche spiegelglatt poliert wird, ohne einen einzigen Kratzer oder Fleck, wirkt sie so schwarz wie Onyx, wenn ein Schatten darauffällt. Eine Schwarzpolitur wurde und wird noch immer von Hand ausgeführt und ist unglaublich zeitaufwendig. Das Polieren von Bauteilen dient dazu, die Reibung zu verringern, doch eine so anspruchsvolle Politur ist eine reine Demonstration der Kunstfertigkeit des Uhrenbauers. Auch wenn Präzision und Funktionalität zum einzigen Zweck dieser Zeitmesser wurden, finde ich es faszinierend, zu sehen, wie ihre Schöpfer Mittel und Wege gefunden haben, ihre Persönlichkeit und Identität in die Veredelung ihres Werkes einfließen zu lassen.

Für mich sind Chronometer einer der klarsten Beweise dafür, dass eine Uhr so viel mehr als ein wissenschaftliches Gerät ist. Es ist ein wissenschaftliches Gerät, das von Menschenhand erschaffen wurde, manchmal über einen Zeitraum von mehreren Jahren hinweg. Ihre Veredelung ist so unverkennbar wie eine Signatur, ein Zeichen des Stolzes, das offenbart, mit welch persönlichem Engagement sich der Erbauer seinem Werk gewidmet hat, eines, das über die reine Funktion hinausgeht und die Uhr zu einem Kunstwerk macht.

~

Während meiner Ausbildung zur Uhrmacherin wurde ich in dem Glauben erzogen, dass John Harrison ein Held der Uhrmacherei sei, dessen Erfindung unzählige Menschenleben auf See gerettet habe. Und in vielerlei Hinsicht stimmte das auch: Harrison *war* ein genialer Erfinder, und seine Zeitmesser hatten eine immense Auswirkung auf die Navigation. Aber die H4 war keineswegs die Lösung, als die sie gern dargestellt wird.

1831 hatte die HMS *Beagle* zweiundzwanzig Uhren und Chronometer sowie einen jungen, enthusiastischen Universitätsabsolventen namens Charles Darwin an Bord auf ihrer zweiten Reise zur Vermessung der Küsten des südlichsten Teils von Südamerika. Als sie im Oktober 1836 in ihren Heimathafen einlief, war nur noch die Hälfte der Zeitmesser voll funktionsfähig.[15]

Eines der Probleme der frühen Chronometer war, dass sich ihre Ungenauigkeit akkumulierte, wenn sie große Entfernungen zurücklegten. Wenn die Abweichung konstant war – also der Navigator beispielsweise wusste, dass das Chronometer einen Vorgang von exakt fünf Sekunden täglich hatte –, ließ sich das leicht in den Berechnungen berücksichtigen. Aber so einfach war es selten. Henry Raper, ein Leutnant der britischen Marine und Autorität auf dem Gebiet der Navigation, der normalerweise die Vorzüge von Chronometern pries, konstatierte 1840: »Im Allgemeinen funktionieren Chronometer am besten zu Beginn einer

Reise; viele werden später durch Unregelmäßigkeiten unbrauchbar, und manche versagen gänzlich. Außerdem neigen sie dazu, ihre Ganggeschwindigkeit plötzlich zu ändern und dann nach einigen Tagen ihre frühere Ganggeschwindigkeit wieder aufzunehmen.«[16]

Die Unbilden auf hoher See bereiteten zusätzliche Schwierigkeiten. Die meisten frühneuzeitlichen Navigationsinstrumente, wie auch Chronometer, wiesen Ungenauigkeiten in unterschiedlicher Ausprägung auf,[17] die drastischen Temperaturschwankungen, salziger Luft, Feuchtigkeit und auch magnetischen Kräften der vielen Eisenwaren an Bord eines Schiffes geschuldet waren.*

Um sie zu schützen, wurden die Chronometer in Holzkisten aufbewahrt, die sich gern einmal verzogen. Dadurch ließen sie sich, wenn es an der Zeit war, das Chronometer aufzuziehen, zuweilen absurderweise nicht öffnen. Das Aufziehen und Überwachen der Zeitmesser war erfahrenen, hochrangigen Offizieren vorbehalten, und die Kisten waren verschlossen, um zu verhindern, dass sich neugierige Hände an den Apparaten zu schaffen machten. Das Schloss bot die Grundlage für eine der natürlichsten und typischsten menschlichen Schwächen – den Schlüssel zu verlieren. Der Astronom William Bayly, der auf der *Adventure* unter Kapitän Cook auf dessen zweiter Südseereise diente, berichtete, dass er mehrfach das Schiffschronometer aus seinem Gefängnis befreien musste. Das erste Missgeschick ereignete sich, als ein Offizier versehentlich einen Riegel im Schloss verbog, sodass dieser durchgesägt und repariert werden musste. Kurz darauf brach ein Schlüssel im Schloss ab. Einen Monat später musste Bayly dann ein drittes Mal die Kiste aufstemmen, nachdem jemand das Schiff mitsamt dem Schlüssel verlassen hatte.[18]

Und keine noch so gute Temperaturregulierung und keine Ersatzschlüssel boten Schutz gegen das unwägbare Risiko einer Schiffskatze.

---

* Obwohl ich sagen muss, dass Harrison viel Arbeit in den Ausgleich von Temperaturschwankungen steckte. Zu seinen bedeutenden Beiträgen zur Entwicklung des Uhrenbaus gehören auch solche, dank derer große Fortschritte in unserem Verständnis von Temperaturänderungen und deren Kompensation gemacht wurden.

Trim, eine der berühmtesten Katzen in der Geschichte der Entdeckungsreisen, gehörte Kapitän Matthew Flinders (obwohl es aus meiner Erfahrung im Zusammenleben mit Katzen wahrscheinlich zutreffender ist, zu sagen, dass Kapitän Flinders Trim gehörte) und begleitete ihn auf der ersten Umrundung des Kontinents, den wir heute als Australien kennen. Flinders schreibt:[19]

> Trim fand Gefallen an der nautischen Astronomie. Wenn ein Offizier Mondbeobachtungen oder andere Beobachtungen anstellte, hockte er sich neben den Zeitmesser und studierte die Bewegung der Zeiger und offensichtlich auch den Gebrauch des Instrumentes mit einer sehr großen Ernsthaftigkeit. Er versuchte, den Sekundenzeiger zu berühren, lauschte dem Ticken und schlich um das Gerät, um sich zu vergewissern, ob es sich nicht vielleicht um ein lebendiges Tier handelte.*

Abgesehen von den Katzen, stellten die Kosten die größte Hürde bei der Praktikabilität der frühen Chronometer dar.** Obwohl die Preise

---

* Trim, so scheint es, war ein wenig zurückhaltender als die Schiffskatze an Bord der HMS *Discovery*, die unter Kapitän George Vancouver zwischen 1791 und 1795 die nordamerikanische Westküste kartierte. Vancouver standen auf seiner Entdeckungsreise eine Reihe von Chronometern, eine Observatoriumsuhr, Sextanten und eine Taschenuhr mit Sekundenzeiger zur Verfügung. Ebenjene Taschenuhr fiel unglücklicherweise zu Beginn der Reise einem neugierigen Kätzchen zum Opfer. Als Entschuldigung dafür, dass die schelmische Katze einen der modernsten Zeitmesser des Schiffes kaputt gemacht hatte, schrieb William Gooch, der Astronom der Mission, sie sei eine sehr junge Katze und womöglich habe das Ticken ihre Aufmerksamkeit erregt.

** Diese frühen Chronometer waren nicht gerade billig. 1769 erhielt der Uhrmacher Larcum Kendall vierhundertfünfzig Pfund für den ersten Nachbau der H4. Für die K1, wie sie genannt wurde, brauchte er zwei Jahre, und nach deren Fertigstellung bekam er eine Zusatzprämie von fünfzig Pfund. Die Gesamtsumme von fünfhundert Pfund entsprach damit knapp einem Fünftel des Kaufpreises der gesamten HMS *Endeavour*, die die Marine für 2800 Pfund erworben hatte.

im Laufe der Jahre sanken, kostete ein Chronometer im ausgehenden 18. Jahrhundert noch immer zwischen dreiundsechzig und einhundertfünf Pfund, was – verglichen mit dem maximalen Jahresgehalt eines Leutnants der Royal Navy in Höhe von achtundvierzig Pfund – für die meisten Seeleute absolut unerschwinglich war. Und selbst wenn sie sich ein solches Gerät leisten konnten, griffen die Navigatoren weiterhin auf erprobte Methoden zurück, um ihre Position zu bestimmen – ein Chronometer allein war schlichtweg nicht zuverlässig genug. Es wurde oft in Verbindung mit Sextanten verwendet, tragbaren Instrumenten, die mithilfe von Spiegeln den Winkelabstand zwischen zwei Objekten messen. Sextanten halfen den Seeleuten, Himmelsbeobachtungen anzustellen, die vor allem bei Fahrten ins Unbekannte eine wichtige Messmethode blieben. Sie benutzten sie auch, um die Ganggenauigkeit des Chronometers mit astronomischen Bezugspunkten abzugleichen, wann immer die Besatzung an Land gehen konnte (und eine ebene feststehende Oberfläche fand, von der aus sie präzise Messungen vornehmen konnte). Das wurde zu einer unverzichtbaren Maßnahme zur Chronometerkorrektur, fast wie ein Zurücksetzen auf Werkseinstellungen.

Für mich bestand Harrisons größte Leistung nicht in der Erschaffung der H4 oder darin, dass er den Längenpreis gewonnen hatte. (Die Längenkommission, die sich bis zum Schluss nicht festlegen wollte, ob er die Bedingungen der Ausschreibung erfüllt hatte, zahlte ihm schließlich weitere 8750 Pfund aus.) Sondern er demonstrierte erstmalig, dass sich mit einem mechanischen Zeitmesser – und zwar mit nichts Geringerem als einer Taschenuhr – eines der größten Probleme jener Zeit lösen ließ.

Trotz all seiner Einschränkungen war das Chronometer ein wertvolles Werkzeug, das in Kombination mit anderen Methoden allen die Möglichkeit zur Kartierung der Welt eröffnete. Das Chronometer half nicht nur Seefahrern, sich in den Weiten des offenen Meeres zurechtzufinden, sondern diese Fahrten versetzten Geographen zudem in die Lage, die Welt genauer zu vermessen. Stellen Sie sich vor, wie gefährlich es gewesen wäre, von, sagen wir einmal, Portsmouth nach New York zu reisen, ohne exakt zu wissen, wie die Küstenlinie der Vereinigten Staaten verläuft oder wo genau der Hafen liegt, den Sie ansteuern. Die Welt, wie wir sie heute kennen, wurde durch die Abenteuer- und Entdeckungsreisen des 18. und 19. Jahrhunderts erschaffen – Entdeckungsreisen, die in vielerlei Hinsicht durch die Fortschritte in der Zeitmessung ermöglicht wurden.

Doch die Erweiterung unseres Horizonts hat auch Schattenseiten. In der Vergangenheit wurde die Rolle, die einige dieser Erfindungen bei eher zerstörerischen Entwicklungen spielten, in der Horologie nicht immer anerkannt. In Berichten über die Geschichte der Längenkommission geht es gewöhnlich um die Rettung des Lebens von Seeleuten auf gefährlichen Langstreckenreisen und um die Vorteile, die Chronometer der Kartographie einbrachten. Kaum erwähnt hingegen werden die anderen Interessen, die westliche Nationen im 18. Jahrhundert an der Verbesserung des transatlantischen Dreieckshandels hatten, und wie die Fortschritte auf dem Gebiet der Navigation die systematische Versklavung von Millionen Afrikanern und Afrikanerinnen sowie ihren anschließenden Transport auf den amerikanischen Kontinent unterstützten und vorantrieben. Die Auswirkungen, die ihre »Entdeckung« auf die australischen Ureinwohner und Ureinwohnerinnen hatte, oder wie die Überlegenheit auf hoher See zur Kolonialisierung Indiens und Südamerikas beitrug, werden selten anerkannt. Und obwohl die Längenkommission zur Unterstützung der Royal Navy eingerichtet wurde, wurden Chronometer, weil sie so teuer waren, viel eher von hochprofitablen Kaufmannsgesellschaften wie der britischen East India Company eingesetzt, die in Sklavenarbeit involviert war und mit Sklaven aus Ost- und Westafrika handelte.[20] Im Jahr 1802, dreißig Jahre nach der Erfindung des Chronometers, waren gerade einmal sieben Prozent der Schiffe der Royal Navy tatsächlich mit Chronometern ausgestattet worden.[21]

Die sprunghafte Steigerung der Genauigkeit von Chronometern bereitete einer anderen Art von Uhr – und Zeit – den Weg. Und dafür sollte sich Harrison seinen Ehrenplatz mit Mudge teilen. Während die

Mythenbildung um Harrison so ziemlich alle seine Zeitgenossen, die zum Goldenen Zeitalter beigetragen hatten, in den Schatten stellte, hat in Wirklichkeit kein anderer Uhrenbauer die Entwicklung des Uhrwerks so nachhaltig geprägt wie Thomas Mudge. Mudges Uhren mit Ankerhemmung erwiesen sich als präziser und zuverlässiger, als es selbst die von Harrison waren. Und just in dem Moment, als Harrison den Längenpreis gewann, baute Mudge diese Hemmung in ein Chronometer ein. Wäre Mudge dieses Kunststück ein paar Jahre früher gelungen, hätte er Harrison wahrscheinlich geschlagen und den Preis und anhaltenden Ruhm für sich beanspruchen können. Dennoch lebt sein Vermächtnis in der Uhr weiter. Es ist der Nachfahre von Mudges Ankerhemmung, der noch immer an Ihrem Handgelenk tickt.[22]

5

Zeit der Fälschungen

Schließlich sind wir eine Welt der Nachahmungen;
alle Künste imitieren nämlich, soweit sie es vermögen,
die eine große Wahrheit, die alle sehen können.
Der ewige Instinkt im menschlichen Tiere ist so beschaffen,
dass er danach strebt, etwas von dieser
Erhabenheit nachzubilden …

Virginia Woolf, Tagebucheintrag vom 12. August 1899

Im Jahr 2008 war ich als Katalogisiererin in einem Auktionshaus in Birmingham tätig. Nach dem Collegeabschluss als Uhrmacherin hatte ich mich hochgearbeitet und war dort mittlerweile die leitende Uhrenspezialistin. Die Stelle war abwechslungsreich und steckte voller Überraschungen. An manchen Tagen hatte ich es mit unendlich wertvollen Stücken aus Privatbesitz zu tun, die ihr Zuhause in einem Banktresor nur selten verließen, an anderen Tagen wühlte ich mich durch Kisten mit durcheinandergewürfeltem Gerümpel und versuchte, etwas potenziell Wertvolles aufzuspüren. Eines Morgens stieß ich in einem Karton mit antikem Silbergeschirr auf eine doppelgehäusige silberne Taschenuhr mit einem Beschauzeichen aus dem Jahr 1783. Das innere Gehäuse beherbergte das Uhrwerk und hatte an der Rückwand ein Loch für den Aufzug. Auf der Vorderseite war das Zifferblatt sichtbar unter einem Uhrglas mit Linsenschliff (»Bullseye« – so benannt, weil es im Profil wie ein großes Auge aussieht). Alles zusammen war fein säuberlich in einem robusten Außengehäuse untergebracht, das das empfindliche Uhrwerk vor den Elementen schützte. Ich hielt die Uhr vor meine Anglepoise-Lampe und inspizierte sie durch meine Lupe. Das Zifferblatt bestand aus einem kunstvoll gravierten Silberblech mit eingearbeiteten und mit schwarzem Glasfluss gefüllten Ziffern – eine Technik, die als *Champlevé* (Grubenschmelz) bekannt ist. Die Mitte war mit einer zarten, durchbrochenen Akanthus-Schnörkelgravur versehen, die den Blick auf eine darunterliegende leuchtende gebläute Stahlscheibe freigab. Direkt über der Mitte des Zifferblatts und umrahmt von einem verschnörkelten Ornament, stand der Name des Uhrmachers: John Wilter.

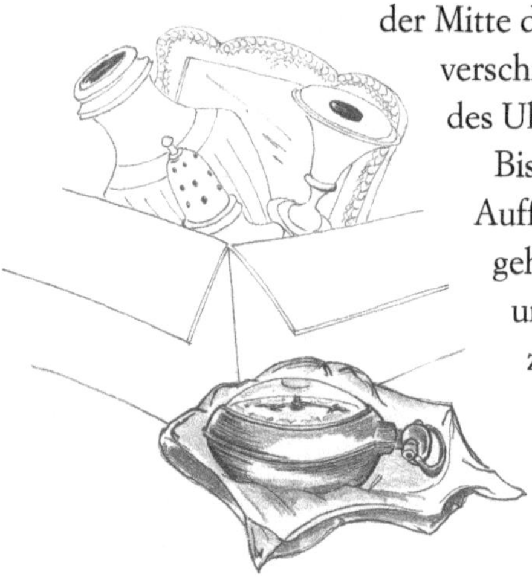

Ein Pappkarton voller Silberwaren, die zur Wertermittlung und Katalogisierung ins Auktionshaus gebracht wurden.

Bis jetzt hatte ich noch nichts besonders Auffälliges entdeckt. Ich nahm das Außengehäuse ab und öffnete das Innengehäuse, um das Uhrwerk in Augenschein nehmen zu können, das aus vergoldetem Messing bestand und ebenfalls graviert und mit durchbrochenen Ornamenten verziert war. Auch das Innengehäuse war mit »John Wilter, London« signiert. Nun war meine Neugier geweckt. Die Gestaltung war höchst ungewöhnlich für eine englische Taschenuhr des 18. Jahrhunderts. Das Zifferblatt war mit Arkaden versehen (was bedeutet, dass die Ziffern des Minutenrings, der normalerweise völlig rund ist, von Bögen umgeben waren) – ein Motiv, das bei niederländischen Uhren jener Zeit sehr beliebt, in England jedoch nahezu unbekannt war. Auch die Bauteile des Uhrwerks waren im kontinentalen Stil gefertigt und von geringerer Qualität, als man sie in einem echten Londoner Uhrwerk erwartet hätte. Ich zog meine Bibel – Loomes' *Watchmakers and Clockmakers of the World* – aus dem Regal und blätterte darin herum, bis ich schließlich den entsprechenden Eintrag fand: »Wilter, John – möglicherweise ein fiktiver Name«.

Ein mit Arkaden versehenes *Champlevé*-Zifferblatt mit der Signatur »Wilter, London«. Die Akanthus-Schnörkelgravur in der Mitte ist skelettiert, um den darunterliegenden gebläuten Stahl sichtbar zu machen.

Es stellte sich heraus, dass es sich um eine Art von Uhr handelte, von der ich noch nie etwas gehört hatte: eine sogenannte Dutch forgery (niederländische Fälschung). Diese Uhren waren minderwertige Nachbauten, die von den meisten Uhrmachern entweder ignoriert wurden oder deren Unmut erregten. In der Regel gaben sie sich als englische Uhren aus, aber waren im niederländischen Stil gestaltet. Warum, fragte ich mich, sollte jemand eine englische Uhr im niederländischen Stil fälschen? Und wer war John Wilter? Ich fand keinen Hinweis darauf, dass es zu jener Zeit irgendjemanden, geschweige denn einen Uhrmacher, dieses Namens gegeben hätte. Damals ahnte ich noch nicht, dass ich ein ganzes Jahrzehnt meines Lebens damit zubringen würde, John Wilter aufzuspüren.* Bei meiner Suche lernte ich viel darüber, wie Uhren allen zugänglich wurden.

~

Ich begann meine Nachforschungen im Horological Study Room des British Museum. Dort brachte ich zahllose unbezahlte Stunden mit Recherchen zu; in vielerlei Hinsicht ist der Raum zu meinem spirituellen Zuhause geworden. Um hineinzugelangen, musste ich mich durch Scharen von Touristen schlängeln, die durch die Galerien schlenderten, und

* John Wilter und niederländische Fälschungen wurden das Thema meiner Dissertation.

durch ein gedämpftes Summen von Stimmen in fremden Sprachen. Ich muss gestehen, dass es mir immer gefiel, wenn ich unter den Augen dieser neugierigen Besucher die Sicherheitsschranke umging und die imposanten Eichendoppeltüren aufschloss, die aus der Galerie hinausführen. Es verleiht einem ein seltsames Machtgefühl, eine Tür aufzumachen, die um ein Vielfaches größer ist als man selbst.

Auf dem Marmorboden des Lichthofs im British Museum ist in pechschwarzem Stein ein Zitat von Tennyson eingraviert: »And let thy feet millenniums hence be set in midst of knowledge.« (Und lass deine Füße, Jahrtausende von nun an, fest inmitten des Wissens stehen.) Für eine haptische, auf Gegenstände fixierte Denkerin wie mich ist das British Museum wahrhaft ein Tempel des Wissens. Wie oft ich jene Türen auch öffnete, es fühlte sich jedes Mal so an, als würde ich das Tor zu einer geheimen Welt aufstoßen – zu einem verschlungenen Geflecht verborgener Schätze.

Große Museen sind wie Eisberge insofern, als dass nur ein winziger Bruchteil der riesigen Sammlung für die Öffentlichkeit sichtbar ist. Wenn ich die herrschaftlichen Türen hinter mir mit einem beruhigenden, dumpfen Schlag schloss, ließ ich die Spitze des Eisbergs hinter mir. Die Akustik veränderte sich augenblicklich. Ich lief durch lange, ruhige Gänge, flankiert von raumhohen Vitrinen mit alten Büchern hinter geriffeltem Antikglas. Während ich in den Keller hinabstieg, sank die Temperatur. Die Wände waren nun mit blitzblanken weißen Kacheln bedeckt, eine Ästhetik irgendwo zwischen einer Londoner U-Bahn-Station und einem viktorianischen Krankenhaus. Hier, zwischen Schränken mit bronzezeitlichen Keramiken, lag mein Ziel: eine unscheinbare Tür mit einem Summer. Der Kurator empfing mich und begleitete mich in einen Raum mit Standuhren, an dessen hinterem Ende zwei lange Reihen von Mahagonischränken Rücken an Rücken standen. Diese Schränke beherbergten die 4500 Kleinuhren des Museums, die in Hunderten Schubladen untergebracht waren. Die Sammlung umfasst die gesamte Geschichte der Kleinuhr, von ihrer Erfindung im 16. Jahrhundert bis in die Gegenwart. Sie enthält die Werke fast aller bekannten Uhrmacher sowie Stücke von Kunsthandwerkern, deren Namen im Laufe der Jahre verloren gegangen sind. Außerdem finden sich hier Dutzende niederländische Fälschungen.

Die Uhrensammlung ist die einzige Sammlung des Museums, bei der Konservierungsarbeiten den Kuratoren obliegen, denn die Uhrmacherkunst ist eines der seltenen Gebiete, bei dem Theoretiker auch Praktiker sein müssen, um sich um ihre Studienobjekte kümmern zu können. Unter den Kuratoren-Restauratoren habe ich einige verwandte Seelen gefunden. Als ich hier 2008 meine ehrenamtliche Tätigkeit aufnahm, wurde der damalige Chefkurator David Thompson, der später meine Dissertation betreute, zu meinem inoffiziellen Mentor. David hatte an der ehemaligen Uhrmacherschule des Hackney College studiert, die Ende der 1990er-Jahre geschlossen wurde, und dreiunddreißig Jahre in der Sammlung des British Museum gearbeitet. David verdanke ich meine Leidenschaft für die horologische Spurensuche. Sein Büro bestand aus einem Schreibtisch, der am Ende eines Labyrinths überfüllter Bücherregale versteckt war, die mit Uhrmacherliteratur aus verschiedenen Jahrhunderten vollgestopft waren. Er hatte das Gedächtnis eines Bibliothekars. Wenn er mit einer Frage konfrontiert wurde, die er nicht vom Fleck weg beantworten konnte (was selten vorkam), wusste er sofort, in welchem der ihn umgebenden Regale sich die gesuchte Information befand. Nun ist mein eigenes Arbeitszimmer seinem Büro nachempfunden.

~

Als David in Ruhestand ging, übernahm Paul Buck die Leitung. Paul ist für mich einer der faszinierendsten Menschen auf dem Planeten. Jedes Mal, wenn ich mich mit ihm unterhalte, erzählt er mir etwas, das mir die Sprache verschlägt. Das ist in einer Branche, die von, wie mein Mann es nennt, »Wollmützen tragenden, Schillerlocken essenden, in Sandalen und Socken herumlaufenden Laubenbastlern« bevölkert wird, eine beachtliche Leistung. Wir Uhrmacher und Uhrmacherinnen sind im Allgemeinen keine »coolen« Leute. Wir sind die Ingenieure einer vergangenen Ära, die die meiste Zeit des Tages drinnen verbringen, uns die Augen an kleinen Objekten verderben und während der Arbeit wenig bis gar keinen Kontakt zu anderen Menschen haben. Aber Paul (alias Pablo Labritain, Schlagzeuger der Punkrockband 999) macht hier eine Ausnahme. Sein Spezialgebiet sind alte Kuckucksuhren (präziser ausgedrückt Schwarzwalduhren), doch viele Jahre lang verbrachte er seine Mittagspause mit Schlagzeugüben im Radiumraum des Museums, wo Artefakte mit radioaktiven Substanzen sicher in stählernen Gefahrenstoffschränken mit Absaugeinrichtung aufbewahrt werden. Ich bin mir nicht sicher, ob es etwas »Punkigeres« gibt, als in einem radioaktiven Raum Schlagzeug zu spielen.

Neben seinen Fähigkeiten als Schlagzeuger ist Paul auch ein außergewöhnlicher Restaurator und Lehrer. Er war es, der mir die mühselige Reparatur der winzigen Ketten der Schnecke beibrachte. Paul zeigte mir, wie man das Ende einer runden Nadelfeile in einen dreiseitigen Cutter umarbeitet. Damit kann man den Niet durchtrennen, an dem die klitzekleinen Stifte befestigt sind, mit denen jedes Glied an seinem Platz gehalten wird. Er lehrte mich, wie man die Stifte und beschädigten Glieder zu beiden Seiten der Bruchstelle entfernt, bevor man die durchtrennten Enden wieder aneinanderreiht. Er riet mir, den Stahl einer Nähnadel statt modernem Karbonstahl zu verwenden, weil ihm die vielen Jahre an der Werkbank demonstriert hätten, dass dies dem Metall näherkomme, das die Uhrmacher Jahrhunderte zuvor ursprünglich benutzt hätten.*

Paul und David gaben mir die Erlaubnis, die niederländischen Fälschungen auseinanderzunehmen. Wie eine Forensikerin machte ich mir

---

* Als Paul in Ruhestand trat, auch wenn er noch immer mit 999 auf Tour geht, wurde die Leitung der Abteilung in die Hände von Oliver Cooke und Laura Turner gelegt, denen ich für ihre unermüdliche Geduld und Unterstützung zu Dank verpflichtet bin.

mithilfe einer Mischung aus Mikroskop-, Röntgen- und Röntgenfluoreszenzaufnahmen ein Bild von ihrem Innenleben. Alle diese Modelle waren wie die Wilter-Uhren Spindeluhren.[1]

~

Als ich während meiner Ausbildung das erste Mal eine Spindeluhr restaurierte, fragte ich meinen Tutor, welche Genauigkeit ich anstreben solle. »Wenn man sie überhaupt wieder zum Laufen bringt, ist das schon ein Erfolg«, erwiderte er entmutigenderweise. Viele Reparateure weigern sich heutzutage, an solchen Stücken zu arbeiten. Zum einen haben sie häufig unter jahrhundertelangen verpfuschten Instandsetzungen gelitten, die behutsam rückgängig gemacht werden müssen, bevor man die Uhr richtig wiederherstellen kann. Ich hatte einmal eine niederländische Fälschung in der Hand, deren Außengehäuse mit einer stark abgenutzten Darstellung der Entführung Helenas durch den trojanischen Prinzen in einer Repoussé genannten Technik verziert war.* Ein früherer Restaurator hatte jedoch die fehlenden Gesichtszüge Helenas aufs Geratewohl nachgraviert, sodass es weniger wie das Gesicht aussah, für das eine ganze Flotte in See gestochen war, sondern eher wie Munchs *Schrei*. Die Uhrwerke hingegen sind oft mit Rost, Staub oder Strickjackenflusen verunreinigt, die alle mühsam entfernt werden müssen. Die Lager sind in der Regel aus Messing gefertigt – im Gegensatz zu verschleißfesteren Materialien wie Rubin, die in hochwertigeren, moderneren Uhren zum Einsatz kommen –, sodass sich die Mechanik beim Laufen abnutzt. Da die Uhrwerke nicht genormt waren, gibt es keinerlei Ersatzteile, man kann nicht einmal ein Bauteil von einer anderen Uhr aus derselben Zeit ohne aufwendige Anpassungen stibitzen. Alles, was kaputt ist, muss von Hand neu gefertigt werden. Dennoch

---

* Beim Repoussé oder Ziselieren wird ein Relief von der Unterseite aus in ein dünnes Metallblech getrieben.

kann ich nicht umhin, diese Uhren zu lieben. Jede einzelne von ihnen ist eine Persönlichkeit. Jede hat ihre ganz eigenen unbeholfenen Eigenarten, wie ein altes Auto oder eine Lieblingsjeans, die auseinanderfallen, aber von denen man sich nicht trennen kann.

Doch genau wegen dieser Handarbeit waren Taschenuhren anfangs so teuer. Sie waren kompliziert und zeitaufwendig in der Herstellung: Dreißig oder mehr Personen unterschiedlicher, zusammenhängender handwerklicher Fertigkeiten waren am Bau einer einzigen Uhr beteiligt.[2] Daher konnten selbst die größten britischen Werkstätten des 18. Jahrhunderts nur einige Tausend Uhren pro Jahr bauen. Und dennoch tauchte im Laufe dieses Jahrhunderts eine neue, erschwinglichere Art von Uhren in den Schaufenstern von Pfandhäusern und auf Marktständen auf. Zunächst waren es nur vereinzelte Exemplare, aber gegen Ende des 18. Jahrhunderts überstieg ihre Anzahl bei Weitem diejenige, die die etablierte britische Uhrenindustrie produzieren konnte. Irgendwer fertigte sie irgendwo schneller und billiger.

~

Die Londoner Uhrmacherwelt hatte, wie wir gesehen haben, etwas von einem elitären Männerklub. Die langen und kostenintensiven Lehrjahre, die von der Clockmakers' Company vorgeschrieben waren, führten dazu, dass sich nur eine privilegierte Minderheit eine Ausbildung in der Hauptstadt leisten konnte, wodurch wiederum die Uhrenproduktion in der Stadt ins Stocken geriet. Das brachte die Uhrmacher dazu, Handwerker außerhalb Londons in die Produktion einzubeziehen. Um der wachsenden Nachfrage nach Uhren nachkommen zu können, waren die Uhrenbauer zunehmend auf den Kauf der heute so genannten »Ébauches« (Rohwerke, die von den Uhrmachern weiterbearbeitet und signiert werden konnten) angewiesen, die in regionalen Werkstätten in Lancashire und später Coventry von Handwerkern gefertigt wurden, die nie eine richtige Lehre absolviert hatten. Ein Arbeiter im Norden sagte, dass »nur diejenigen, die Meister werden wollten«, eine Lehre durchlaufen hätten, während »die breite Masse der Arbeiter nie offiziell in die Lehre genommen wurde«.[3]

Und doch heißt es in Berichten aus Prescot in Lancashire, wo einige der besten Uhrmacherwerkzeuge sowie Bauteile und ganze Rohwerke gebaut wurden, die Ungelernten hätten ein vorzügliches handwerkliches Niveau. Ein Beobachter schilderte, wie diese Handwerker winzige, »lorbeerblattförmige« Zähne nach Augenmaß schufen, obwohl sie »einen wie die Einfaltspinsel anglotzen würden, wenn man ihnen etwas über den Kreisbogen der Epizykloide erzählen würde«.[4] Diese Form der Uhrmacherei war oft eine Nebenbeschäftigung. Bauern, die genug Land besaßen, um sich und ihre Familien zu ernähren, aber kaum etwas zum Verkauf übrig hatten, gingen oft anderen Tätigkeiten wie Spinnen, Weben und tatsächlich auch der Uhrmacherei nach, um ihr Einkommen aufzubessern. Einige lokale Hersteller richteten Werkstätten auf kleinen Bauernhöfen ein und betrieben sie zusammen mit ihrem Hauptgeschäft.[5] Diese oft wunderschön ausgeführten Uhrenteile wurden dann verpackt und an Uhrmacher in London und ganz Großbritannien verschickt, wo sie zu Uhren zusammengebaut und veredelt wurden.

Die Kapazität und die wettbewerbsfähige Preisgestaltung der britischen Uhrenindustrie wurden auch dadurch beeinträchtigt, dass man Frauen aus der Arbeitswelt ausschloss. Die Handwerkskultur war fast ausschließlich männlich. Einige Frauen wurden bei der Clockmakers' Company als Meisterinnen und Lehrlinge geführt, aber die meisten von ihnen waren eigentlich Hutmacherinnen (Hutmacherinnen hatten keine eigene Zunft, also wurden sie in anderen Zünften gelistet).[6] In allen Handwerksberufen war die Anzahl von Frauen, die eine förmliche Lehre durchliefen, mit nur ein bis zwei Prozent unglaublich niedrig.[7] Bei einer laufenden Studie wurden bisher lediglich 1396 Frauen gefunden, die zwischen dem 17. und 20. Jahrhundert im Vereinigten Königreich in der Uhrmacherei tätig waren:[8] Das mag nach einer hohen Anzahl klingen, aber wenn man bedenkt, dass allein im Jahr 1817 und nur in London mehr als 20 000 Menschen am Uhrenbau beteiligt waren, merkt man, dass dem nicht so ist.

Anderswo in der Welt, zum Beispiel in der Schweiz und später in den USA, wurden Frauen in den Werkstätten mit offenen Armen empfangen. So gern ich auch behaupten würde, dass dies ein Akt der Gleichberechtigung am Arbeitsplatz gewesen sei, lag es in Wirklichkeit daran, dass Frauen schlechter bezahlt wurden und die Uhren daher auch für einen geringeren Preis verkauft werden konnten.

~

Es gibt noch immer nicht viele Uhrmacherinnen. Ich war – und bin – eine Exotin in der Branche. Das ist für jemanden, die an Angstzuständen und einem chronischen Impostor-Syndrom leidet, nicht nur ein Segen. Wenn man anders ist, fällt man leichter auf. Und aufzufallen hat so seine Vor- und Nachteile. Ich habe das Glück, dass mir wunderbare Freunde und Freundinnen, Mentoren und Mentorinnen zur Seite gestanden haben, ohne die ich wahrscheinlich nicht einmal meine Ausbildung beendet hätte. Doch ich bin auch auf sehr viel Gegenwehr gestoßen. In meinem allerersten Seminar gab es einige, die keinen Zweifel an ihrer Überzeugung ließen, dass ich nur aus symbolpolitischen Gründen in den Studiengang aufgenommen worden sei. Einmal bat ein Tutor einen Unternehmer, der mir ein Sommerpraktikum angeboten hatte, lieber einen seiner männlichen Studenten zu nehmen. Andere habe ich sagen hören, dass es keinen Sinn habe, Frauen zu Uhrmacherinnen auszubilden, weil wir Kinder bekämen und den Beruf schließlich aufgäben. Bei mehreren Gelegenheiten ließ man mich wissen: »Du bist nichts Besonderes, weißt du.« Das bringt mich immer ins Grübeln: Wie könnte jemand glauben, dass ich mich für etwas Besonderes halte? Ich fürchte, ich werde mich immer wie eine Außenseiterin fühlen.

Eines Morgens verfolgte ich im Auto auf dem Weg in die Werkstatt ein Interview im Rahmen der BBC-Radio-4-Sendung *Woman's Hour.*

Die Cambridge-Absolventin und Wissenschaftlerin Morgan Seag erörterte die Gründe, warum das Polarforschungsprogramm British Antarctic Survey bis 1983 Frauen von Antarktisexpeditionen ausschloss. Zahlreiche fadenscheinige Ausflüchte wurden angeführt: Es sei eine andere Zeit gewesen; man glaubte, Frauen seien aufgrund fehlender Toiletten, Läden und Friseure nicht daran interessiert; man war besorgt, wie sich die Anwesenheit von Frauen auf eine reine Männerwelt auswirken würde. Doch was mir wirklich zu denken gab, war ihre Beschreibung des ewigen Eises als einer Art Bühne der Männlichkeit, die von Frauen, so fürchteten die Männer, untergraben werden würde. Die ersten Polarforscher wie Robert Falcon Scott und Ernest Shackleton hatten den Mythos von Helden geschaffen, von tapferen Männern, die kühn ins Ungewisse aufbrachen und es dabei mit furchterregenden Gletscherspalten, Extremwetter und Hunger aufnahmen. Professorin Elizabeth Mary Morris, die erste Frau, die 1987/88 auf dem antarktischen Kontinent arbeitete, berichtete, einige Männer hätten sich gegen ihre Teilnahme gestellt, und zitierte dabei George J. Dufek, den Leiter des Antarktisprogramms der Vereinigten Staaten. Er fragte, wenn »eine Frau mittleren Alters ohne besondere körperliche Fähigkeiten das bewerkstelligen kann, wie könnten sie [die Männer] dann Helden sein«?

Plötzlich dämmerte es mir, dass es sich auf meinem Gebiet ebenso verhält. Auch die jungen Uhrmacher wachsen mit den Geschichten von Helden auf – Huygens, Tompion, Graham, Mudge, Harrison –, den Genies des Goldenen Zeitalters, die außergewöhnliche technische Werke entwarfen und damit einige der größten wissenschaftlichen Probleme ihrer Zeit lösten. Männer – und es *waren* ausschließlich Männer –, die mit dem Adel verkehrten und das Publikum mit ihrem mechanischen Erfindungsreichtum zum Staunen brachten, schufen Objekte aus winzigen Metallstücken, die sich wie von Zauberhand eigenständig bewegen konnten. Ein Uhrwerk wurde von der Gesellschaft als etwas so Vollkommenes und Komplexes wahrgenommen, dass es in einem Argument für die Existenz Gottes angeführt wurde (von dem man gewöhnlich ebenfalls annahm, dass es sich um einen Mann handelte). Bei der Gründung der Clockmakers' Company 1631 wurde in ihrer Satzung erklärt, dass sie über die »Gemeinschaft der Kunst und der Geheimnisse der Uhrmacherei« wachen werde. Bis zum heutigen Tag gilt die Uhrmacherei als eine Art schwarze Magie, in die nur eine Handvoll Auserwählter eingeweiht ist. Und doch stehe ich hier: eine sozial befangene, tätowierte Frau aus der Arbeiterklasse, an der absolut nichts »Besonderes« ist – und ich bin Uhrmacherin. Wenn jemand wie ich Uhrmachermeisterin werden kann, dann kann das jeder.

Kein Wunder, dass ich den zwielichtigen John Wilter so reizvoll fand: Ich war eine Außenseiterin, die sich von einem anderen Außenseiter angezogen fühlte.

~

Im British Museum stieß ich bei Uhrwerken, die mit einer Reihe fiktiver Namen signiert waren, auf dieselben Ébauche-Markenzeichen (die unter dem Zifferblatt versteckten Stempel der Rohwerkhersteller). Es hatte den Anschein, dass eine relativ kleine Anzahl von Werkstätten eine riesige Anzahl von Uhren in einem bis dato in England unbekannten Ausmaß hergestellt hatte. Nicht einmal die geschäftigsten Werkstätten im Norden des Landes hatten mit diesem Tempo mithalten können. Auf den ersten Blick sahen die Uhren niederländisch aus: Die Arkadenminuterie und die Form der Spindel- oder Unruhbrücke, des Bauteils, in dem der obere Zapfen der Unruh gelagert war, waren stilistisch eher dem niederländischen als dem englischen Uhrenbau zuzuordnen. Doch die Menge war unerklärlich. Obwohl es zu jener Zeit eine Reihe sehr talentierter Uhrmacher in der Republik der Vereinigten Niederlande gab, war die niederländische Uhrenindustrie im Vergleich zur Londoner eher überschaubar – und nicht einmal ansatzweise groß genug, um die Fülle niederländischer Fälschungen hervorzubringen, die den Markt überschwemmten.

Indem ich die in diesen Uhren verborgenen Stempel untersuchte und sie mit Archivaufzeichnungen abglich, gelang es mir, die Geschehnisse zu rekonstruieren. Tatsächlich wurden sie von niederländischen Kaufleuten im heimischen Stil beauftragt, doch weil diese wussten, dass die Käufer Londoner Uhren ebenso präferierten, wie wir heute vielleicht deutschen Autos, japanischen Kameras oder belgischer Schokolade den Vorzug geben, signierten sie sie mit englischen Namen in der Hoffnung, damit höhere Preise zu erzielen. Kurioserweise wurden die Nachbauten jedoch nicht in den Niederlanden oder in England hergestellt. Prüfzeichen, verborgene Signaturen, Zeugenaussagen von Zeitgenossen, Zeitungsartikel und selbst Berichte aus den Herkunftsorten ließen keinen Zweifel daran: Diese Uhren kamen aus der Schweiz, wo seit Anfang des 18. Jahrhunderts ein neues Verfahren bei der Uhrenherstellung perfektioniert wurde. Es nannte sich »Établissage«.

Eine zweifüßige Spindelbrücke. Diese Ausführung unterscheidet sich vom einfüßigen Spindelkloben, der sich normalerweise in englischen Taschenuhren des 18. Jahrhunderts fand, war aber bei Uhrmachern auf dem europäischen Festland wie in den Niederlanden und der Schweiz beliebt.

Während die traditionelle Uhrmacherei auf der Zusammenarbeit kleiner Gruppen erfahrener Handwerker beruhte, die ein Stück von Werkstatt zu Werkstatt reichten, und die inoffizielle britische Uhrenindustrie auf Heimarbeit zurückgriff, brachte die Établissage eine größere Anzahl von Arbeitern in einer sogenannten Manufaktur unter einem Dach zusammen. In der Manufaktur wurde die Arbeit als Fließfertigung organisiert, bei der Kettenmacher, Federmacher, Räderschneider und Zapfenmacher Seite an Seite arbeiteten. Obwohl Technik und Ausrüstung weitgehend den althergebrachten Fertigungsmethoden entsprachen, führte das Établissage-System zu einer deutlichen Optimierung der Produktion, die nun in der Hand einer einzigen Firma lag. Das war hocheffizient und ermöglichte es daher den Manufakturen, Uhren in gewaltigen Stückzahlen herzustellen. Während die größte Werkstatt in England nur ein paar Tausend Uhren pro Jahr hervorbrachte, schaffte eine Schweizer Manufaktur 40 000. Das revolutionierte die Branche völlig. Infolge der Établissage stieg die europäische Uhrenproduktion im Laufe des 18. Jahrhunderts beträchtlich an und erreichte im letzten Viertel des Jahrhunderts schätzungsweise eine Kapazität von 400 000 Uhren pro Jahr, möglicherweise sogar mehr.[9]

Die Schweiz war aufgrund ihrer geographischen Lage als Zulieferer des Gewerbes prädestiniert. Das Land lag an einer wichtigen transeuropäischen Handelsroute, die niederländische, französische und englische Kaufleute auf ihrem Weg vom Rhein zur Rhône ständig passierten, die als natürliche Verkehrsverbindung zwischen der Ostsee im Norden und dem Mittelmeer im Süden fungierten.* Die Häufigkeit, in der die

* Ich habe zahlreiche Geschichten darüber gelesen, wie diese Uhren ihren Weg aus der Schweiz in die ganze Welt fanden. Am Markt für diese Schweizer Nachbauten war eine Unterwelt von Kriminellen beteiligt, die bereit waren, sie an ihren letztendlichen Bestimmungsort zu schmuggeln. Da Taschenuhren klein sind, lassen sie sich leicht in großen Mengen transportieren, versteckt unter Wäsche in Schrankkoffern, in leeren Weinfässern – oder an hungrigen Hunden befestigt. 1842 berichtete der Direktor des französischen Zolls, dass Rudel wütender Hunde in einem Zustand der »Raserei« auf seine Grenzbeamten losgegangen seien. Offenbar waren die Hunde über die gebirgige schweizerisch-französische Grenze gebracht, ausgehungert und geschlagen worden, bevor man ihnen Uhren an den Körper schnallte und sie in die Nacht hinaustrieb. Beladen mit bis zu zwölf Kilogramm Uhren, sausten die Hunde über die Grenze direkt in das Haus ihres Herrchens zurück, wo Fressen und Streicheleinheiten auf sie warteten. Ich muss zugeben, dass ich etwas skeptisch bin, ob »wilde« Hunde tatsächlich wie masochistische Brieftauben ellenlange Strecken in bergigem Gelände zwischen Herrchen zurücklegen, die sie misshandeln. Bei meinem freundlichen und einigermaßen erzogenen Staffordshire-Bull-Terrier-Mischling Archie kann man sich nicht darauf verlassen, dass er es von einem Ende unserer Werkstatt zum anderen schafft, ohne sich ablenken zu lassen. Der Löwenanteil der Hunderttausenden Uhren, die die Schweiz jedes Jahr verließen, wird wohl auf zuverlässigeren Wegen befördert worden sein – mit Karren auf wenig begangenen Bergpässen, mit Schiffen und mit Kaufleuten, die in der Schweiz zwischen der Rhône und dem Rhein handelten.

Uhrenmanufakturen auf der verbindenden Landroute zwischen den beiden Flüssen vertreten waren, ist ein deutlicher Beleg dafür, dass die Kaufleute begannen, die Branche zu beeinflussen. Die Händler, die unermüdlich in ganz Europa und darüber hinaus unterwegs waren, hatten ein besseres Gespür für die sich wandelnden Moden und kannten sich mit der Nachfrage des Marktes besser aus als die überarbeiteten Handwerker, die buchstäblich daheim festsaßen. Das führte zu einem Paradigmenwechsel in der Uhrmacherei: Nun diktierten die Kaufleute den Handwerkern, was sie zu tun hatten, anstatt einfach nur in deren Namen zu verkaufen.

Während ich die Sammlung des British Museum durchstöberte, suchte ich permanent nach Hinweisen auf die erfundene Herkunft der niederländischen Fälschungen. Ich stieß auf mehrere andere John-Wilter-Uhren. Interessanterweise war eine kleine Anzahl davon sehr hochwertig und im englischen Stil gehalten, doch beim Großteil handelte es sich um minderwertige niederländische Repliken. Zudem fielen mir auf den Uhrwerken alle möglichen Falschschreibungen auf, in der Art der verdächtigen Tippfehler, die einem oft in Spam-Mails begegnen. Die Signatur des renommierten, aus Vater und Sohn bestehenden Uhrmachergespanns Joseph und Thomas Windmills wurde auf einer Uhr als »Wintmills, London« und auf einer anderen als »Jos Windemiels, London« angegeben.[10] Außerdem fand ich »Vindmill«, »Wintmill«, »Windemill« und »Vindemill«. Auch ein »Jonh Wilter« und ein »John Vilter« waren vertreten, aber im Gegensatz zu den Windmills blieb mir die Identität des John Wilter, für den sie wohl standen, ein Rätsel. Wie dem auch sei, da niederländischsprachige Kaufleute Uhren mit englischen Namen bei französischsprachigen Manufakturen in der Schweiz in Auftrag gaben, ging bei der Übersetzung mit Sicherheit so einiges durcheinander.

Dennoch waren die niederländischen Fälschungen von immenser Bedeutung. Diese Uhren, deren Preise die der echten Londoner Mitwettbewerber oft um mehr als fünfzig Prozent unterboten, stellen die ersten massenproduzierten Zeitmesser dar. Das war der Moment, als tragbare

Uhren nicht länger nur den Superreichen vorbehalten waren. Diese Exemplare trugen weder etwas zur Genauigkeit oder zur Zuverlässigkeit der Uhr bei, noch waren sie technisch oder ästhetisch innovativ, aber sie waren billig – und das macht sie so interessant. Zum ersten Mal seit ihrer Erfindung hatte man einen Weg gefunden, Kleinuhren erschwinglich zu machen. Gegen Ende des 18. Jahrhunderts wurden sie zu einem Accessoire, das in immer mehr Bevölkerungsgruppen anzutreffen war.

~

Meine Wilter-Uhr ist der Beweis für eine der signifikantesten sozioökonomischen Entwicklungen des 18. Jahrhunderts: die Nachbildung. Ab den 1760er-Jahren brachte die industrielle Revolution eine aufstrebende Mittelschicht mit Ambitionen hervor, die ihre finanziellen Mittel überstiegen. Theater, Parks und das Aufkommen kostenloser Museen und Kunstgalerien schufen mehr Begegnungsmöglichkeiten zwischen den Wohlhabenden und den Aufstrebenden. Als sich die Alphabetisierungsrate verbesserte und die Druckproduktion stieg, boten Zeitungen diesen Menschen einen Einblick in das Leben und die Besitztümer der Oberschicht. Das steigerte den Wunsch nach Luxusgütern. Und weil dieser materielle Luxus für den Großteil der Bevölkerung weiterhin außer Reichweite lag, bestand die Lösung in Nachbildungen.

Von blau bemalter, orientalisch inspirierter Keramik bis zu plattiertem Metall und Stahl, die so geschliffen und poliert wurden, dass sie wie Diamanten aussahen, entstand eine ganze Industrie, die Pseudoluxusgüter für eine neue, schnell wachsende Gruppe von Menschen produzierte. Sheffield Plate,* das um 1742 erfunden wurde, wurde für

* Sheffield Plate wurde hergestellt, indem man ein dünnes Silberblech auf einen viel billigeren Kupferkern aufwalzte. Damit ließ sich alles von Kerzenständern und anderem Geschirr bis hin zu einem kompletten Tafelservice fertigen. Damit die Täuschung vollkommen war, wurden die Herstellermarken und -zeichen häufig so gestaltet, dass sie echten Beschauzeichen erstaunlich ähnlich sahen.

jeden ehrgeizigen Emporkömmling zu einer heiß begehrten Ware. Im schummrigen Kerzenlicht eines Soupers im Georgianischen Zeitalter und nach ein paar Gläsern Wein zu viel konnte man den Gästen leicht vorgaukeln, ihr Abendessen sei auf einem außergewöhnlich teuren Service aus massivem Silber serviert worden. Ebenso konnte Ormolu – die Bezeichnung für Gegenstände aus vergoldeter Bronze oder vergoldetem Messing – die Besucher davon überzeugen, dass im Heim ihres Gastgebers zahllose *Objets* aus massivem Gold prangten. Die Fabrikanten jener Ära ermöglichten es, auf beinahe jedem Niveau mit den Nachbarn mitzuhalten – vorausgesetzt, man schaute nicht zu genau hin.

Die niederländischen Uhrennachbauten waren nur ein Puzzleteil in diesem größeren Zusammenhang. Im 18. Jahrhundert galten Taschenuhren – die auffällig an Chatelaines getragen wurden, einem dekorativen, am Hosenbund befestigten Anhänger – als offenkundiges Indiz von Wohlstand und gesellschaftlichem Status. Und zwar in solchem Maße, dass der Premierminister und Schatzkanzler William Pitt (der Jüngere) 1797 eine Steuer auf den Uhrenbesitz erhob.[11] Er begründete das damit, dass der Besitz einer Uhr ein Zeichen von Luxus sei und damit beweise, dass der Eigentümer es sich leisten könne, diese Zusatzsteuer zu zahlen. (Ich muss nicht erwähnen, dass die Steuer überaus unbeliebt war. Die Mittelschicht lehnte sich dagegen auf, und einige gingen sogar so weit, dass sie das Goldgehäuse ihrer Uhren ausbauen und ein neues aus billigerem Metall fertigen ließen, damit ihre Uhren nicht als steuerpflichtig eingestuft wurden.)

~

Während ein Jahrhundert zuvor das Leben der meisten Menschen von einer Uhr im öffentlichen Raum bestimmt wurde, waren Taschenuhren in Privatbesitz nun weit verbreitet. Wir sehen sie auch in der bildenden Kunst. Groß- und Kleinuhren tauchen regelmäßig im Werk von William Hogarth auf, der mit ihnen die Entwicklung seiner Protagonisten im

Verlauf der Handlung nachzeichnete. Sein berühmter Zyklus *A Harlot's Progress* (Der Werdegang einer Dirne) schildert den Verfall eines unschuldigen Mädchens vom Lande, Moll Hackabout. Je näher Moll ihrem letztlichen Niedergang kommt (sie wird erst inhaftiert und stirbt dann an einer Geschlechtskrankheit), umso mehr gehen die Uhren auf den Stichen auf die Zwölf zu.[12] Erstaunlicherweise besitzt die »Dirne« Moll eine schicke »Repetier«-Taschenuhr.

Die Verbreitung von Taschenuhren ging mit einem plötzlichen Anstieg von Taschendieben und Straßenräubern einher.[13] Uhren sind die bevorzugte Beute der Taschendiebe in John Gays *Beggar's Opera* (Die Bettleroper) von 1728. Die Zeitmesser standen bei Dieben hoch im Kurs und wurden gewöhnlich gegen Dienstleistungen wie Prostitution oder zur Begleichung von Spielschulden eingesetzt, wie es in Szene VI von Hogarths 1735 veröffentlichten Stichen *A Rake's Progress* (Der Werdegang eines Wüstlings) geschieht.[14] Aus Akten des Londoner Strafgerichts Old Bailey geht hervor, dass Kneipen, Pubs und Gin-Buden das bevorzugte Jagdgebiet von Taschendieben waren, wobei die Diebstähle zwischen zwanzig und dreiundzwanzig Uhr ihren Höhepunkt erreichten (wenn nahezu die Hälfte aller Anzeigen erstattet wurden), nach Mitternacht abfielen und morgens gegen sieben Uhr wieder zunahmen, wenn die Menschen mit einem brummenden Schädel aufwachten und feststellten, dass ihre Uhr weg war.[15] Die gestohlenen Uhren wurden schnell und einfach über Pfandleiher und Gebrauchtwarenhändler in der Londoner Unterwelt verteilt. Skrupellose Juweliere nahmen sie gern an; und es gab sogar Uhrmacher, die bereit waren, die Herstellernamen oder Beschauzeichen auf dem Diebesgut zu verändern, damit ihre wahren Besitzer die Uhren nicht identifizieren konnten. Daniel Defoes unverwüstliche Moll Flanders in seinem gleichnamigen Roman von 1722, eine der berühmtesten Taschendiebinnen der Literaturgeschichte, verwendet regelmäßig eine Uhr, die sie, so können wir annehmen, einem ahnungslosen Opfer geklaut hat.

Die Aufzeichnungen aus dem Old Bailey belegen nicht nur eine Zunahme hinsichtlich der Anzahl von Uhrenbesitzern und -diebstählen, sondern auch ein wachsendes Zeitbewusstsein. Im Laufe des 18. Jahrhunderts tauchte die genaue Zeitangabe eines Ereignisses immer öfter in den Zeugenaussagen der Fallakten auf. Thomas Hillier, der 1775 vor Gericht erschien, nachdem seine silberne, doppelgehäusige Taschenuhr von Straßenräubern zwischen Hampstead und London gestohlen worden war, sagte aus, der Vorfall habe sich »etwa Viertel nach neun abends« zugetragen und das Martyrium habe ungefähr »eine Minute oder anderthalb Minuten« gedauert. Obwohl Hilliers Aussage ungewöhnlich genau war, war sie nur eine von Tausenden Schilderungen der Bewohner Londons, die damals begonnen hatten, Zeit, Datum und Dauer von Ereignissen anzugeben. Das Zeitbewusstsein nahm langsam, aber sicher zu.[16]

Die Geschichte der Uhr im 18. Jahrhundert hat zwei sehr unterschiedliche Seiten. Einerseits ist es ein glanzvolles Goldenes Zeitalter, in dem der Uhrenbau große Fortschritte erlebte, Schiffschronometer entwickelt und Taschenuhren von einigen der gebildetsten Wissenschaftlern des Landes gefertigt wurden. Andererseits ist da der zwielichtige Bereich der Nachbauten und Fälschungen, die meiner Ansicht nach nicht weniger interessant und wichtig sind. Die niederländischen Fälschungen beendeten die Verbindung zwischen den kunsthandwerklichen Uhrmachern und ihren wohlhabenden Auftraggebern. Sie leisteten einen großen Beitrag dazu, dass Uhren bezahlbar wurden, und ebneten damit nachfolgenden Unternehmen den Weg, sie wirklich allen Menschen zugänglich zu machen. Aus diesem Grund sind sie für mich in der Geschichte der Uhrmacherei ebenso bedeutsam wie Harrisons Chronometer. Wie können wir schließlich behaupten, eine Innovation habe wahrhaft die Welt verändert, wenn nur eine kleine Elite Zugriff darauf hat? Indem sie immer mehr Menschen die Uhrzeit zur Verfügung stellten, halfen billige Uhren dabei, die Kluft zwischen Arm und Reich, Adel und breiter Bevölkerung zu schließen. Sie demokratisierten die Zeit.

~

Und was ist nun mit John Wilter? War auch er eine Erfindung, eine Fälschung? Vor einigen Jahren blätterte ich zufällig in den Protokollen einer Anhörung im Unterhaus von 1817, als ich schließlich einen Hinweis eines Zeitgenossen auf ihn fand, von einer Person, die behauptete, den Menschen hinter dem Mythos gekannt zu haben. Ich erinnere mich daran, dass ich, als ich den Namen auf jener Seite sah – einen Namen, der mich seit Jahren verfolgt hatte –, einen Moment lang erstarrte. Ich wandte den Blick ab, atmete tief durch und begann zu lesen. Der Zeuge – ein anderer Uhrmacher namens Henry Clarke – sprach voller Bewunderung von einem Mann, der, wie er angab, inzwischen verstorben sei. Er habe Uhren im Auftrag eines Kaufmanns unter folgenden Umständen gefertigt:

> [Er] führte die Herstellung von Uhren ein, die den fingierten Namen »Wilters, London« trugen; diese Uhren waren solide gebaut und hätten ihrem Schöpfer alle Ehre gemacht, der sie mit seinem eigenen Namen hätte versehen sollen; andere ahmten schnell das äußere Erscheinungsbild der Uhren nach … [doch] diese hatten falsche Datumsanzeigen, Zifferblätter und Zeiger ohne Räder, durch die sie sich bewegt hätten, und gaben zudem vor, in den Zapfenlöchern mit Lagersteinen versehen worden zu sein … Die Letzten, die ich von diesen gefälschten Uhren sah, wurden mir für vierunddreißig S[chillinge] pro Stück zum Verkauf angeboten, aber tatsächlich waren sie nicht zu gebrauchen; wohingegen für die zuerst vorgestellten dieser Uhren mit dem fiktiven Namen acht Guineen pro Stück nicht zu viel verlangt waren.[17]

Wilter, so stellte ich fest, war *sowohl* echt *als auch* erfunden. Den Namen an sich hatte sich wahrscheinlich ein niederländischer Kaufmann ausgedacht, der etwas wollte, das englisch klang, aber nicht zurückverfolgt werden konnte. Doch der Mann, den er ursprünglich beauftragt hatte, *war* ein echter englischer Uhrmacher mit beträchtlichem

Geschick. »John Wilter« wurde so etwas wie ein Gütezeichen. Dann hatte der Kaufmann erkannt, dass er seinen Gewinn steigern konnte, wenn er die Wilter-Uhren auf dem europäischen Festland billig produzieren ließ. Das passte auch zu meinen Recherchen im British Museum, wo ich neben einigen hochwertigen Wilter-Uhren auf mehrere typisch niederländische Nachbauten gestoßen war. Dieser kurze Abschnitt schloss eine Lücke, die mir vorher unerklärlich war. Und diese Uhren sind ein Paradebeispiel dafür, warum man Fälschungen nicht geringschätzen sollte, denn was sie zu unserem Verständnis der Welt, der Gewerbe und sogar ganzer Ökonomien beitragen können, ist immens. Zunächst habe ich die Nachbauten im Rahmen meiner wissenschaftlichen Arbeit untersucht, und nun ist es mir sogar gelungen, selbst ein paar Exemplare zu sammeln, darunter meine Lieblingsstücke von meinem sagenumwobenen John Wilter.

6
Revolutionszeit

Zuweilen treibt das Herz mit uns sein Spiel.
Sei auf der Hut. Breguet, der mächt'ge Gott,
Schuf das Vertrau'n. Und als es ihm gefiel,
Fand er, ein wenig Wachsamkeit tut not.

Victor Hugo, Les Chansons des rues et des bois
(Lieder von Straßen und Wäldern), *1865*

Im August 2006 erhielt Rachel Hasson, die künstlerische Leiterin des Museums für Islamische Kunst in Jerusalem (L. A. Mayer Museum for Islamic Art), einen Anruf von Zion Yakubov, einem Uhrmacher aus Tel Aviv: Man habe ein Versteck mit gestohlenen antiken Zeitmessern gefunden, und er glaube, sie sollte herkommen und sich das einmal ansehen. Solche Anrufe hatte sie davor schon erhalten, und jedes Mal hatten sie sich als Fehlalarm erwiesen. Aber in diesem Fall war es anders.

Fünfundzwanzig Jahre zuvor war die einzigartige Uhrensammlung des Museums bei einem Raubüberfall gestohlen worden, der die Polizei, den israelischen Geheimdienst und selbst Samuel Nahmias, Israels besten Detektiv, vor ein Rätsel gestellt hatte. In der Nacht des 15. April 1983 verschwanden 106 unersetzbare Klein- und Großuhren einschließlich eines Stücks mit einem Wert von über dreißig Millionen Dollar. Eine riesige Suchaktion wurde eingeläutet, doch alle Nachforschungen blieben ergebnislos. Als die Jahre ins Land zogen, musste man befürchten, dass die Objekte vielleicht nicht mehr existierten.

Die Ermittler waren Spuren bis nach Moskau und in die Schweiz gefolgt, doch es stellte sich heraus, dass sich die Uhren in einem Lager in Tel Aviv befanden, nur eine Stunde von dem Ort entfernt, an dem sie entwendet worden waren. Hasson und Eli Kahan, ein Mitglied des Museumsvorstandes, begaben sich in die Anwaltskanzlei von Hila Efron-Gabai, die auf Bitte ihrer Mandantin, die namentlich nicht genannt werden wollte, die Uhren zurückgeben sollte. Die beiden identifizierten die Artefakte anhand ihrer Seriennummern; einige waren intakt, andere beschädigt. Doch eine Uhr trieb Hasson Tränen in die Augen. Dort, eingewickelt in vergilbtes Zeitungspapier, lag die »Mona Lisa der Uhren«, die von Abraham-Louis Breguet für Marie-Antoinette angefertigt worden war, die aufwendigste, schönste und wertvollste Uhr aller Zeiten.

Die Polizei konnte den Raub schließlich auf den berüchtigten israelischen Dieb Na'aman Diller zurückführen, der seiner Frau die Tat auf dem Sterbebett gestanden hatte. Die Beamten waren enttäuscht, dass sie Diller nun nicht mehr persönlich vernehmen konnten, der einen »einzigartigen Stil« hatte. (1967 hatte er – mit einer kurzen Unterbrechung, weil er im Sechstagekrieg gekämpft hatte – einen knapp einhundert Meter langen Graben an der Rückseite einer Bank in Tel Aviv gegraben, um den Tresorraum aufzusprengen.) Diller arbeitete stets allein. Dieses Mal hatte er mit einer hydraulischen Hebevorrichtung die Gitter des Museums auseinandergedrückt und war dann mit einer Strickleiter und Haken drei Meter hoch zu einem kleinen Fenster von nur fünfundvierzig Zentimeter Höhe geklettert. Anschließend hatte sich Diller, der »so dünn wie ein Windhund« war, durch die schmale Öffnung gequetscht und sich mit dem größten Teil der unvergleichlichen Uhrensammlung aus dem Staub gemacht.

Das ist eines der jüngeren Kapitel in der Geschichte der »Uhr der Königin«, die vor mehr als zweihundert Jahren begann.* 1783 – im selben

* Marie-Antoinettes Uhr wird wie die Uhr, die Thomas Mudge für Königin Charlotte schuf, gemeinhin als »Uhr der Königin« bezeichnet.

Jahr, in dem unsere bescheidene John-Wilter-Uhr entstand – nahm ein anonymer Verehrer von Marie-Antoinette die Dienste des berühmtesten Uhrmachers in Europa in Anspruch und beauftragte ein ganz besonderes Geschenk. Zweifelsohne hoffte der Verehrer, damit die Gunst der Königin zu gewinnen, die bereits eine eifrige Kundin Breguets war. Er orderte eine Uhr, die kunstvoller sein sollte als alle anderen zuvor. Sie sollte die fortschrittlichsten und kompliziertesten Mechanismen jener Zeit enthalten, koste es, was es wolle: Wo immer möglich, sollte Gold andere Metalle ersetzen, auch im Uhrwerk an sich. Die Uhr steht beispielhaft für ihre Zeit und versinnbildlicht das Beste und Schlechteste des Ancien Régime.

Das Beste: Durch die Verschwendungssucht am Hof von Ludwig XVI. waren der Kreativität keine Grenzen gesetzt. Damit er die Uhr zu etwas Unvergleichlichem machen konnte, wurden Breguet so viel Geld und Zeit zur Verfügung gestellt, wie er brauchte. Es lässt sich nur schwer in Worte fassen, wie aufregend es für einen Kunsthandwerker sein muss, mit Blankoscheck *und* ohne Abgabetermin arbeiten und seine Fähigkeiten und seinen Erfindungsreichtum ohne Geld- und Zeitdruck bis zum Äußersten ausreizen zu können. Selbst für einen erfolgreichen Uhrmacher – und damals war Breguet zum *Horloger du Roy* von Ludwig XVI. ernannt worden – ist die Finanzierung eine der schwierigsten Aufgaben. Ein erlesener handgefertigter Zeitmesser kostet in der Anschaffung und Herstellung unverschämt viel Geld. Heutzutage können wir zuweilen eine sechsstellige Summe erwarten – wenn man aber davon die laufenden Betriebskosten, Steuern, Materialkosten und Rechnungen der Zulieferer abzieht und das Ergebnis durch die Anzahl der Jahre teilt, die wir für die Anfertigung gebraucht haben, reicht das manchmal kaum, um den Lebensunterhalt zu decken.

Die uneingeschränkte zeitliche und finanzielle Freiheit ermöglichte es Breguet, alles, was er während seiner Laufbahn gelernt hatte, in einem einzigen Stück umzusetzen. Die Uhr hatte insgesamt dreiundzwanzig Komplikationen, also Funktionen, die über die reine Zeitanzeige hinausgehen. Sie besaß einen Automatikaufzug, konnte die Stunden, Viertelstunden und Minuten auf fein gestimmten Tonfedern aus Draht schlagen und die Zeitgleichung anzeigen. Außerdem verfügte sie über eine Gangreserveanzeige (voll aufgezogen lief sie achtundvierzig Stunden), einen Chronographen, ein Thermometer und einen Ewigen Kalender à la Mudge. Dafür waren insgesamt 823 Teile vonnöten, die in eine Taschenuhr von sechs Zentimeter Durchmesser gequetscht wurden. Sie gilt heute noch als eine der fünf aufwendigsten Uhren der Welt und ist so spektakulär (und kunstfertig) gebaut, dass durch das gläserne Zifferblatt und die Gehäuserückwand das gesamte Uhrwerk sichtbar ist, sodass sich das geschäftige Treiben der Mechanik im Inneren verfolgen lässt.

Das Schlechteste: Während Breguet an seiner unendlich luxuriösen Uhr werkelte, bei der Geld keine Rolle spielte, hungerte das Volk. Frankreich war noch immer im Feudalsystem verhaftet und bürdete den Bauern, die sechsundneunzig Prozent der Bevölkerung stellten und weder politische noch wirtschaftliche Macht besaßen, Abgaben auf, während Klerus und Adel sich immer weiter bereicherten. Zwischen 1787 und 1789 hatte das Land mit Missernten, Dürren, Viehseuchen und explodierenden Brotpreisen zu kämpfen. Die französische Regierung hingegen war bankrott – ihre kostspielige Beteiligung am amerikanischen Unabhängigkeitskrieg und der ausschweifende Lebensstil am Hof von Ludwig XVI. hatten die Staatskasse übergebührlich belastet. Steuererhöhungen brachten das Fass zum Überlaufen, entfesselten die Wut der Pariser Bürger und gipfelten in der Französischen Revolution von 1789.

Marie-Antoinette bekam ihre Uhr nie zu Gesicht. Durch das Weltgeschehen wurde die Arbeit in Breguets Manufaktur behindert, und die Uhr wurde erst 1827 fertiggestellt, vierunddreißig Jahre, nachdem die bildschöne, wenn auch politisch unsensible Empfängerin ihr Ende auf der Guillotine gefunden hatte.

Wahre Meister waren und sind unter den Uhrmachern noch immer eine Seltenheit. In seinem Eintrag über das Uhrmacherhandwerk in Diderots *Enzyklopädie* beschreibt der berühmte Uhrmacher Ferdinand Berthoud (1727–1807) die Anforderungen an sein Handwerk: »Die vollständige Beherrschung der *Uhrmacherei* erfordert *theoretische Kenntnisse, handwerkliches Geschick und eine gestalterische Begabung*, drei Eigenschaften, die sich nicht ohne Weiteres in ein und derselben Person ausbilden lassen.« Mir gefällt sein Eingeständnis, dass es schwer ist, diese Eigenschaften in einem Menschen zu vereinen. Craig und ich sagen immer, dass wir einzeln gut, zusammen jedoch unglaublich gut in unserem Metier sind. Unsere Stärken ergänzen sich: Craig ist der Illustrator und Designer, ich hingegen bin eher mathematisch veranlagt und kann seine schönen, von Hand gezeichneten Entwürfe in präzise technische Zeichnungen umsetzen, mit denen wir arbeiten können. Craig ist ausgesprochen geschickt bei der Arbeit mit empfindlichen Teilen, wie der Reparatur einer beschädigten Spiralfeder, mir wiederum liegt die Finissage, etwa die Speichen der Räder, die Federn und Platinen von Hand mit winzigen Feilen abzufasen und zu polieren. Außerdem gefällt mir das Räderschneiden, bei dem ich die Hunderte von Zähnen einer Uhr manuell positioniere und schneide. Ich mag es, wie ich dann in eine repetitive, fast schon tranceartige Bewegung verfalle, während ich die Räderschneidemaschine vor- und zurückschiebe, immer und immer wieder. Craig findet das langweilig, aber das ist schon in Ordnung, denn wenn es darum geht, die klitzekleinen, nur ein paar Millimeter langen Unruhwellen von Hand zu drehen und sie auf Hochglanz zu polieren, bringt Craig wesentlich mehr Geduld auf als ich. Bei Breguet jedoch trafen all diese Fertigkeiten und noch viel mehr auf einzigartige Weise zusammen.

Abraham-Louis Breguet zu seinem persönlichen Vorbild zu erwählen, ist in Uhrmacherkreisen fast schon ein Klischee. Er ist einer der klügsten und renommiertesten Köpfe in der Geschichte unseres Handwerks. 1762 trat er im Alter von fünfzehn Jahren seine Lehre in Paris an, und als er 1823 starb, hatte er sein Gewerbe revolutioniert. Der

Anwalt und Uhrenliebhaber Sir David Lionel Salomons (der einst die »Uhr der Königin« und viele andere der Stücke besessen hatte, die aus dem L. A. Mayer Museum entwendet worden waren) erklärte bekanntermaßen, eine schöne Breguet-Uhr zu tragen, verleihe einem das Gefühl, den Verstand eines Genies in der Tasche stecken zu haben.[1]

Breguets außergewöhnliche technische Begabung und sein Erfindungsreichtum machen ihn zu einer Legende der Uhrmacherei. Kein anderer Uhrmacher hat so viele Komponenten erfunden, die bis zum heutigen Tag in Gebrauch sind. Er war der Schöpfer der »Perpétuelle«, einer Uhr mit Automatikaufzug, die durch die Bewegung des Trägers über ein schwingendes Gewicht in Gang gehalten wird, das die Zugfeder im Inneren aufzieht. In seinen Repetieruhren setzte er erstmals Tonfedern aus Draht zum Schlagen von Stunden und Minuten ein, sodass sich die Höhe der Uhren wesentlich verringerte im Vergleich zu den zuvor üblichen Schlagwerkuhren mit Glocke. Er entwickelte die noch immer so bezeichnete Breguet-Spirale, die gegenüber der vorher verwendeten flachen Spiralfeder einen technischen Fortschritt darstellte. Breguet fand heraus, dass er, wenn er das äußere Ende der Feder hochbog, den Isochronismus, also das gleichmäßige Atmen der Feder und damit die Zeitmessung und Ganggenauigkeit erheblich verbessern konnte. All diese technischen Neuerungen sind auch heute noch in Uhren zu finden; einige sind weiterentwickelt worden, andere hingegen, wie die Breguet-Spirale, haben sich praktisch seit mehr als zweihundert Jahren nicht verändert. Dank seiner Erfindungen wurden die Uhrwerke schlanker. Die kieselsteinartigen, doppelgehäusigen Taschenuhren von einst waren Geschichte. Breguets Uhren waren so dünn, dass sie in die maßgeschneiderten Hosen- und Westentaschen passten, die unter den feinen Herren in Mode kamen.

Obwohl er in einem Zeitalter lebte, das für den Exzess stand, reduzierte Breguet paradoxerweise die Gestaltung seiner Uhren. Seine Zeitmesser sind zurückhaltend und verkörpern reine Funktionalität. Die schlichten, aber eleganten Zeiger, die er verwendete, werden noch immer

Breguet-Zeiger genannt. Sie sind häufig aus blauem Stahl oder Gold gefertigt, ausnehmend lang und schlank mit einem kleinen, durchbrochenen Kreis unterhalb der Spitze, die pfeilförmig ist, damit sie die Stunden und Minuten auf dem Zifferblatt genau anzeigen kann. Breguet bevorzugte eine Graviertechnik, die Guillochieren heißt. Anstatt das Edelmetall seiner Zifferblätter von Hand zu gravieren, schuf er mithilfe von halbmechanischen Rundzug- und Geradzugmaschinen verschachtelte geometrische Muster. Diese Maschinen gehören meiner Meinung nach zu den schönsten, die je erfunden wurden. Auf einer Rundzugmaschine dreht sich langsam eine Reihe verschiedenförmiger Scheiben, und diese Bewegung wird in ein Muster übertragen, das in die Oberfläche des Zifferblatts graviert wird.* Das Verfahren lässt sich mit einem Fahrrad vergleichen, das, sagen wir einmal, ein achteckiges Rad hat. Während man fährt, holpert der Sattel im Einklang mit der Form des Rades auf und ab. Bei einer Rundzugmaschine ist der Sattel das Zifferblatt, das sich gegen einen feststehenden Stichel bewegt. Indem man das Zifferblatt mehrfach an diesem Stichel vorbeiführt und dabei jedes Mal die Position des Werkzeugs leicht verändert, wird ein gleichmäßiges Muster in das Metall graviert.[2]

Diese Maschinen sind außergewöhnlich, ihnen zuzusehen, hat eine hypnotisierende Wirkung, und sie können eine breite Palette an Mustern erzeugen, von Flechtmustern, die ein wenig wie ein winziges Schachbrett aussehen, bis zu Rosetten, die sich von der Mitte aus in verschiedenen Formen ausbreiten wie kleine Wellen, die sich auf der Wasseroberfläche kräuseln, wenn man einen Stein hineinwirft. Mit ihnen kann man Kreise fräsen, die die Zahlen auf dem Zifferblatt einfassen, oder das Gehäuseband mit einem Muster verzieren, ähnlich dem Rand der alten Ein-Pfund-Münze. Die so entstehende detaillierte, aber unaufdringliche Gravur verleiht dem Zifferblatt einen seidigen Glanz – die hohe Kunst

* Geradzugmaschinen arbeiten nach einem ähnlichen Prinzip, aber sie drehen sich auf und ab statt im Kreis.

der zurückgenommenen, edlen Ästhetik. Diese Maschinen sind heute so selten wie ein weißer Rabe. Hin und wieder habe ich eine Guilloche-Arbeit bei einem Spezialisten in Auftrag gegeben, aber selbst wenn ich eine dieser Maschinen in die Hände bekommen *könnte*, würde ich den Stil nur sehr selten anwenden. Er wird so stark mit Breguet assoziiert, dass es sich wie eine Grenzüberschreitung anfühlt.

~

Breguets Uhren enthüllten zudem ihr magisches mechanisches Innenleben. Anstelle des klassischen Vollplatinenwerks aus zwei runden Platten, die den Großteil des Uhrwerks zwischen sich einschließen (und damit verbergen), zerlegte er diese Platten in eine skelettartige Reihe von »Stegen«, sodass man in das Uhrwerk hineinschauen und beobachten kann, wie sich das Gehwerk dreht (das Räderwerk, das die Kraft von der Zugfeder überträgt) und die Hemmung tickt.* Breguets Uhrwerke bestanden noch immer aus Messing, das mit Gelbgold überzogen war, doch anstelle der zarten Blumen- und Blattgravuren, die sie typischerweise verziert hätten, beschloss er, sie zu *mattieren*, eine satinierte Veredelung, wodurch ihre Oberfläche schimmert und doch matt erscheint, je nachdem, wie das Licht darauffällt. Das lässt sich mit verschiedenen Mitteln erreichen, von Ätzen bis Bürsten oder, wie wir Uhrmacher es heute tun, durch Sandstrahlen (unser Sandstrahlgerät hat ein Zahnarzt ausgemustert, der damit Rückstände aus Zahnabdruckformen entfernte.)**

---

* Hier muss ich anmerken, dass Breguet nicht der Erfinder der skelettierten Uhren ist, die in den Jahren vor seinem Aufstieg in Mode gekommen waren – und das auch nie behauptete. Doch seine anderen Innovationen und sein Bekanntheitsgrad haben dazu geführt, dass sie zu einem »seiner« Markenzeichen geworden sind.

** Zwischen Zahnarzt und Uhrmacherin gibt es einige Parallelen. Wir beide haben viele Zangen und sind daran gewöhnt, an kleinen, beengten Stellen zu arbeiten. Tatsächlich boten einige Uhrmacher zwischen dem 17. und 19. Jahrhundert ihre Dienste als Zahnarzt an – Breguet jedoch nicht, trotz all seiner Talente.

Als Fälscher begannen, Breguets Zeitmesser nachzubauen, dachte er sich eine winzige Geheimsignatur aus, die in die Zifferblätter seiner Uhren geätzt wurde und kaum zu kopieren war. Man brauchte ein Vergrößerungsglas, um sie richtig zu erkennen.

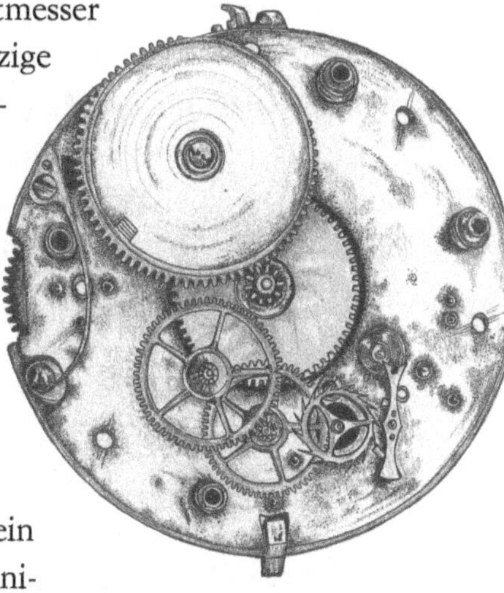

Die Räder des Gehwerks zwischen dem Federhaus der Zugfeder oben und der Hemmung unten rechts.

Auch wenn Breguets Uhren wissenschaftliche Präzisionsinstrumente waren, erfüllten viele dieser baulichen Besonderheiten keinen funktionalen Zweck. Sie dienten einzig und allein dem Vergnügen und erhoben ein technisches Gerät spielerisch zu einem mechanischen Kunstwerk.

Breguets Stiefvater Joseph Tattet, der aus einer Pariser Uhrmacherfamilie stammte, führte ihn in das Handwerk ein.[3] Breguet wurde 1747 als ältestes von fünf Kindern und einziger Sohn in eine Hugenottenfamilie im Schweizer Neuchâtel hineingeboren. Im Alter von erst elf Jahren verlor er seinen Vater, und zwei Jahre darauf verließ er die Schule.[4] Seine Mutter heiratete wieder, und 1762 überquerte der junge Breguet wie so viele Kunsthandwerker vor ihm die »durchlässige Grenze« zwischen der Schweiz und Frankreich, um in der Pariser Werkstatt der Familie seines Stiefvaters in die Lehre zu gehen.

Breguet besuchte Abendkurse in Mathematik am Collège Mazarin, und sein Lehrer Abbé Joseph-François Marie lobte seine Begabung in höfischen Kreisen so überschwänglich, dass die Kunde von dem Nachwuchstalent dem König und der Königin von Frankreich zu Ohren kam. Wie Georg III. auf der anderen Seite des Ärmelkanals war auch der französische König Ludwig XVI. von der Uhrenmechanik fasziniert. Mit fünfzehn Jahren nahm Breguet eine Ausbildung bei einem Uhrmachermeister im Schloss von Versailles auf.

Mit achtundzwanzig Jahren gründete Breguet seine Werkstatt im Erdgeschoss des Quai de l'Horloge 39, der Uhrmacherstraße auf der belebten Pariser Île de la Cité. Ermöglicht wurde das vor allem durch die Mitgift, die er von der wohlhabenden und angesehenen Pariser Familie seiner zukünftigen Frau erhielt, der zweiundzwanzigjährigen Cécile Marie-Louise Lhuillier. Uhrmacher heirateten oft erst später im Leben – teilweise deshalb, weil Verhältnisse jeder Art mit dem anderen Geschlecht während der Lehre streng verboten waren –, und damals war es nicht unüblich, dass begabte Handwerker ihre erste Werkstatt mithilfe der Mitgift einrichteten. Im selben Jahr noch heirateten die beiden, zogen zusammen und lebten und arbeiteten im selben Gebäude.

Breguet wurde in seinem Leben immer wieder von Tragödien heimgesucht. In den Jahren nach der Werkstattgründung starb Abbé Joseph-François Marie, sein ehemaliger Lehrer und nun einer seiner engsten Freunde, unter merkwürdigen Umständen. Kurz nacheinander verlor er seine Mutter Suzanne-Marguerite und seinen Stiefvater Joseph und musste sich fortan um seine vier jüngeren Schwestern kümmern. Er und Cécile bekamen 1776 einen Sohn, Antoine-Louis, der als einziges ihrer Kinder das Erwachsenenalter erreichte. Ihre gemeinsame Zeit war nur von kurzer Dauer. Cécile starb 1780. Da war sie achtundzwanzig Jahre alt. Er heiratete nie wieder. Wir wissen wenig oder gar nichts über Breguets seelischen Zustand während jener Zeit. Es war eine Epoche, in der der Tod nie fern war, und es war nicht ungewöhnlich, dass Kinder und Jugendliche zu Waisen wurden oder Frauen im Kindbett starben. Doch es ist schwerlich vorstellbar, dass sich diese immerwährenden Verluste nicht auf ihn oder seine Arbeit auswirkten. Vielleicht bot ihm die Uhrmacherei eine Zuflucht, und sich in die Arbeit zu stürzen, war ein Bewältigungsmechanismus. Für mich ist das Abtauchen in die winzige Welt der Uhrmacherei auf jeden Fall ein bewährtes Mittel, um der Realität zu entfliehen und mich von der Außenwelt abzuschotten.

Breguets Werkstatt florierte jedoch. Marie-Antoinette gilt als diejenige, die »Breguets schnellen Erfolg und seine plötzliche Beliebtheit verursachte«. Sie besaß seine Uhr Nr. 2,* die zweite Uhr, die er als selbstständiger Uhrmacher baute, und empfahl ihn weithin im In- und Ausland. 1785 wurde er Hoflieferant von König Ludwig XVI. Marie-Antoinette und Mudges Gönnerin Königin Charlotte waren befreundet und unterhielten einen regen Briefwechsel, obwohl sie sich nie persönlich begegneten. Ich kann mir vorstellen, dass sie sich über ihre Uhrenliebhaberei austauschten, und möglicherweise führte Marie-Antoinettes Empfehlung dazu, dass Breguet später Uhren für Königin Charlotte und König Georg III. fertigte. Und natürlich verschenkte Marie-Antoinette mit der ihr eigenen Freigiebigkeit Breguets Uhren an diejenigen, die ihr am nächsten standen. Ihre Breguet-Uhr Nr. 14 gab sie Hans Axel von Fersen, einem engen Freund und schwedischen Grafen, und ließ »AF« in blauem Email auf das Gehäuse schreiben. Für sich selbst beauftragte sie Breguets Uhr Nr. 46, die nach der Beschreibung zu urteilen eine passende Uhr mit denselben Initialen war – wenn da nicht mehr dahintersteckte. Möglicherweise hatten die beiden ein Verhältnis, und das perpetuelle Uhrwerk symbolisierte ewige Liebe. Manche vermuten, dass der anonyme Verehrer, der die Uhr der Marie-Antoinette orderte, Fersen gewesen sei.

Auf einem Porträt ist Breguet als freundlich und intelligent wirkender Mann mit jugendlichem Gesicht und einsetzender Stirnglatze zu sehen. Gewiss war er kein Perückenträger, trotz seiner Geschäfte bei Hofe. In Berichten über sein Wesen werden seine Bescheidenheit und Großzügigkeit hervorgehoben. Ich schätze besonders die Tatsache, dass er seinen Angestellten gegenüber wohlwollend war. Es heißt, er habe seinen Lehrlingen geraten, nicht zu verzagen und sich von Fehlern nicht entmutigen zu lassen. Diese Worte sollte man rahmen und über die Tür jeder Uhrmacherwerkstatt hängen. Er zahlte seinen Lieferanten regelmäßig einen Zuschuss, indem er die Nullen auf ihren Rechnungen durch Hinzufügen

* Laut Beschreibung soll es sich um eine Repetieruhr mit Automatikaufzug und Datumsanzeige gehandelt haben.

Breguets Stoßsicherung *Pare-chute* (Fallschirm). Gewiss waren Breguet die Experimente von Jean-Pierre Blanchard bekannt, der mit einem Fallschirm aus einem Heißluftballon sprang, um den Aufprall abzumildern. Ähnlich wie beim Namensvetter lässt die Blattfeder links vom Unruhkloben die Unruhwelle minimal schwingen, wenn die Uhr angestoßen oder fallen gelassen wird, sodass der Schlag abgedämpft und die Zapfen vor Beschädigungen geschützt werden.

eines Schwänzchens in Neunen umwandelte.

Während es heute ein allgemeiner Akt der Höflichkeit ist, einen Rechnungsbetrag aufzurunden, war es im Ancien Régime praktisch unvorstellbar, einem Zulieferer als Zeichen des Respekts freiwillig mehr zu zahlen.

Zuweilen liebte er den großen Auftritt. Um 1790 erfand er die erste Stoßsicherung in einer Uhr. Es war eine elastische Lagerung, die die fragilen Unruhzapfen vor Stößen und Schlägen schützte, durch die sie häufig zerbrachen und daraufhin mit großem Zeitaufwand repariert werden mussten. Er nannte sie »Pare-chute« (oder »Parachute«, Fallschirm). Um die Wirksamkeit seiner Erfindung zu demonstrieren, so heißt es, soll Breguet sie vor einer Schar erlesener Gäste bei einem Fest im Haus von Charles Maurice de Talleyrand-Périgord, dem Bischof von Autun und zukünftigen ersten Fürsten von Benevent, auf die Probe gestellt haben. Ein Beobachter schilderte, wie Breguet seine Uhr zu Boden warf, »ohne sie augenscheinlich auch nur im Geringsten zu beschädigen«. »Dieser Teufel Breguet«, rief der Fürst aus, »will immer noch einen draufsetzen.«[5] Als Breguet die Uhr vom Boden aufhob, stellten die Gäste zu ihrem Erstaunen fest, dass sie noch immer tadellos funktionierte.

Breguet »hatte die Macht, selbst Könige zu Sklaven der Mode zu machen«.[6] Als sich das Jahrhundert dem Ende zuneigte, wurde ihm dieser Umgang jedoch zum Verhängnis. 1792 wurde die Erste Französische Republik blutig aus der Taufe gehoben. In den darauffolgenden Monaten hatte eine als »Terror« bezeichnete Schreckensherrschaft Frankreich fest im Griff.[7] Angehörige des Adels, des Klerus und alle, von denen man glaubte, dass sie die Führungselite des alten Frankreich verkörperten oder mit ihr in Zusammenhang stünden, wurden aufgespürt und eingekerkert. Bis 1794 hatte eine Reihe von Massakern und Massenhinrichtungen das Leben Tausender Männer, Frauen und Kinder gefordert. Während in Archivunterlagen von etwa 17 000 offiziellen Todesurteilen die Rede ist, schätzen spätere Historiker, dass sich die Gesamtzahl der Opfer einschließlich derer, die ohne Verhandlung im Gefängnis oder auf der Flucht starben, auf bis zu 50 000 belaufen könnte.

Obwohl die berühmteste Hinrichtungsmethode die Guillotine war, die schreckliche Begleiterin des Terrors, kamen die meisten Opfer durch Schwert, Gewehr, Pistole oder Bajonett ums Leben.[8] Viele andere starben an Hunger oder Krankheit in den überfüllten und schmutzigen Gefängnissen Frankreichs. Marie-Antoinette wurde ursprünglich im Gefängnis Temple festgesetzt, wo sie um »eine einfache Breguet-Uhr« bat, die ihr auch gewährt wurde. Später wurde sie in Erwartung ihres Prozesses in die Conciergerie gebracht. Sie flehte darum, nicht »lange leiden« zu müssen, aber tatsächlich brachte sie über zwei Monate in einer feuchten und abgeschotteten Zelle zu, bevor ihr der Prozess gemacht und sie schließlich wegen Hochverrats am 16. Oktober 1793 hingerichtet wurde.

Die Berichte der Überlebenden, die Zeugen des Terrors wurden, sind entsetzlich.[9] In einem wird geschildert, wie eine junge Frau gezwungen wurde, das Blut eines kürzlich Hingerichteten im Gegenzug für die Freilassung ihres Vaters zu trinken. Andere erzählen von frischem Blut, das durch die gepflasterten Höfe strömte, oder davon, wie die Verurteilten auf dem Weg zum Schafott über die zerstückelten Leichen ihrer Mitgefangenen laufen mussten. Hinrichtungen waren ein täglich stattfindendes öffentliches Spektakel, das an Orten wie der Place de la Revolution (heute Place de la Concorde) unzählige Schaulustige anzog. In den Nachbarländern gelangten die grausamen Schilderungen durch Flüchtlinge zu den Höfen und Herrensitzen, an denen sie Unterschlupf fanden. Mit Schrecken blickte die herrschende Klasse Europas nach

Frankreich. Die Angst, dass sich die Französische Revolution über die Grenzen ausbreiten könnte, war auf dem ganzen Kontinent zu spüren.

Jeder, der in Verbindung mit dem König gebracht wurde, schwebte in Lebensgefahr – und Breguet machte da keine Ausnahme. Ein faszinierender Aspekt von Breguets Persönlichkeit ist, dass er überall Freunde hatte. Trotz seiner engen Beziehung zu Versailles stand er auch dem Staatstheoretiker, Wissenschaftler und Revolutionsführer Jean-Paul Marat sehr nahe. Mit zunehmenden Unruhen und wachsender Instabilität in Frankreich geriet selbst Marat, der einer der schärfsten Kritiker des Ancien Régime gewesen war, mit der Öffentlichkeit in Konflikt. Als sich im April 1793 ein wütender Mob vor Marats Haus versammelte, um ihn seinem Schicksal zuzuführen, war es Breguet, der einen Fluchtplan für seinen Freund ausklügelte.[10] Marat war nicht mit einem guten Aussehen gesegnet (er litt an einer quälenden Hautkrankheit), und blitzschnell beschlossen die beiden, sein runzliges Gesicht zu ihrem Vorteil zu nutzen. Mit Tüchern und Kleid richtete Breguet ihn als alte Frau her, schmuggelte ihn Arm in Arm aus dem Haus, bahnte ihm den Weg durch die lärmende Menge und brachte ihn in Sicherheit. Als Marat zwei Monate darauf erfuhr, dass Breguet für die Guillotine vorgesehen war, revanchierte er sich.[11] Er schickte Breguet eine Warnung und verhalf ihm zur Flucht in die Schweiz, indem er seine Beziehungen zu den Machthabern spielen ließ, damit sie Breguet sicheres Geleit gewährten, und ebenso jenen, die von seiner Familie noch übrig waren: sein Sohn Antoine-Louis – den er damit vor der Einberufung in die Revolutionsarmee bewahrte – und die Schwester seiner verstorbenen Frau. Unter dem Vorwand, seine jährliche Geschäftsreise in die Schweiz anzutreten, verließ Breguet das Land. Er sollte Marat nie wiedersehen. Am 13. Juli 1793 wurde Marat in seiner Badewanne von Charlotte Corday, einer jungen Girondistin, erstochen.*

~

* Die Girondisten waren eine gemäßigtere Fraktion der Revolutionäre, die während der Schreckensherrschaft ebenfalls von Massenhinrichtungen betroffen waren.

Breguet war einer von vielen Tausenden, die in jener Zeit aus Frankreich in die Nachbarländer flohen. Und selbst für Breguet war das Leben im Exil nicht einfach. Lebensmittel und Ressourcen waren knapp, und die Flüchtlinge waren oft nicht willkommen. Wahrscheinlich hatte er die meisten seiner Werkzeuge zurücklassen müssen, was ungemein schmerzhaft für einen Uhrmacher ist, dessen Werkzeugsammlung in die Zigtausende gehen kann und so persönlich wie ein Fingerabdruck ist. Breguet richtete in Le Locle, nicht weit von seinem Geburtsort Neuchâtel, eine bescheidene Werkstatt mit nur wenigen Angestellten ein. Wir können nur mutmaßen, was die Handwerker vor Ort davon hielten, dass der berühmteste Uhrmacher der Welt vor ihrer Haustür eine konkurrierende Werkstatt eröffnete. Später reiste Breguet nach London, wo er kurz für Georg III. arbeitete. Interessanterweise vollbrachte Breguet im Exil eine seiner größten technischen Leistungen. Knapp an Werkzeugen, aber noch immer besessen von seinem Handwerk, konzentrierte er sich auf mechanische Neuentwicklungen wie eine Vorrichtung, die als *Tourbillon* (französisch für »Wirbel«) bekannt ist. Damit wollte Breguet etwas ausgleichen, das wir als Lagenfehler bezeichnen. Dieser Fehler entsteht durch die Wirkung der Schwerkraft auf das Uhrwerk, wenn es durch die Bewegungen seines Trägers die Lage ändert. Am stärksten macht sich die Abweichung in der empfindlichen, schwingenden Unruh bemerkbar, die zugleich die wichtigste Komponente für die Ganggenauigkeit ist. Breguets Lösung bestand darin, dass er Unruh und Hemmung in einen sich ständig drehenden Käfig setzte, der die Auswirkungen der Schwerkraft aufhob und damit die Genauigkeit der Uhr verbesserte. Diese Erfindung war so wichtig, dass sie auf dem Zifferblatt einer seiner ersten *Tourbillon*-Uhren vermerkt ist, die er an den britischen König Georg III. verkaufte.[12] Für den König wurde das Wort »tourbillon« charmant mit »whirling about regulator« (herumwirbelnder Regulator) übersetzt.

～

6

Nichts wurde bei der Zerschlagung des Ancien Régime verschont, nicht einmal die Zeit an sich. Zeit ist ein aufgeladenes Konstrukt voller Assoziationen, seien sie gesellschaftlicher, politischer, religiöser oder kultureller Natur. Nun lehnte sich die Republik gegen den Gregorianischen Kalender auf (den wir heute noch verwenden), den sie mit der Obrigkeit verknüpfte und als symbolische Erweiterung der alten Ordnung begriff. Unter dem Ancien Régime war Zeit zu einem Sinnbild für Macht und Kontrolle geworden, sie war im Besitz der Müßiggänger und Reichen, auf Kosten der Bedürftigen. Also läutete man eine neue Ära ein, indem man die Zeitmessung umdefinierte. Die junge Republik brauchte einen anderen Kalender mit neuen Monaten, Wochen, Tagen, Stunden und sogar Minuten.

Das mag heute völlig sinnlos erscheinen – denn ob der Tag nun zehn oder vierundzwanzig Stunden hat, ändert nichts daran, wie viele Tage uns beschieden sind. Doch für die Revolutionäre war es ein Akt des Neubeginns. Dieser Versuch, die Zeit als Zeichen einer vollständigen politischen Renaissance zu manipulieren, wurde auch anderenorts unternommen – in Kambodscha erklärten die Roten Khmer das Jahr ihrer Machtübername zum »Jahr Null«, auch wenn es für den Rest der Welt 1975 war. Wie es der jamaikanische Philosoph Charles Wade Mills ausdrückte, spiegelte das Zurücksetzen des historischen Chronometers im französischen Revolutionskalender »den Sieg der Vernunft, des Lichts und der Gleichheit über die Vernunftwidrigkeit und Ungerechtigkeit des Ancien Régime« wider.[13]

Die Dezimalzeit, wie sie genannt wurde, setzte mit der Revolution buchstäblich die Uhr zurück und legte den September 1792 als Beginn des »Jahr I der Republik« fest.[14] Der nunmehrige Kalender war noch immer in zwölf Monate gegliedert, doch jeder Monat war genau dreißig Tage lang, und die restlichen fünf Tage waren einer Reihe von Festen vorbehalten, die das Jahresende kennzeichneten.[15] Jeder der dreißigtägigen Monate war wiederum in drei zehntägige Wochen unterteilt. Die Wochentage wurden umbenannt, ebenso wie die Monate, um die

Jahreszeiten deutlicher zu machen. Im Herbst begann im Oktober *Brumaire*, vom französischen »brume«, was »Nebel« bedeutet, daran schloss im November *Frimaire* an, von »frimas« oder »Raureif«. Die Wintermonate waren *Nivôse*, *Pluviôse* und *Ventôse*, was sich von »Schnee«, »Regen« und »Wind« ableitet. Der Frühling fing im März oder *Germinal* an, dem Monat des Keimens, anschließend kamen *Floréal* (Blume) und *Prairial* (Wiese). Mit dem Übergang zum Sommer setzte Ende Juni *Messidor* ein, vom lateinischen »messis« für »Ernte«, gefolgt von *Thermidor* (warm) und *Fructidor* (Frucht), bevor Ende September das neue Jahr mit dem Herbstmonat *Vendémiaire* oder »Weinlese« eingeläutet wurde.

Indem man die Jahreszeiten mit etwas Greifbarem verband, befreiten die Revolutionäre die Zeit von dem, was sie als Unterdrückung durch Religion und Aberglauben empfanden. Da viele Kalendernamen auf römische Gottheiten zurückgingen (wie der März auf den Kriegsgott Mars und der Juni auf die Göttin Juno, die Gemahlin Jupiters), tilgte das neue System jede Verbindung zu den alten Göttern. Es war ein Kalender, der auf dem Verstand basierte und die Zeit wieder in die Hände des Volkes, der Natur und insbesondere der Landwirtschaft legte. Wenn Ihnen das irgendwie bekannt vorkommt, liegt das daran, dass es verblüffende Parallelen zur ereignisbezogenen Zeitorientierung aufweist, auch wenn stärker Wert auf die strukturierte numerische Einteilung der Tage gelegt wurde.

Die Zeitumstellung veränderte auch das Zifferblatt der Uhr, und zwar im wörtlichen Sinne. Im Dezimalsystem hatte der Tag nur zehn Stunden zu jeweils einhundert Minuten, wobei jede Minute aus einhundert Sekunden bestand. Damit war die Dezimalsekunde kürzer als eine Sekunde nach heutiger Rechnung und entsprach 0,864 Sekunden. Die Uhren mussten sich an diese neue Zeit anpassen, und Exemplare von Dezimaluhren, die in jener kurzen Zeit entstanden, sind erhalten geblieben, darunter auch einige von Breguet. Es sind seltsame, surreal anmutende Artefakte. Es kann einige Augenblicke dauern, bis man begreift, dass ihre Zifferblätter so merkwürdig aussehen, weil sie eine Zehner- anstelle einer Zwölfer-Unterteilung aufweisen.

Eine von Breguets Dezimaluhren, die sich heute in der Frick Collection in New York befindet, stellt sich nicht nur den Herausforderungen der Dezimalzeit, sondern spiegelt auch das Bestreben der Ersten Französischen Republik wider, mit alten Mythen aufzuräumen. Die Zeiger unserer Zwölf-Stunden-Uhren bewegen sich im Uhrzeigersinn, weil wir uns früher auf der Nordhalbkugel am vermeintlichen Lauf der Sonne um die Erde orientierten – obwohl sich die Sonne, wie wir seit Kopernikus (1473–1543) wissen, nicht um die Erde bewegt. Für Breguet musste ein vollständig metrischer Zeitmesser der Vernunft und den Tatsachen Rechnung tragen, und so entwarf er ein Zifferblatt mit zwei Ringen – einer zeigte die zehn Dezimalstunden, der andere die einhundert Dezimalminuten an. Während sich der Uhrzeiger im Uhrzeigersinn bewegt, verschiebt sich der Stundenring alle zehn Dezimalminuten gegen den Uhrzeigersinn, um die, nach heliozentrischem Weltbild, gegen den Uhrzeigersinn stattfindende Erdrotation in mechanischer Form wiederzugeben.

Am Ende erwies sich die Gewohnheit stärker als die Ideologie, und den Dezimaluhren war nur eine geringe Lebensdauer beschieden: Nach weniger als einem Jahr wurden sie abgeschafft. Ab seiner Einführung 1792 bestand der Dezimalkalender vierzehn Jahre, bis er 1806 sein Ende fand und der Gregorianische Kalender wieder Einzug hielt.* Auch Breguet blieb nur kurz im Exil. Seine Ausrede, Paris aus Geschäftsgründen verlassen zu haben, hatte nicht lange Bestand, vor allem, weil die Armee seinen Sohn suchte, um ihn einzuberufen.[16] Als Breguets Reisepapiere abliefen und er nicht zurückgekehrt war, wurde er zum Verräter und Royalisten erklärt, seine Werkstatt am Quai de l'Horloge konfisziert und zum Verkauf angeboten. Nachdem sich die Lage stabilisiert hatte,

---

* Die Maßeinheiten Liter und Meter blieben jedoch erhalten, ebenso wie der französische Franc, der erst am 1. Januar 2002 vom Euro abgelöst wurde.

kehrte Breguet im April 1795 nach Paris zurück. Die Nachfrage nach Zeitmessern für die französische Armee und Marine, aber auch für die Wissenschaft war hoch, der Handel in der Stadt jedoch war fast zum Erliegen gekommen. Die Sterne standen günstig für Breguet. Auch wenn er ein bescheidener Mann war, kannte er seinen Wert, und so verhandelte er nicht nur über die Rückgabe seiner Werkstatt und seines Hauses am Quai de l'Horloge, sondern forderte auch, dass der Staat für seine geschäftlichen Verluste aufkomme. Erstaunlicherweise gab die neue Regierung, mit ein wenig Unterstützung von gut vernetzten Freunden, sein Haus zurück und stattete die Werkstatt auf Staatskosten neu aus. Ein nahezu beispielloser Triumph. Die einzige Bedingung war, dass Breguet innerhalb von drei Monaten wieder einsatzfähig war. Breguet willigte ein – gegen das Versprechen, dass seine Arbeiter vom Militärdienst befreit würden. Damit war die Sache abgemacht.[17]

Nun dehnte er sein Geschäft auf ganz Europa aus. Eine von Breguets genialen Ideen war die Einführung der Subskriptionsuhr. Gegen eine Anzahlung von fünfundzwanzig Prozent konnten Kunden eine zuverlässige, alltägliche, schlichte Uhr bei Breguet in Auftrag geben. Das war noch immer ein Luxus, den sich nur wenige leisten konnten, aber preiswerter als eine Maßanfertigung. Durch die Anzahlung stand Breguet im Voraus Kapital zur Verfügung, sodass er mehrere ähnliche Uhren gleichzeitig in einer kostengünstigeren, seriellen Produktion herstellen konnte, was seine Uhren für einen breiteren Kundenkreis erschwinglich machte. Der Produktionsumfang war nicht annähernd mit dem unserer niederländischen Fälschungen zu vergleichen, doch es war ein wichtiger Schritt. Es gibt nur wenige Beispiele von Uhrmachermeistern in der Geschichte, die, nachdem sie einen solchen Bekanntheitsgrad erlangt hatten, den Preis für ihre Arbeiten senkten statt anhoben. Es war ein äußerst erfolgreiches Geschäftsmodell, und um die Jahrhundertwende fertigte und verkaufte Breguet rund siebenhundert Subskriptionsuhren.

Seine Hauptklientel blieb die Elite – aber eine neue Elite. Während er im Exil für Georg III. gearbeitet hatte, stellte er nun Uhren für die

Bankiers und Beamten der neuen Republik her, aber auch für die Monarchie in ganz Europa, darunter den russischen Zaren Alexander I. Der russische Adel pflegte eine gewisse Vorliebe für Breguet, der sogar in Alexander Puschkins *Eugen Onegin* erwähnt wird:

> Vorerst (…)
> fährt Onegin zum Boulevard
> und schlendert dort ungehindert umher,
> bis seine wachsame Bréguet
> ihm zum Mittagessen läutet.[18]

Breguet war ein ebenso ausgezeichneter Diplomat wie Uhrmacher und schuf Stücke für Freund und Feind gleichermaßen. Ebenso wie er es vollbracht hatte, Hoflieferant und Freund von Marat zu sein, baute er nun Uhren für Napoleon und den Herzog von Wellington. Napoleon war von seiner Arbeit so begeistert, dass er mehrfach inkognito Breguets Manufaktur aufsuchte. Arthur Wellesley, der erste Herzog von Wellington, besaß mehrere Breguet-Uhren, darunter mindestens eine Tastuhr, bei der er die Uhrzeit auf der Gehäuseaußenseite erfühlen konnte. Es ist also durchaus möglich, dass Abraham-Louis Breguet der inoffizielle Zeitnehmer der Schlacht von Waterloo war.

Obwohl er mit den höchstrangigen Mitgliedern der Gesellschaft verkehrte, führte Breguet ein bescheidenes und ruhiges Leben. Man sagte ihm nach, er habe sich bis ins hohe Alter einen »frischen Geist« bewahrt. In den letzten Lebensjahren war er sehr schwerhörig, behielt jedoch sein frohes Gemüt.[19] Breguets letztes Projekt, seine Uhr für Marie-Antoinette, stand weiterhin im Mittelpunkt seines Interesses. Es gibt eine schriftliche Notiz vom August 1832, die belegt, dass die »Uhr der Königin«, einen Monat bevor er im Alter von sechsundsiebzig Jahren starb, noch immer auf seiner Werkbank lag. Er hatte bis zum Schluss daran gearbeitet. Das Stück wurde schließlich von seinem Sohn und Erben, Antoine-Louis, vollendet.

So wie man das 18. Jahrhundert nicht ohne die Französische Revolution betrachten kann – ein politischer Aufstand, der ganz Europa erschütterte –, so kann man auch die Geschichte der Uhr nicht erörtern, ohne Breguet einzubeziehen. Sein schieres Talent und sein politisches Geschick kamen ihm in einer Zeit des ständigen Wandels zugute. Sein Ruf und seine unvergleichlichen Uhren haben die folgenden Jahrhunderte überdauert, und sein Name taucht in der Literatur auf, um Geschmack, Stil und Wohlstand der Figuren zu illustrieren. Er wird zweimal in Alexandre Dumas' *Der Graf von Monte Christo* aufgeführt und namentlich bei Jules Verne und in Thackerays *Jahrmarkt der Eitelkeiten* erwähnt. Für Stendhal waren Breguets Uhren vollkommener als der menschliche Körper: »Breguet konstruierte eine Uhr, die zwanzig Jahre geht, aber jede Woche versagt die elende Maschine, in der wir leben, und bereitet uns Schmerz.«[20] Wohingegen Victor Hugo noch weiterging und in seinem 1865 erschienenen Gedichtband *Les Chansons des rues et des bois* (Lieder von Straßen und Wäldern) schrieb: »Breguet, der mächt'ge Gott«. Ihn als »Gott« zu bezeichnen, ist vielleicht ein bisschen übertrieben, doch Breguets Uhren waren gewiss ein Synonym für Genauigkeit, Nützlichkeit und göttliche Schönheit.

7

Nach der Stechuhr arbeiten

… ein starres Zimmer mit einer grauenhaft-statistischen Uhr,
die jede Sekunde mit einem Schlage verkündete,
der wie das Pochen auf einem Sargdeckel klang …[1]

Charles Dickens, Schwere Zeiten, 1854

Als Craig und ich unsere Werkstatt im Jewellery Quarter bezogen, befand sich nebenan eine Fabrik. Bauträger haben sie inzwischen abreißen lassen, weil sie auf dem Gelände Wohn- und Geschäftseinheiten errichten wollen, aber früher war sie riesig: ausgedehnte, alte viktorianische Gebäude aus rotem Backstein, die im Laufe der Zeit durch Büroblocks aus den 1970er-Jahren und moderne, hangarähnliche Lagerhallen aus Wellblech lieblos miteinander verbunden worden waren. Die Fabrik deckte ein breites Produktionsspektrum ab, von der Herstellung von Bussitzen über Metallumformung in großem Maßstab bis hin zu Feinbearbeitung. Es war laut – ohrenbetäubend laut –, und das immerwährende Brummen der Motoren lieferte die Hintergrundmusik für unsere Werkstatt. Sie wurde so sehr zu einem Teil des Raumklimas, dass wir sie gar nicht mehr wahrnahmen, bis am Ende des Tages alle Maschinen gleichzeitig abgestellt wurden und die Stille uns einen Moment lang überwältigte.

Eine Sirene verkündete den Beginn des Arbeitstages, Anfang und Ende der Mittagspause und das Arbeitszeitende. Als Erstes lauschten wir morgens immer ihrem Klang, der wie das Pfeifen einer Dampfmaschine durch die Gebäude hallte, dann setzte das tiefe, langsame Surren der in Gang gesetzten Motoren und Schwermaschinen ein. Die Arbeitszeit in Fabriken von Sirenen anzeigen zu lassen, war während der industriellen Revolution und darüber hinaus üblich, denn kaum etwas anderes hätte den Lärm der Maschinen übertönen können. Heute kommt uns diese zeitliche Fixiertheit, dass alle auf eine Sirene warten, dann gemeinsam das Werkzeug aus der Hand legen und durch das Tor marschieren, während alle Räder zum Stillstand kommen, ziemlich altmodisch vor. Nun, da wir Mobiltelefone, Fernzugriff auf E-Mails, soziale Medien, Schichtarbeit, virtuelle Meetings und Gleitzeit haben, gibt es nicht mehr viele Unternehmen, die einfach so den Schalter umlegen. Doch das Aufkommen der Stechuhr im Arbeitsleben war für die Arbeiter im Industriezeitalter ein ebensolcher Paradigmenwechsel wie für uns die spätkapitalistische, postpandemische Abkehr vom gemeinsamen Arbeitsplatz durch das Homeoffice. Es hat unser Verständnis davon verändert, wie wir unsere Zeit verbringen wollen.

Vor der Industrialisierung strukturierte man in Großbritannien den Tag und dessen Aktivitäten größtenteils im Einklang mit dem Rhythmus

Fabriken dominierten das Panorama industrialisierter Städte.

der Natur.[2] Die Arbeit in der Landwirtschaft oder auf dem Meer war aufgabenorientiert und jahreszeitenabhängig. Während der zusätzlichen Tageslichtstunden in den Sommermonaten konnte man länger arbeiten, um die aufgrund der späten Morgen- und frühen Abenddämmerung im Winter verlorene Zeit wieder auszugleichen. Bei der Ernte mussten sich die Bauern bis in die späten Abendstunden des Sommers plagen, der dann in die kalten Monate überging, in denen man sich an den kürzeren Tagen der Viehzucht widmen konnte, bis es wieder wärmer wurde und das Feld bestellt werden musste. »Crofter« – auf Nebenerwerb angewiesene Kleinbauern, die Pachtflächen (»crofts«) bewirtschafteten – befassten sich mit Bauarbeiten und deckten Strohdächer, und wenn Stürme sie ins Haus zwangen, fertigten sie Kinderbetten oder gar Särge an (sie kümmerten sich buchstäblich von der Wiege bis zur Bahre um ihre Gemeinschaft). Wenn das Wetter zu schlecht war, um Fische zu fangen, konnten die Fischer ihre Netze flicken und ihre Boote reparieren. Das Leben war hart und unbarmherzig, aber weil man das in Angriff nahm, was gerade notwendig war, ermöglichte diese von der Natur geprägte Arbeitsweise neben arbeitsintensiven Monaten auch solche, die Raum für Entspannung und Freude boten, wenn auch mit einer geringeren Abgrenzung des Arbeitstages. Mehr oder weniger setzt sich das in heutigen landwirtschaftlichen Gemeinden fort.

Dazu stellte das Aufkommen der vorherbestimmbaren, mechanisierten Welt der Fabrik einen völligen Gegensatz dar und katapultierte England von etwa 1760 bis zum Viktorianischen Zeitalter an die Spitze der industriellen Revolution. Dieser Wandel hatte weniger etwas mit einer Umstellung auf Lohnarbeit zu tun – schon im Feudalismus waren »Tagelöhner« gegen ein Entgelt beschäftigt worden – als mit einem strikteren Umgang mit *zeitlich bemessener* Arbeit.[3] Der Arbeitstag wurde nun nicht mehr von Sonnenaufgang und Sonnenuntergang bestimmt. Als sich die Fabrikprozesse entwickelten und die Aufgaben immer spezialisierter wurden, wurde eine präzise Zeiteinteilung entscheidend für die Koordination der Abläufe. Die Arbeiter waren ein weiteres

Rädchen im Getriebe, sie wurden für einen bestimmten Zeitraum beschäftigt und nach Produktivität bemessen. Pünktlichkeit wurde zum Profit.

Stellen Sie sich einmal eine Autoritätsperson aus dem 19. Jahrhundert bis Mitte des 20. Jahrhunderts vor. Vielleicht ist er (fast sicher ist es ein »er«) ein Industrieller, ein Fabrikbesitzer, vielleicht ist er ein Werkstattleiter, er könnte ein Politiker oder ein Gewerkschaftsführer sein. Elegant gekleidet in dunklem Anzug und weißem, bis zum Kragen geknöpftem Hemd. Möglicherweise trägt er einen Zylinder, eine Melone oder sogar eine Schiebermütze. Möglicherweise hat er einen Bart, einen Schnurrbart oder ist glatt rasiert. Mit ziemlicher Sicherheit hat er eine Weste an. Wenn er wohlhabender ist, ist sie womöglich aus Seide und gemustert, oder womöglich ist sie schwer und aus Wolle, praktischer und dezenter.* Eventuell haben Sie einen Mann wie Winston Churchill oder Keir Hardie (Mitbegründer der britischen Labour Party – Anm. d. Ü.) vor Augen. Vielleicht Prinz Albert, Abraham Lincoln oder auch eine Romanfigur wie Arthur Conan Doyles Dr. John Watson oder Harper Lees Atticus Finch. Ob sie nun Neureiche waren oder zum Geldadel gehörten, welchen sozialen Hintergrund sie auch hatten, ob sie Teil der politischen Rechten oder der Linken waren, gibt es etwas, das dem Stil dieser Männer gemein ist. Wenn Sie das nächste Mal eine Fotografie von ihnen sehen oder eine Beschreibung über sie lesen, achten Sie auf die Kette einer Taschenuhr, die am Knopfloch ihrer Westen befestigt ist. (Prinz Albert trug seine Uhr mit solcher Begeisterung auf diese Weise, dass die Kette heute als Albert-Kette bekannt ist.) In jener Zeit der Industrialisierung wurde die Uhr nicht nur zu einem Symbol für den Wohlstand und die Bildung ihres Besitzers, sondern auch für seine strukturierte Einstellung zur Arbeit.

---

* Die Allgegenwart von Westen, selbst bei Männern, die in sengend heißen Goldschmiedewerkstätten körperlich schwere Handarbeit verrichteten, überrascht mich immer wieder.

Eine silberne Taschenuhr an einer Albert-Kette, mit deren Hilfe sie an einer Weste getragen werden konnte.

Obwohl der Puritanismus zur Zeit der industriellen Revolution großteils aus Europa verschwunden war, predigten auch die Industriellen Erlösung durch Fleiß – damit nicht der Teufel Arbeit für müßige Hände finde. Nun ging es jedoch ebenso um Produktivität wie um Erlösung, auch wenn beides oft praktischerweise miteinander vermischt wurde. Denjenigen, die es gewöhnt waren, nach der Uhr zu arbeiten, erschien die Zeiteinteilung der Arbeiter außerhalb der Produktionszentren als nachlässig und unorganisiert und wurde zunehmend mit einer unchristlichen, liederlichen Lebensweise gleichgesetzt. »Zeitsparen«[4] hingegen wurde als Tugend und sogar als Quelle der Gesundheit propagiert. 1757 argumentierte der irische Staatsmann Edmund Burke, es sei »ein Übermaß an Ruhe und Entspannung[, das] verhängnisvoll sein kann und zu Melancholie, Niedergeschlagenheit, Verzweiflung und oft auch zum Selbstmord führt«, wohingegen harte Arbeit »notwendig für die körperliche und geistige Gesundheit« sei.[5]

Der Historiker Edward Palmer Thompson beschrieb in seinem berühmten Essay »Zeit, Arbeitsdisziplin und Industriekapitalismus« poetisch die Rolle der Uhr im Großbritannien des 18. Jahrhunderts als »das kleine Instrument, das den neuen Rhythmus des industriellen Lebens regulierte«.[6] Das ist eine Beschreibung, die mir als Uhrmacherin besonders gefällt, denn ich »reguliere« oft die Uhren, an denen ich arbeite, indem ich die Wirklänge der Spiralfeder anpasse, damit die Uhren mit der richtigen Ganggeschwindigkeit laufen und wiederum uns in unserem Alltagsleben regulieren können. Doch die Uhren der Fabrikbesitzer und -direktoren gaben nicht nur den Takt ihres eigenen, sondern auch den Takt des Lebens ihrer Arbeiter vor.

7

1850 verfasste James Myles, ein Fabrikarbeiter aus Dundee, einen detaillierten Bericht über seinen Arbeitsalltag in einer Spinnerei. James hatte auf dem Land gelebt, bevor er mit seiner Mutter und seinen Geschwistern nach Dundee zog. Kurz zuvor war sein Vater wegen Mordes zu sieben Jahren Haft in der Sträflingskolonie Australien verurteilt worden. James war erst sieben Jahre alt, als er eine Anstellung in einer Fabrik ergatterte, zur großen Erleichterung seiner Mutter, denn die Familie war am Verhungern. Er schildert, wie er eintrat in »den Staub, das Getöse, die Arbeit, das Zischen und Brüllen von einer Person zur anderen«.[7] In einer Spinnerei in der Nähe dauerte der Arbeitstag zwischen siebzehn und neunzehn Stunden, und die Essenszeiten wurden fast vollständig gestrichen, um aus der Arbeitskraft der Menschen das letzte Quäntchen herauszuquetschen. »Frauen wurde aufgetragen, Kartoffeln zu kochen und sie in Körben zu den verschiedenen Wohnungen zu bringen, und die Kinder mussten hastig eine Kartoffel herunterschlingen … Mit den Mahlzeiten, die so zubereitet und gegessen wurden, wie ich es beschrieben habe, mussten sie bis halb zehn und oft auch zehn Uhr abends durchhalten.« Damit die Arbeiter pünktlich in der Fabrik erschienen, schickten die Vorarbeiter Männer los, die sie aufweckten. Myles erzählt, »der wohltuende Schlaf hatte kaum ihre kleinen, schmutzigen Augenlider geschlossen und ihre kindlichen Seelen in barmherziges Vergessen getaucht, als das Klopfen der Leute des Aufsehers an der Tür sie aus der Ruhe riss und die Worte ›Steht auf, es ist vier Uhr‹ sie daran erinnerten, dass sie Fabrikkinder waren, die schutzlosen Opfer monotoner Sklaverei.«

Menschliche Weckuhren, die sogenannten Knocker-Uppers oder Aufwecker, wurden in Industriestädten zu einem alltäglichen Anblick.* Wenn man nicht im Besitz einer Uhr mit Weckfunktion war (damals eine sehr teure Komplikation), konnte man dem Aufwecker der Nach-

* Diese Aufwecker drehten in einigen Städten im Norden Großbritanniens noch bis in die 1970er-Jahre ihre Runden.

barschaft ein kleines Entgelt bezahlen, damit er sich mit einem langen Stock oder gar einem Pusterohr zur vereinbarten Zeit am Schlafzimmerfenster bemerkbar machte. Die Aufwecker versuchten, in einem kurzen, fußläufigen Umkreis so viele Kunden wie möglich zu sammeln, achteten aber auch darauf, nicht zu laut zu klopfen, damit sie die Nachbarn ihrer Kunden nicht kostenlos mitweckten. Ihre Dienste wurden immer gefragter, als die Fabriken zunehmend auf Schichtarbeit umstellten und von den Angestellten unregelmäßige Arbeitszeiten verlangten.[8]

Am Arbeitsplatz wurde der Zugang zu einer Zeitanzeige oft absichtlich eingeschränkt und vom Fabrikbesitzer zuweilen manipuliert. Indem alle sichtbaren Uhren außer denen, die der Fabrik gehörten, entfernt wurden, war die einzige Person, die wusste, wann die Arbeiter angefangen hatten und wie lange sie schon arbeiteten, der Fabrikherr. Und so war es ein Leichtes, die Mittagszeiten und vorgesehenen Pausen zu verkürzen und den Arbeitstag um ein paar Minuten hie und da zu verlängern. Als Uhren erschwinglicher wurden, stellten diejenigen, die sie sich leisten konnten, eine unerwünschte Bedrohung für die Autorität des Fabrikanten dar.

In einem Bericht eines Spinnereiarbeiters aus der Mitte des 19. Jahrhunderts heißt es: »Dort arbeiteten wir im Sommer, solange wir sehen konnten, und ich könnte nicht sagen, um wie viel Uhr wir aufhörten. Nur der Meister und sein Sohn hatten eine Uhr, wir dagegen kannten die genaue Tageszeit nicht. Einer der Männer besaß eine Uhr … Sie wurde ihm weggenommen und dem Meister in Verwahrung gegeben, weil er den anderen die Uhrzeit gesagt hatte …«[9]

James Myles erzählt eine ähnliche Geschichte: »In Wirklichkeit hatten wir keine regelmäßige Arbeitszeit: Meister und Betriebsleiter machten mit uns, was sie wollten. Die Uhren in der Fabrik wurden oft morgens vor- und abends nachgestellt, und anstatt Instrumente der Zeitmessung zu sein, wurden sie zum Deckmantel für Betrug und Unterdrückung. Obwohl dies unter den Arbeitern bekannt war, wagten sie nicht, etwas zu sagen; jeder scheute sich, eine Uhr zu tragen, denn es war nicht ungewöhnlich, dass einer entlassen wurde, der sich anmaßte, zu viel von der Wissenschaft der Uhrzeit zu verstehen.«[10]

Zeit war eine Form der sozialen Kontrolle. Der Arbeitsbeginn in der Morgendämmerung oder sogar noch früher galt als wirksames Mittel, um schlechtes Benehmen unter den Arbeitern zu verhindern und ihnen dabei zu helfen, produktive Mitglieder der Gesellschaft zu werden. Wie ein Industrieller ausführte: »Frühes Aufstehen würde die Armen zwingen, rechtzeitig schlafen zu gehen, und die Gefahr mitternächtlicher Gelage verhindern.«[11] Und die Armen an die zeitliche Überwachung zu gewöhnen, konnte nicht früh genug beginnen. Selbst das anarchische Gegenwartsgefühl von Kindern sollte gezügelt und in ein Zeitschema hineingepresst werden. 1770 hatte sich der englische Geistliche William Temple dafür ausgesprochen, alle armen Kinder ab dem Alter von vier Jahren in Arbeitshäuser zu schicken, wo sie täglich auch zwei Stunden Schulunterricht erhalten sollten.[12] Er glaubte, es sei

> … sehr nützlich, dass sie auf irgendwelche Art ständig beschäftigt werden, wenigstens zwölf Stunden am Tag, ob sie damit nun ihren Unterhalt verdienen oder nicht; denn wir hoffen, dass sich auf diese Weise die heranwachsende Generation so sehr an ständige Beschäftigung gewöhnen wird, dass sie diese zuletzt als angenehm und unterhaltend empfindet …[13]

Denn wir wissen ja alle, wie unterhaltsam die meisten Vierjährigen zehn Stunden schwere Arbeit, gefolgt von zwei weiteren Stunden Schulunterricht, finden würden. Im Jahr 1772 ergänzte ein anonymer Autor in einem Essay, der als Pamphlet mit dem Titel »A View of Real Grievances« (Ein Blick auf die tatsächlichen Missstände) verbreitet wurde, diese Erziehung zu den »Gepflogenheiten der Industrie« würde dafür sorgen, dass einem Kind schon mit sechs oder sieben Jahren »Arbeit und Anstrengung zur Gewohnheit, wenn nicht zur zweiten Natur werden«.[14] Für Leser mit kleinen Kindern, die nach weiteren Ratschlägen suchten, nannte der Autor Beispiele von Arbeiten, die für Kinder »ihres Alters und ihrer Kraft« am geeignetsten seien, allen voran die Feldarbeit und der Dienst auf See. Zu den angemessenen Beschäftigungen gehörten Graben, Pflügen, Heckenpflege, Holzhacken und das Tragen schwerer Lasten. Was könnte es schaden, einem Sechsjährigen eine Axt in die Hand zu drücken oder ihn zur Marine zu schicken?

In Form der sogenannten *Christchurch Fusee Chain Gang* (Schneckenkettenmeute von Christchurch) hatte die Uhrenindustrie einen eigenen Zweig, der durch ausbeuterische Kinderarbeit bestritten wurde.[15] Als die Napoleonischen Kriege zu Problemen bei der Zulieferung der Ketten für die Schnecke im Uhrwerk führten, die zum größten Teil aus der Schweiz stammten, witterte ein geschäftstüchtiger Uhrmacher von der Südküste Englands namens Robert Harvey Cox seine Chance. Die Herstellung dieses Bauteils ist nicht kompliziert, aber eine ziemliche Fummelei. Es ist ähnlich wie eine Fahrradkette aufgebaut, aber nicht viel dicker als ein Pferdehaar, und besteht aus Gliedern, die von Hand gestanzt und vernietet werden müssen. Um einen Abschnitt von der Länge einer Fingerkuppe zu fertigen, sind fünfundsiebzig oder mehr einzelne Glieder und Niete erforderlich; die ganze Kette kann so lang wie eine Hand sein. In einem Uhrmacherbuch wird das als »schlimmste Aufgabe der Welt« bezeichnet. Cox sah darin jedoch eine perfekte Arbeit für kleine Kinderhände, und als das Christchurch and Bournemouth Union Workhouse 1764 in seiner Nähe eröffnet wurde, wo die Armen der Stadt Unterschlupf fanden, wusste er, wo er suchen musste. Zu Hochzeiten beschäftigte Cox' Fabrik vierzig bis fünfzig Kinder, von denen einige erst neun Jahre alt waren, vorgeblich, damit sie niemandem auf der Tasche lagen. Ihr Lohn, manchmal weniger als ein Schilling pro Woche (heute etwa drei Pfund), wurde direkt ans Armenhaus ausgezahlt. Die Tage waren lang, und obwohl ihnen offensichtlich eine Art Vergrößerungsgerät zur Verfügung stand, konnte die Arbeit zu Kopfschmerzen und einer bleibenden Beeinträchtigung des Sehvermögens führen. Andere folgten Cox' Beispiel, und Christchurch, eine ansonsten unbedeutende Marktstadt an der Südküste, war bis zum Ausbruch des Ersten Weltkrieges im Jahr 1914 der führende Hersteller solcher Ketten in Großbritannien.

Die industriellen Arbeitsbedingungen richteten in der mittellosen Arbeiterklasse wahrhaft Schaden an. Die Kombination aus langen Arbeitszeiten in oft gefährlichen und stark verschmutzten Umgebungen, gepaart mit Krankheiten und Unterernährung, welche die bittere Armut verursachte, war verheerend. Die Lebenserwartung in einigen der industriellen Ballungszentren war unglaublich niedrig. Eine Volkszählung von 1841 in Dudley in der Region Black Country in den West Midlands ergab, dass sie dort durchschnittlich bei nur sechzehn Jahren und sieben Monaten lag.

Wie viele von uns, die den Sonntagabend-Blues nur allzu gut kennen, bestätigen können, bestimmt der Rhythmus der Arbeitswoche die Zeitwahrnehmung der Menschen, ob sie nun arbeiten oder nicht. Das 1937 durchgeführte Worktown Project, eine wegweisende Studie über das Leben in der Stadt Bolton in Lancashire, ergab, dass die Arbeiter dem Ende der arbeitsfreien Zeit ebenso »ängstlich entgegenblickten«, wie sie sich auf das Ende der Arbeitswoche freuten. »Die Arbeiter antizipierten immer das Ende eines vorgeschriebenen Zeitraums«, wurde festgestellt, und konnten selbst im Sommerurlaub »der Zeit … nicht entfliehen«.*

1954 wetterte der Dichter Philip Larkin: »Warum muss die hässliche Kröte Arbeit / Auf meinem Leben hocken …«[16] Wie Larkin bin ich nie eine glückliche Angestellte gewesen. Im Gegensatz zu den Fabrikarbeitern hatte ich zwar die Freiheit, mich meinen Leidenschaften zu

* Ein Großteil der Untersuchungen wurde in einem Pub durchgeführt, wo, wie man herausfand, die Arbeiter an Freitagen und Samstagen schneller tranken – ein Merkmal, das nicht nur darauf zurückgeführt wurde, dass freitags Zahltag war, sondern auch auf den Wunsch, die Freizeit bis zum Äußersten auszukosten.

widmen, und bin im Laufe meines Berufslebens von klugen und großzügigen Menschen unterstützt worden. Aber es gab auch schwierige Momente. Die Wahrheit ist, dass ich es immer anstrengend fand, für andere zu arbeiten. Selbst wenn die Aufgaben an sich nicht aufreibend oder monoton waren, kämpfte ich mit den für mich unverständlichen Verhaltenscodes und Übereinkünften meines Arbeitsplatzes – sei es die Anforderung, als hübsch anzusehende Unterhaltung für Uhrensammler in einem hochkarätigen Auktionshaus in Erscheinung zu treten oder mit den unausgesprochenen Umgangsregeln der reichsten Menschen der Welt zurande zu kommen. Aber mehr noch war es das Gefühl, sich anderen *unter*ordnen zu müssen – das Empfinden, dass diese Menschen Macht über meine Zeit hatten, auch wenn sie sich dessen nicht bewusst waren. Schlechtes Management und ständig wechselnde Zielvorgaben führten dazu, dass die Arbeit an sich und die damit verbundenen Sorgen bald auch mein Privatleben in Beschlag nahmen. Es fühlte sich so an, als könnte ich nicht mehr selbst über meine Zeit bestimmen, und das brachte mich an die Grenze der Belastbarkeit.

2012 wachte ich eines Morgens auf und brach in Tränen aus. Ich zitterte, konnte nicht atmen, konnte nicht sprechen, konnte mich nicht bewegen. Es war, als würde jemand mein Herz in seiner Faust zerquetschen. Das war meine erste Panikattacke. Ich wusste, dass ich so nicht mehr weitermachen konnte. Ich war eine Anomalie in der Uhrmacherwelt, eine Außenseiterin, die nirgendwo hineinpasste, und dass ich es dennoch versuchte, machte mich kaputt. Ich wurde wegen psychischer Belastung krankgeschrieben. Craig konnte es nicht ertragen, mich in diesem Zustand zu sehen, und sagte mir, es sei an der Zeit, zu kündigen. Doch er wollte auch nicht, dass ich alles einfach hinwerfe, sondern hatte eine andere Idee. Er war schon einmal selbstständig gewesen, und daher war es für ihn vielleicht gar nicht so ein Riesenschritt, als er vorschlug, einen Kredit aufzunehmen und unser eigenes Ding zu machen. Unsere eigenen Chefs zu sein. Davon war ich sofort angetan, denn es war eine Möglichkeit, die Gestaltung meines Tages nicht mehr in die

Hände anderer zu legen, sondern nach meiner eigenen »Logik des Notwendigen«[17] zu handeln, wie Thompson es ausdrückte.

Die Geschäftsgründung war meine Art, Arbeits- und Privatleben miteinander zu verbinden. Diese Kombination ist nicht immer einfach, muss ich zugeben. Alle Kleinunternehmen sind eigentlich nur eine Erweiterung ihrer Inhaber, was es schwierig bis unmöglich macht, sie von der Privatsphäre abzugrenzen – insbesondere wenn man mit seiner besseren Hälfte zusammenarbeitet. Es war eines der schwierigsten Unterfangen, das ich je in Angriff genommen habe, und es hat uns mehrfach fast alles gekostet. Aber nichts hat meiner Gesundheit mehr geschadet, als mich den Launen anderer zu unterwerfen. Ich habe gelernt, wenn es hart auf hart kommt, muss ich mir meine Zeit selbst einteilen können.

~

Die Kontrolle über die Zeit spielte eine grundlegende Rolle bei der Herausbildung des Imperialismus. Auch heute noch leben wir nach einer christlichen Zeitrechnung, ob wir nun religiös sind oder nicht. Das Jahr, in dem Sie dieses Buch lesen, ist von der Geburt Jesu Christi an gezählt und als A. D. (Anno Domini, »im Jahr des Herrn«) definiert worden. Die Kolonialisten zwangen den Völkern, die sie eroberten, dieses christliche Zeitkonzept auf und wollten damit den Tagesablauf regeln, so, wie die ersten Ordensgemeinschaften einst die Menschen mit dem Glockengeläut der Kirchturmuhr zum Gebet gerufen hatten.[18]

Der Anthropologe Edward T. Hall prägte Ende der 1950er-Jahre den Begriff »Chronemik« für das Studium der Zeitwahrnehmung verschiedener Kulturen. Hall zufolge sind die westlichen Länder, insbesondere die Vereinigten Staaten von Amerika und der nördliche Teil Europas, mehrheitlich »monochrone« Gesellschaften, die durch Aufgabenorientierung und lineare Prozesse gekennzeichnet sind. Sie legen Wert auf Pünktlichkeit und die Einhaltung von Fristen, sind zukunftsorientiert und warten nicht gern. Sie sind individualistisch. »Polychrone« Kulturen hingegen, wie die in Asien, Lateinamerika, Subsahara-Afrika oder Nahost, neigen zum Multitasking, sind eher beziehungs- als aufgabenorientiert und auf die Gegenwart oder gar die Vergangenheit ausgerichtet (beispielsweise Indien, China oder Ägypten). Mitunter haben sie gar kein Wort für »warten« (wie in der Sprache der Sioux). Trifft eine monochrone Gesellschaft auf eine polychrone, resultieren daraus häufig kulturelle Konflikte. Diese Verschiedenheit zeigt sich sogar in der Art, wie wir einander begrüßen: Während eine britische oder US-amerikanische Person vielleicht einfach »Hi, wie geht's?« sagt, erkundigt sich eine mongolische Person möglicherweise zehn Minuten lang nach dem Befinden der Familie und danach, wie man letzte Nacht geschlafen habe. In jüngerer Zeit hat die Globalisierung die Unterschiede zwischen nationalen Verhaltensweisen verwischt, denn Smartphones machen uns alle zu schnell tippenden, schnell redenden Multitaskern. Aber zweifelsohne befeuerte diese Andersartigkeit in vergangenen Jahrhunderten rassistische Klischees und Vorurteile.

Die Kolonisatoren in den USA betrachteten die indigene Bevölkerung als »Wilde«. Ein wichtiger Grund für diese Einschätzung war, dass die Arbeitsweise der Ureinwohner noch immer eng mit der Natur verbunden war und sie nicht bereit oder in der Lage zu sein schienen, das westliche Zeitsystem zu übernehmen. Sie »verstießen hartnäckig gegen das göttliche Gebot, sich die Welt zu eigen zu machen, indem sie ihre Arbeit mit der Natur vermischten«.[19] Das geschah überall in der Welt. Im 19. Jahrhundert betrachteten westliche Beobachter den mexikanischen Grubenarbeiter als »träge und kindlich« und attestierten ihm einen »Mangel an Initiative, die Unfähigkeit, zu sparen, wiederholtes Fehlen wegen zu begehender Feiertage, Beschränkung der Arbeit auf drei oder vier Tage pro Woche, wenn er damit seine Bedürfnisse befriedigen konnte, Maßlosigkeit im Alkoholgenuss – all dies wurde als Beweis einer natürlichen Minderwertigkeit angeführt«.[20] Vom Verlangen nach Alkohol einmal abgesehen, könnte man in einer Zeit, in der vielen von uns ein ausgewogenes Verhältnis zwischen Berufs- und Privatleben völlig abhandengekommen ist, argumentieren, dass unsere mexikanischen Grubenarbeiter des 19. Jahrhunderts diejenigen waren, die ihren Verstand beisammenhatten. Ähnliche Berichte finden sich über Menschen aus Afrika, Nahost und protestantisch regierten, ehemals katholischen Nationen wie Irland.

Es war eine weiße, männliche, europäische Zeit, die jene begünstigte, die die Mittel zur Aufteilung der Zeit bestimmten, zu Lasten derer, die nun ihrer Kontrolle unterlagen. Die europäische Zeitkultur an die Spitze unserer sozialen Entwicklung zu stellen, ließ den Schluss zu, dass alle »anderen« in ihrer Entwicklung »hinterherhinkten«. In der Wissenschaft wird das als »temporal othering« (zeitliches Abgrenzen) bezeichnet. In den Worten von Andrew Hom, der auf dem Gebiet der internationalen Beziehungen forscht, bedeutete das, dass die angloeuropäischen Zeitwerte als »reif, erwachsen und zukunftsweisend, andere Kulturen hingegen als unreif, kindlich und rückständig« wahrgenommen wurden. Diese Art von Stereotypen stützte fortan den westlichen Kolonialismus in seinem Bemühen, die Welt nach seinem Bild zu formen.[21]

Jeglicher Widerstand derer, die unter die Herrschaft des neuen Industriezeitalters gerieten, wurde bestenfalls mit Entlassung und schlimmstenfalls mit Gewalt beantwortet. Die dominierende Botschaft war, dass diejenigen, die nicht in der Lage waren, sich ab dem Alter von vier Jahren zwölf Stunden am Tag, sechs Tage in der Woche unter oft extrem gefährlichen und unvorstellbar misslichen Bedingungen zu schinden, damit ihre »natürliche Minderwertigkeit«[22] bewiesen. Dass die vergnügungssüchtigen, wohlhabenden Herren und Industriellen nicht geneigt waren, auf die gleiche Weise zu arbeiten, versteht sich selbstredend.[23]

~

Der Lebombo-Knochen ist etwa 44 000 Jahre alt und wurde aus einem fingergroßen Stück des Wadenbeins eines Pavians geschnitzt. Er gilt als frühester potenzieller Zeitmesser, der bisher entdeckt wurde. Die dreißig Abschnitte, die durch neunundzwanzig Kerben unterteilt sind, entsprechen im Durchschnitt einem Mondmonat. Das in der südafrikanischen *Border Cave* gefundene Artefakt ist ein eindeutiger Beleg eines Rechenmittels. Die Abnutzungserscheinungen deuten darauf hin, dass das Objekt in regelmäßigem Gebrauch war.

Das Uhrwerk einer kleinen Dosenuhr, die zwischen 1525 und 1550 in Deutschland hergestellt wurde. Die Identität ihres Erbauers ist nicht bekannt, denn es war zu jener Zeit nicht ungewöhnlich, dass die Uhrmacher ihre Arbeiten nicht signierten. Die aus Eisen bestehende Uhr wurde vermutlich von einem Schlosser oder Waffenschmied gebaut, die beide über ähnliche Fertigkeiten wie ein Uhrmacher verfügten. Diese Tischuhren sind die Vorläufer der Taschenuhren, denn sie waren tragbar und so klein, dass man sie in der Hand halten konnte.

Das Uhrwerk steckt in einem vergoldeten und gravierten, dosenförmigen Gehäuse mit einem Durchmesser von knapp sieben Zentimetern und einer Höhe von weniger als fünf Zentimetern. Durch die Stundenmarkierung in Form erhabener Perlen konnte die Uhrzeit im Dunkeln ertastet werden. Die Uhr hat nur einen Stundenzeiger. Das könnte zum einen daran liegen, dass die Kleinuhren jener Zeit nicht so präzise waren, dass sie einen Minuten- oder Sekundenzeiger erfordert hätten. Zum anderen deutet es darauf hin, dass eine genauere Zeiteinteilung für typische damalige Besitzer nicht von Bedeutung war.

Formuhren, die so genannt wurden, weil sie buchstäblich die Form eines anderen Objekts nachbildeten, waren Mitte des 17. Jahrhunderts gefragt. Dieses Exemplar – ein kleiner silberner Löwe, der in der Handfläch Platz fand – wurde um 1635 in Genf von dem Uhrmacher Jean-Baptiste Duboule gefertigt. Der Bauch des Löwen ist aufklappbar, sodass man die Uhrzeit auf dem darunterliegenden Zifferblatt ablesen kann. Da Genf im 17. Jahrhundert ein calvinistischer Staat war und Ziergegenstände wie dieser verboten waren, war die Uhr wohl für den Export bestimmt, vermutlich ins Osmanische Reich.

Das Uhrwerk befindet sich im Körper des Löwen und kann bei geöffnetem Deckel ausgeschwenkt werden. Die Platinen sind aus vergoldetem, graviertem Messing. Einige Stahlteile sind gebläut worden (eine Wärmebehandlung, die durch Oxidation zur Änderung der Oberflächenfarbe führt). Diese Veredelungstechnik wird auch heute noch eingesetzt.

Ein Uhrwerk aus der Zeit um 1770, das unter dem Pseudonym »John Wilter« vorgeblich in London hergestellt wurde. Wilter wurde zu meiner Obsession, nachdem ich in einem Auktionshaus auf eine seiner Uhren gestoßen war. Es gibt keine Beweise dafür, dass ein Uhrmacher dieses Namens jemals existierte, und der Stil ist nicht typisch für eine Londoner Uhr. Die sogenannten Dutch forgeries (niederländische Fälschungen) sollten die Dynamik des Uhrengewerbes nachhaltig verändern und waren der erste Schritt auf dem Weg, Uhren für alle erschwinglich zu machen.

Repoussé-Gehäuse wie diese waren Mitte bis Ende des 18. Jahrhunderts äußerst gefragt. Die Oberfläche wurde zu einem dreidimensionalen Relief gestanzt oder getrieben, das dann graviert wurde, üblicherweise mit Szenen aus der Antike oder der Bibel. Diese Technik war für das Außengehäuse doppelgehäusiger Uhren geeignet, deren inneres Gehäuse das Uhrwerk beherbergte und durch das äußere geschützt wurde.

Auch »Tarts, London« war ein berüchtigter fiktiver Uhrmachername, der sich auf Fälschungen aus dem 18. Jahrhundert fand. Das ist die Vorderseite des zuvor abgebildeten Repoussé-Gehäuses. Das Zifferblatt ist mit Arkaden versehen (mit Bögen verzierter Minutenring), ein Stilelement, das bei niederländischen Uhrmachern beliebt war. Am Gehäuse ist eine Chatelaine angebracht, eine Kette, mit der man die Uhr am Hosenbund befestigen konnte.

Ein frühes Beispiel einer Uhr mit Automatikaufzug von Abraham-Louis Breguet, die 1783 in Paris gefertigt wurde. Breguet gilt als einer der größten Uhrmacher aller Zeiten, und viele seiner Erfindungen kommen heute noch in Uhren zum Einsatz. Seine »Perpétuelle« war eine der ersten Uhren, die sich selbstständig durch die Bewegungen ihres Trägers aufzog. Die retrograde Anzeige links oben gibt die Gangreserve (verbleibende Zeit bis zum Stillstand) in Stunden an.

Das schildförmige Gewicht schwingt hin und her, während sich der Träger bewegt, und setzt eine Reihe von Rädern in Gang, die die Feder aufziehen und die Uhr antreiben. Zudem stattete Breguet die Uhr mit einer weiteren seiner Erfindungen aus: Ein Federband aus Stahl, so fein gestimmt wie eine Klaviersaite, ist um das Uhrwerk gewickelt, und Hämmer schlagen daran die Viertelstunden und Stunden an. Breguets Tonfedern lösten die bis dahin verwendete Glocke im Gehäuse ab, sodass die Repetieruhren viel flacher wurden, wie es der Mode der damaligen Zeit entsprach.

Diese Weckertaschenuhr gehörte dem Polarforscher Kapitän Robert Falcon Scott, der als »Scott of the Antarctic« (Scott der Antarktis) bekannt wurde. Sie begleitete ihn auf seiner unglückseligen Terra-Nova-Expedition (1910–1913) zum Südpol und wurde an Scotts Leichnam gefunden. Scott wurde nebe seinen Gefährten Edward Adrian Wilson und Henry Robertson Bowers von einem Suchtrupp entdeckt, acht Monate nachdem die Männer den Elementen erlegen waren. Diese Uhr wurde zusammen mit Aufzeichnungen und anderen persönlichen Gegenständen geborgen und nach Großbritannien überführt.

Die Rolex-Rebberg ist ein frühes Uhrwerk, das um 1920 in der Rebberg-Manufaktur für die Rolex Watch Company gebaut wurde. Es kam zum Einsatz, bevor Rolex mit der Herstellung eigener Uhrwerke begann. Solche Uhren gehören zu den alten Stücken, die wir am liebsten restaurieren. Obwohl man die Komponenten größtenteils maschinell produzierte, wurden die Uhren von Hand montiert und veredelt, wodurch leichte Abweichungen entstanden, wie sie in den seriell und maschinell gefertigten Uhren von heute nicht mehr vorkommen.

Eine unserer bevorzugten und seltensten frühen Rolex-Rebberg-Uhren, die wir je zu Gesicht bekamen, war gleichzeitig auch eines der ersten Patente von Wilsdorf: eine Taschenuhr mit nur einer Öse, die mit einem Band an der Tracht einer Krankenschwester befestigt wurde. Sie stammt aus der Zeit um 1924. Die Geräte auf beiden Seiten sind Spiralabzählmaschinen oder Schwingungsregulierer, mithilfe derer wir die Spiralfeder anpassen, um den Gang einer mechanischen Uhr zu regulieren.

Ein Fingerabdruck aus der Zeit um 1780, der ins Gegenemail eines Zifferblatts eingebrannt wurde. Mit dem Gegenemail auf der Rückseite des Stücks soll verhindert werden, dass sich das Zifferblatt verzieht, wenn die sichtbare Emailverzierung auf der Vorderseite aufgetragen wird. Der Fingerabdruck war nicht beabsichtigt, und es ist höchst unwahrscheinlich, dass die Person, die ihn hinterließ, ahnte, wie einzigartig un besonders er für uns heute sein würde. Mit großer Sicherheit handelte es sich um ein Versehen. Das Emaillieren von Zifferblättern ist ein eigenes Gewerk der Uhrmacherei. Dieses Zifferblatt wurde von James Wilson beauftragt, einem Uhrmacher in der Londoner King Street. Sein Name ist mit Tinte auf der Rückseite des Zifferblatts vermerkt, so, wie ein Schneider einen Maßanzug vielleicht mit dem Namen des Auftraggebers versieht, um ihn auf der Kleiderstange ausfindig machen zu können.

Zeit ist eine Ware – sie ist etwas, das wir besitzen und verkaufen können. Jeder Beruf, den wir ausüben, ist eine Transaktion – wir verkaufen (oder leasen vielleicht) einen Teil unserer Zeit an unseren Arbeitgeber. Wenn ein Arbeitgeber versucht, unsere Zeit zu nutzen, ohne dafür zu bezahlen, fühlen wir uns zu Recht betrogen. Im Extremfall kann diese Regelung zur Versklavung führen und uns unseres grundlegenden Menschenrechts auf Freiheit berauben.

Die 1824 in Großbritannien legalisierten Gewerkschaften erkannten, dass Zeit das Herzstück der Arbeiterrechte ist. Erste Früchte trug ihr Kampf mit dem Factories Act (Fabrikgesetz) von 1847, in dem die Arbeitszeit von Frauen und Kindern auf zehn Stunden pro Tag begrenzt wurde und sich damit den Anforderungen der »drei Achten« annäherte – acht Stunden Arbeit, acht Stunden Freizeit, acht Stunden Ruhe (eine Beschreibung, die mich an die Kerzenuhren von König Alfred denken lässt).* Der nächste Erfolg der Gewerkschaftsbewegung war der Factory Act von 1850, der empfahl (noch immer war es letztlich eine Entscheidung des Fabrikherrn), dass die Arbeit am Samstag um vierzehn Uhr enden sollte, was die moderne Vorstellung des Wochenendes einläutete.

Früher war es Brauch gewesen, dass sich die Arbeiter selbst von der Arbeit befreiten und einen »Blauen Montag« nahmen, einen inoffiziellen Ruhetag, um den Rausch von Samstag- und Sonntagnacht auszuschlafen. Als Überbleibsel aus der Zeit, als die Handwerker sechs Tage die Woche von Montag bis Samstag arbeiteten, blieb der »Blaue Montag« bis in die 1870er- und 1880er-Jahre hinein bestehen, sehr zum Missfallen der Fabrikanten. 1842 überzeugte die Early Closing Association mit Unterstützung von Abstinenzvereinen die Arbeitgeber, dass die Fehlzeiten sinken und die Produktivität steigen würden, wenn sie

---

* Der Holidays with Pay Act (Gesetz zum bezahlen Urlaub) von 1938 markierte den Moment, ab dem die Menschen Urlaub machen konnten, ohne sich unbezahlt freistellen lassen zu müssen. Erst 1998 wurde im Vereinigten Königreich das Recht auf eine Achtundvierzig-Stunden-Woche gesetzlich verankert.

den Arbeitern gestatteten, samstags früher Feierabend zu machen. Das wurde als Nachmittag für gesunde Vergnügungen und »vernünftige Erholung« beworben – etwa ein Spaziergang in der Natur, Gartenarbeit oder andere Beschäftigungen, die Tageslicht erforderten – und kurbelte die aufkeimende Freizeitindustrie an. Theater und Varietés, die vorher an Montagen ihr Publikum empfangen hatten, öffneten nun auch samstags ihre Tore, und Fußballvereine, die ursprünglich von Kirchen gegründet worden waren, damit die Arbeiter nicht zu früh die Bierschenken heimsuchten, trugen jetzt ihre Spiele am Samstagnachmittag aus.*

Der Ausbau des Schienennetzes ließ die Beliebtheit von Tagesausflügen explosionsartig ansteigen. Mit dem Aufkommen der Dampflokomotive verkürzten sich die Reisezeiten drastisch, und Tagesausflügler konnten weiter und schneller reisen, sodass nun Abenteuer unter freiem Himmel, von Picknicks und Wanderungen bis hin zu Bootsfahrten und Zirkusbesuchen, möglich waren. Seit Ärzte ein Jahrhundert zuvor im Georgianischen Zeitalter erstmals die ganzheitlichen Vorzüge von Salzwasser und frischer Seeluft gepriesen hatten, waren Aufenthalte am Meer zur Förderung des Wohlbefindens in Mode, und in den Strandfluchten des Viktorianischen Zeitalters erlebten sie nun ihren Höhepunkt. Ende des 19. Jahrhunderts wimmelte es an den gefragten Strandpromenaden in Städten wie Brighton und Blackpool von Touristen aus zunehmend unterschiedlichen Gesellschaftsschichten.

~

* Das Viktorianische Zeitalter erlebte die Geburt des organisierten Sports. Die Rugby-Regeln wurden 1845 veröffentlicht, die Fußballregeln 1863. Zugreisen ermöglichten es lokalen Cricket-, Rugby- und Fußballmannschaften, zu Auswärtsspielen zu fahren, sodass sich größere nationale Wettbewerbe wie der FA Cup (1871) herausbilden konnten. Und nicht nur die Mannschaften wurden mobil, sondern auch die Zuschauer. Altehrwürdige Sportstätten wie die Pferderennbahn in Epsom erlebten einen Besucheransturm, denn die Menschen konnten nun quer durch das Land reisen, um die Rennen zu verfolgen.

Für die Frauen aus der Arbeiterklasse gab es keine »Freizeit«. Ein typischer Arbeitstag von zehn bis zwölf Stunden war erst der Anfang für Mütter und Ehefrauen, von denen man erwartete, dass sie weiterschufteten und sich um ihre Familie kümmerten, wenn sie abends heimkamen. Bereits 1739 klagte Mary Collier, eine Wäscherin aus Hampshire:

… Wenn wir nach Hause gekommen
Ach! Unsere Arbeit hat erst begonnen
So viele Dinge gibt es zu tun
Hätten wir zehn Hände, sie würden nicht ruh'n
Wenn unsere Kinder zu Bette gebracht
Bereiten wir dein Abendmahl mit Bedacht
Du isst und legst dich, ohne Sorgen
Zur Ruhe bis zum nächsten Morgen
Während wir, o Jammer, den Schlaf nicht finden
Weil die trotzigen Kinder sich schreiend winden …
Wir lesen Erbsen, und ohne zu klagen
Bei allen Lasten unseren Anteil wir tragen
Und wenn die Ernte ins Hause steht
Das Korn geschnitten, die Wiese gemäht
Ist unsere Müh' und Plag' so verzehrend
Dass wir keine Zeit zum Träumen entbehren.[24]

Eine ähnliche schottische Ballade aus dem 18. Jahrhundert mit dem Titel »Answer to Nae Luck about the House« erzählt die Geschichte von einem Mann namens John, der die Haushaltspflichten seiner Frau übernimmt, weil er denkt, sie seien einfacher – nur um dann festzustellen, wie schwer ihre Arbeit eigentlich ist. Als seine Frau endlich nach Hause kommt, ist er sehr erleichtert.[25]

Es war nicht nur so, dass Frauen mehr zu tun hatten, oft zusätzlich zu ihrer täglichen Lohnarbeit (viele Frauen aus der Arbeiterklasse waren im Viktorianischen Zeitalter gezwungen, nach der Geburt eines

Kindes so schnell wie möglich wieder Geld zu verdienen), sondern ihre Pflichten im Haushalt waren auch nicht so linear und ergebnisorientiert strukturiert wie die Anforderungen in der Fabrik. Wie die meisten von uns nur allzu gut wissen, ist die Hausarbeit – Waschen, Kochen, Putzen – eine Sisyphosarbeit, die nie fertig wird. Wenn eine Mahlzeit zubereitet, verspeist und abgeräumt ist, steht einfach die nächste auf dem Plan.

Selbst heute noch durchkreuzen die mit der Kindererziehung verbundenen Aufgaben und Pflichten unsere kapitalistische Vorstellung von Produktivität. Frischgebackene Eltern, die zu Hause arbeiten, müssen sich daran gewöhnen, dass sie, wie es die Psychotherapeutin Naomi Stadlen ausdrückt, »sofort für Unterbrechungen parat«[26] sein müssen, und ihr Ziel, irgendetwas einmal zu Ende zu bringen, durch die lautstarken Forderungen ihres Nachwuchses unweigerlich vereitelt wird. Die Aufgabe, ein Kind großzuziehen, vollzieht sich dennoch unmerklich in einer endlosen Abfolge von Mahlzeiten, Gute-Nacht-Geschichten und Kuschelstunden (und späteren Diskussionen über die Bildschirmzeit). Die Zeit verstreicht erst langsam, im Kleinkindtempo, wenn man alle paar Schritte anhält und die Ameisen betrachtet, die sich an einer Mauer am Gehwegrand tummeln, und dann immer schneller, wenn wir aufblicken und feststellen, dass plötzlich ein behaarter Teenager vor uns steht.

Warum scheint sich die Zeit zu beschleunigen, wenn wir älter werden? Obwohl Eltern bei ihren kleinen Kindern große Veränderungen wahrnehmen, bleiben sie selbst relativ statisch.* Wir neigen dazu, etwas Neues lebhafter in Erinnerung zu behalten, und empfinden es zeitlich als »langsamer«. Außerdem nehmen wir instinktiv die Deutlichkeit einer Erinnerung als Anzeichen dafür, wie aktuell sie ist. Der Psychologe

---

* Eine aktuelle Studie von Forschenden des Instituts für Grenzgebiete der Psychologie und Psychohygiene in Freiburg i. Br. und der Universität Genf hat ergeben, dass Eltern im Vergleich zu kinderlosen Menschen eine beschleunigte Zeitwahrnehmung haben.

Norman Bradbury beschrieb diesen Effekt 1987 als die Hypothese von der »Klarheit der Erinnerung«. Wenn eine Erinnerung verschwommen ist, nehmen wir an, dass das Ereignis weiter zurückliegt. Wenn wir uns hingegen an etwas erinnern, das magisch und lebensverändernd war – wie der Zeitpunkt, als ein Kind in unser Leben getreten ist –, kommt es uns immer so vor, als wäre es erst gestern gewesen.[27]

~

Während in Großbritannien das Industriezeitalter fortschritt, befand sich das Gewerbe, das für Pünktlichkeit in den Fabriken sorgte, im Niedergang. Ausgehend von den schwindelerregenden Höhen ihres Goldenen Zeitalters, wurde die Uhrmacherei zu einer der wenigen britischen Branchen, die spektakulär an der Industrialisierung scheiterten. Der wirtschaftliche Schaden setzte schon früh im 19. Jahrhundert ein, als die Französische Revolution und die darauf folgenden Napoleonischen Kriege (1803–1815), verbunden mit der Konkurrenz durch niederländische Fälschungen und der Unfähigkeit der britischen Uhrmacher, ihre Produktionsmethoden zu modernisieren, dem Uhrmacherhandwerk einen vernichtenden Schlag versetzten. Vom Zentrum der Uhrmacherwelt im 18. Jahrhundert hatte es die britische Uhrenindustrie 1817 bis an den Rand des Ruins gebracht.

Tausende Uhrmacher waren nun arbeitslos und von Armut bedroht.[28] Einer der Organisatoren der Armenkasse der Worshipful Company of Clockmakers schilderte 1817, wie er das Heim eines ehemaligen Londoner Uhrmachers aufsuchte und die Familie in einem schrecklichen Zustand vorfand. Sie hatten

> kaum einen Lumpen, der sie bedeckte, und Kinder ohne Schuhe und Strümpfe, die Brot brauchten … er hatte eine Frau und fünf Kinder. Im letzten Januar traf ich die Frau und Kinder in einem Zimmer ohne Ofen an. Zusammengerollt in einer Ecke des Raumes

lag etwas, das wie ein Bett aussah, auf dem Boden; ich glaube, nur ein Bündel Stroh in einem Tuch ohne Laken, und eine dünne Baumwolldecke, das war alles, worauf die sieben schlafen konnten.[29]

Jeder Handel mit Luxusgütern leidet während Krieg und Rezession. Eine teure Uhr ist, wie es ein Händler 1817 vor dem Parlament ausdrückte, »der erste Artikel, den man in Zeiten der Not ablegt, und der letzte, den man anlegt, wenn sich die Lage bessert«. In einem Bericht aus den 1830er-Jahren der Clockmakers' Company wurde beklagt, dass billige und verspielte Uhren vom europäischen Festland wie die niederländischen Fälschungen häufig bei Juwelieren, Kurzwarenhändlern, Hutmachern, Schneidern, Parfümeuren und französischen Spielzeugläden anzutreffen seien und einfach »auf der Straße feilgeboten« würden.[30]

Der Wettbewerb führte dazu, dass die Löhne der Uhrmacher sanken. Mitte des 19. Jahrhunderts war das Leben der Lehrlinge in Prescot und Lancashire »weitestgehend die Hölle«, und Feilenhauer-Gesellen wurden unter dem wenig schmeichelhaften Namen »Poverty-Knockers« (Armutsklopfer) bekannt.[31] Die britischen Uhrmacher waren im Gegensatz zu ihren Schweizer und französischen Kollegen sehr uneinsichtig, wenn es darum ging, die Produktion zu steigern, um erschwinglichere Uhren herstellen zu können. Diese stolzen Handwerksmeister, die es gewohnt waren, so hochwertige Stücke zu fertigen, dass sie einst als beste Instrumentenbauer der Welt galten, hatten sich geweigert, Abstriche bei der Qualität ihrer Waren zu machen. Sie hatten sich gegen Manufakturen und sogar gegen die Beschäftigung von Frauen gewehrt.

Von diesem Widerstand war in den USA nichts zu spüren, wo die Uhrmacherei nach einem langsamen Start durch die Übernahme einer mechanisierten Version der Schweizer Établissage-Technik an Fahrt aufnahm. Herstellern wie der Waltham Watch Company, die 1850 von dem US-amerikanischen Industriepionier Aaron Lufkin Dennison gegründet wurde, gelang es, das Verfahren zur Produktion standardisierter, maschinell und in großen Stückzahlen gefertigter Ébauches zu perfektionieren. Sie waren so etwas wie eine Kuchenbackmischung für Uhren, die fast schon fertig war und nur noch ein paar letzte Zutaten brauchte, bevor sie in den Ofen geschoben werden konnte.

In der Vergangenheit hatte selbst das Aussehen der Établissage-Uhren beträchtlich variiert, denn sie wurden von Hand zusammengebaut. Doch im 19. Jahrhundert konnte der US-amerikanische Uhrenbau Fuß fassen, indem er durch den Einsatz von Maschinen Massenfertigung mit Standardisierung verband. Das hatte zur Folge, dass in der zweiten Hälfte des Jahrhunderts Bauteile, Zifferblätter und Gehäuse der Uhren an verschiedenen Orten gefertigt werden konnten, sodass die Firmenbesitzer regionale Fachkräfte und selbst internationale Unterschiede in den Metallpreisen optimal ausnutzen konnten. Es bedeutete auch, dass zum ersten Mal Teile ausgetauscht werden konnten. Statt jemanden wie mich zu beauftragen, eine neue Unruhwelle für eine Uhr zu bauen, konnte ein Ersatzteil nun aus einem Katalog bestellt werden. Das senkte die Kosten für die Montage, den Kauf und die Wartung.

1896 brachte ein New Yorker Versandgeschäft, die Ingersoll Watch Company, die bis dato billigste Taschenuhr auf den Markt, die für nur einen Dollar erhältlich war, was dem Tageslohn eines durchschnittlichen US-amerikanischen Arbeiters entsprach.* Sie wurde »Yankee« getauft. Plötzlich wussten Menschen aus allen Gesellschaftsschichten, von Bediensteten, Fabrik- und Bahnarbeitern bis hin zu Farmern, Cowboys, Straßenhändlern und sogar deren Kindern, jederzeit genau, wie spät es ist. In den zwanzig Jahren nach ihrer Markteinführung verkaufte Ingersoll vierzig Millionen Yankee-Taschenuhren, genug, um mehr als die Hälfte der damaligen Bevölkerung der USA auszustatten. Ihr Werbeslogan lautete: »Die Uhr, die den Dollar berühmt gemacht hat!«**

---

* Damals kosteten die billigsten englischen Uhren, die nicht genauer gingen als die Yankee, ungefähr 12,50 Dollar.

** Auf einer Reise nach Afrika im Jahr 1910 beschrieb sich Theodore Roosevelt, der 24. Präsident der Vereinigten Staaten von Amerika, stolz als »Mann aus dem Land, wo die Ingersoll hergestellt werden«.

Die Uhren von Ingersoll sind technisch unscheinbar, aber trotzdem unglaubliche Stücke. Es sind schlichte Taschenuhren, in preiswerten, mit Nickel beschichteten Gehäusen, die das Aussehen von Silber nachahmen, und mit Zifferblättern aus bedrucktem, gepresstem Papier als Email-Imitat. Ihre Uhrwerke sind klobig und nicht veredelt. Um die Herstellung zu beschleunigen, wurden einige Teile gestanzt, sodass die Kanten rau und rund sind. Sie sehen so aus, als könnten sie eigentlich gar nicht funktionieren, doch das taten sie, und zwar sehr überzeugend. Ingersoll vermarktete die Yankee mit einem Jahr Garantie und versprach, jede Uhr, die nicht »absolut richtig ging«, kostenlos zu reparieren oder zu ersetzen. Ich habe einige dieser Uhren in der Hand gehabt, und erstaunlicherweise kann man sie auch heute noch instand setzen. Man kann sie zerlegen, reinigen sowie verschlissene und beschädigte Teile ausbessern. Heutzutage sind Billigprodukte so ausgelegt, dass man sie wegwirft, wenn sie kaputt sind. Und doch kann man diese Uhr, die nur einen Dollar kostete, noch immer warten wie jede andere mechanische Uhr jener Zeit.

Waren die niederländischen Fälschungen ein Schlag für die britische Uhrenindustrie, so versetzten ihr der schiere Umfang und die reibungslose Organisation der US-amerikanischen Massenproduktion den Todesstoß. 1878 wurde ein namentlich nicht genannter »führender Londoner Uhrmacher« zitiert, der vorhersagte, »dass die Amerikaner gewöhnliche Uhren für Millionen herstellen würden, sodass die britischen Uhrmacher nur noch aristokratische Uhren für Hunderte herstellen könnten«.[32] Diese Prophezeiung sollte sich nur allzu sehr bewahrheiten – sie sah lediglich nicht voraus, wie verheerend sich das auf das, was von der maroden britischen Branche noch übrig war, auswirken würde. In den 1870er- und 1880er-Jahren wurden massenweise Maschinen zur Produktion standardisierter Uhrwerke aus den USA nach Großbritannien importiert in einem letzten, verzweifelten Versuch, den Rückstand aufzuholen. Aber es war zu spät. Zum Ende des 19. Jahrhunderts war die einst florierende britische Uhrmachergemeinschaft auf einige wenige

Werkstätten geschrumpft. Der letzte Hersteller, der in Großbritannien Uhren in kommerziellem Maßstab fertigte, war Smiths, die 1851 ihre Uhrmacherabteilung ins Leben gerufen hatten und die Produktion 1980 endgültig einstellten. Heute sind in Großbritannien nur ein paar Dutzend Uhrmacher und Uhrmacherinnen übrig geblieben, die das Wissen und Können haben, Zeitmesser von Grund auf und mithilfe traditioneller Methoden herzustellen. Craig und ich gehören zu ihnen. Wir britischen Uhrmacher und Uhrmacherinnen bauen nunmehr deutlich weniger als einhundert Uhren pro Jahr.

8

Uhren in Aktion

»Ein Nein ließ ich als Antwort nicht gelten.«

Bessie Coleman, Pilotin, 1920er-Jahre

Einige Menschen können es einfach nicht ausstehen, wenn man ihnen sagt, dass etwas nicht geht. Ich bin einer von ihnen. Ich war die Erste in meiner Uhrmacherklasse, die sich an eine Spindeluhr wagte, und zwar genau deshalb, weil mein Tutor meinte, das sei noch zu kompliziert für mich. In meinem Abschlussjahr beschloss ich, statt einer Großuhr eine Anhängeuhr in Form einer Libelle zu fertigen. 2011 begegnete ich George Daniels, dem damals berühmtesten lebenden Uhrmacher der Welt. Er wollte wissen, warum ich in einem Auktionshaus arbeitete und keine Uhren herstellte. Berechtigte Frage, dachte ich. Er erkundigte sich, ob ich eines Tages eigene Uhren bauen wolle, was ich bejahte. Da lachte er lauthals und erwiderte, er freue sich darauf, sie in Augenschein nehmen zu können. Mehr als zehn Jahre sollten vergehen, bis ich diese Herausforderung bewältigt hatte. Leider ist George nicht mehr am Leben und sieht, was ich so treibe.

Dieser Charakterzug war bei mir schon früh ausgeprägt. Der erste Roman, den ich je las, war eine Reaktion auf eine ähnliche Provokation. Ein unfreundlicher Lehrer (der Typ, der einen in die Besenkammer sperrt oder die Arbeit vor der versammelten Klasse zerreißt, wenn man etwas falsch geschrieben hat) erzählte mir, ich könne Jules Vernes *In 80 Tagen um die Welt* nicht lesen, weil es zu lang und schwer für mich sei.

Ich war acht Jahre alt und hatte bis dahin eher Sachbücher als Romane gelesen, aber die wagemutige Abenteuergeschichte weckte mein Interesse. Es entbehrt nicht einer gewissen Ironie, dass das 1872 veröffentlichte Buch selbst um eine Wette kreist: die (zu jener Zeit) verrückte Vorstellung, es sei möglich, die Welt in achtzig Tagen zu umrunden. Phileas Fogg war bereit, sein Vermögen zu verwetten (und auszugeben), um seinen Zweiflern die Stirn zu bieten, während er per Schiff, Zug, Kamel und Schlitten um die Welt zog, begleitet von seinem treuen Diener Passepartout (der mithilfe der Uhr seines Urgroßvaters verzweifelt versuchte, den Zeitplan einzuhalten) und verfolgt von dem argwöhnischen Detektiv Fix.

So hanebüchen war Phileas Foggs Wette eigentlich gar nicht. Die Welt war zum Ende des 19. Jahrhunderts in mancherlei Hinsicht wesentlich kleiner als zu Beginn jenes Jahrhunderts. Seit Richard Trevithick 1804 die erste Dampflokomotive erfunden hatte, breitete sich das Bahnfieber in den westlichen Nationen aus, und Züge beförderten nun Menschen und Waren schneller als je zuvor von einem Ort zum anderen. Die Eisenbahn ließ sogar die riesigen Vereinigten Staaten von Amerika schrumpfen – zumindest zeitlich gesehen. Anfang des Jahrhunderts hätte es ganze drei Monate gedauert, bis ein Brief, sagen wir einmal, von New York nach New Orleans gelangt wäre, und dann noch einmal drei Monate, bis die Antwort zurückgekommen wäre.[1] Um die 1850er-Jahre brauchte der Briefwechsel dank der Eisenbahn nur noch zwei Wochen.[2] Die Weiterentwicklung dampfbetriebener Schiffe und die Erschließung von Schifffahrtswegen und Kanälen verkürzten die Seereisen: Um 1900 nahm eine Reise von England nach Australien nur noch fünfunddreißig bis vierzig Tage statt vier Monate in Anspruch. Derweil konnten die Menschen mit Freunden und Familie in der ganzen Welt nunmehr nicht innerhalb von Monaten oder Wochen, sondern augenblicklich kommunizieren, durch das Aufkommen der Telegrafen (1844 von Samuel Morse erfunden) und Telefone (1854 von Antonio Meucci oder 1873 von Alexander Graham Bell erfunden, je nachdem, wem man

Glauben schenkt, denn es gibt Hinweise darauf, dass Bell sein Telefon auf Grundlage von Meuccis Unterlagen entwickelte).

Die erstaunlichen flugtechnischen Fortschritte der Gebrüder Wright, die 1903 das erste Mal vom Boden abhoben, beschleunigten das Reisen noch weiter. 1909 überquerte Louis Blériot den Ärmelkanal in nur sechsunddreißig Minuten und dreißig Sekunden (auch diesmal aufgrund einer Wette mit einem von der *Daily Mail* ausgelobten Preisgeld in Höhe von 1000 Pfund). Es war eine Zeit, in der alles möglich schien. Für Abenteurer aller Couleur (und damals schien es viele davon zu geben!) lagen nun einst undurchführbare Expeditionen im Bereich des Machbaren. Männer und Frauen reisten bis in die letzten Winkel der Erde, angezogen vom Geheimnis des Unbekannten, dem Reiz, als Erste dorthin zu gelangen, und dem Nervenkitzel, das Unmögliche zu erreichen. Doch keiner von ihnen hätte diese denkwürdigen Leistungen ohne Uhren vollbringen können.

~

Als die Menschen noch zu Fuß und zu Pferd in der Welt unterwegs waren, fiel die Tatsache, dass sich die Mittagszeit verschiebt, wenn man sich gen Osten oder Westen bewegt, kaum ins Gewicht. Doch als man ein Land mit der Dampfeisenbahn an einem Vormittag durchqueren konnte, wurde dies zu einem offensichtlichen Hindernis – selbst auf einer kleinen Insel wie unserer. Stellen Sie sich vor, Sie haben sich verabredet und wollen sich mit Ihrem Cousin, einem pünktlichen Zeitgenossen, am Donnerstag um vierzehn Uhr am Bahnhof in Bristol treffen. Während Sie sich in London zu Ihrem Zug begeben, überprüfen Sie anhand der Rathausuhr, ob Ihre Uhr richtig geht. Wenn Sie Bristol erreichen, fischen Sie die Uhr aus Ihrer Tasche. Sie zeigt noch immer die korrekte Zeit an, nämlich genau vierzehn Uhr. Aber von Ihrem Cousin keine Spur. Als er zehn Minuten später aufkreuzt, ist er die Ruhe selbst und entschuldigt sich nicht. Erst als Sie die Uhr an der Getreidebörse in

Bristol erblicken, wird Ihnen klar, dass Bristol London um elf Minuten hinterherhinkt.* Das liegt daran, dass die Zeit bis zur Mitte des 19. Jahrhunderts am Höchststand der Sonne zur Mittagszeit bemessen wurde.[3]

Als das Reisen schneller wurde, zeigte sich, dass diese kleinen Unterschiede gravierende – und potenziell gefährliche – Folgen hatten. Viele Strecken waren noch eingleisig, sodass Abweichungen von einer vereinbarten Zeit dazu führen konnten, dass Züge in entgegengesetzter Richtung direkt aufeinander zurasten. Um das Problem zu lösen, wurde am 1. Dezember 1847 eine nationale Standardzeit im britischen Zugverkehr eingeführt und 1880 gesetzlich verankert.

Je größer ein Land ist, umso drastischer sind die Herausforderungen, die sich durch die verschiedenen Ortszeiten ergeben. In einem Land, das so ausgedehnt ist wie die Vereinigten Staaten von Amerika, konnte die anhand des Sonnenstandes ermittelte Ortszeit um mehrere Stunden variieren. Vor der Einführung der Eisenbahnzeit im Jahr 1883 gab es dort über dreihundert lokale Zeitzonen. Obwohl sich in den Städten die neue Standardzeit rasch durchsetzte, wurde an den Orten mit dem größten Unterschied zwischen lokaler und nationaler Zeit die Umstellung hinausgezögert: In einigen aufsässigen Regionen weigerte man sich jahrzehntelang, die nationale Zeit zu übernehmen. Doppelte Zeitangaben waren in den USA bis 1918 üblich, und

Die *Mallard* kam ab 1938 zum Einsatz und brach im selben Jahr den Geschwindigkeitsweltrekord für Dampflokomotiven, nachdem sie stolze 203 Kilometer pro Stunde erreicht hatte – ein Rekord, der bis heute ungebrochen ist.

* Bristol stellte erst 1852 auf Standardzeit um, fünf Jahre nach deren Einführung.

erst 1967 wurde die »lokale Option« in der Einhaltung des Zeitsystems offiziell abgeschafft.[4]

Der nächste Schritt war eine standardisierte Zeit, die die Welt einte. Am 22. November 1884 wurde auf der Internationalen Meridian-Konferenz in Washington, D. C., das System der Greenwich Mean Time – bekannt als GMT – festgelegt. Es unterteilte den Globus in vierundzwanzig Zonen, von denen jede jeweils fünfzehn Längengrade und eine Stunde des Tages repräsentierte. Es gibt mehrere Gründe, warum der Londoner Stadtteil Greenwich zum Nullmeridian auserkoren wurde. Dort befand und befindet sich noch immer das Royal Observatory, das zu den weltweit wichtigsten Stätten für Untersuchungen auf den Gebieten der Astronomie und Zeitmessung gehörte. Die Wahl fiel auch deshalb auf Greenwich, weil dadurch die Datumsgrenze auf dem Gegenstück zum Nullmeridian auf der anderen Seite der Erdkugel durch den Pazifik verläuft – die einzige Erdregion, die geteilt werden konnte, ohne dass dadurch die Bewohner ein und desselben Landes an zwei verschiedenen Tagen hätten leben müssen. Nun mussten Reisende das tun, was uns in Fleisch und Blut übergegangen ist: Ihre Uhren auf die Zeitzone eines anderen Landes einstellen. Und das ist letztendlich auch der Clou an *In 80 Tagen um die Welt.* Passepartout hat sich hartnäckig geweigert, die nach Londoner Zeit tickende Uhr seines Urgroßvaters umzustellen, und darauf beharrt, dass Mond und Sterne sich irren. Er ist hocherfreut und fühlt sich bestätigt, als die Uhr auf der Reise zweimal richtig geht. Bei ihrer Rückkehr nach London müssen Fogg und Passepartout jedoch zu ihrer Enttäuschung feststellen, dass sie einundachtzig Tage für ihre Expedition gebraucht haben. Doch dann fällt ihnen auf, dass sie die Datumsgrenze von West nach Ost überschritten und dank der GMT dadurch einen zusätzlichen Tag und somit auch die Wette gewonnen haben.

Jules Vernes Geschichte ist auch in anderer Hinsicht zutreffend: Ende des 19. Jahrhunderts mussten Zeitmesser nicht mehr so teuer wie die komplizierten Chronometer des 18. Jahrhunderts sein, um den

Reisenden gute Dienste zu leisten. 1895, nur ein Jahr, bevor Ingersoll die berühmte Yankee auf den Markt brachte, stach Joshua Slocum in See und sollte zum ersten Einhandsegler werden, dem eine Weltumrundung gelang. Er hatte sein Chronometer zu Hause gelassen, weil es reparaturbedürftig war. Man hatte ihm angeboten, es für fünfzehn Dollar instand zu setzen, doch er befand, das sei die Mühe nicht wert. Ganz der sparsame Abenteurer, erwarb er stattdessen in Yarmouth, Nova Scotia, einen billigen Ersatzzeitmesser für sein Unterfangen. Er beschrieb ihn später als »berühmte Blechuhr, den einzigen Zeitmesser, der mich bei meiner gesamten Reise begleitete. Sie sollte eineinhalb Dollar kosten, aber wegen des gesprungenen Glases bekam ich sie vom Verkäufer für einen Dollar.« Slocum klagte: »In unserer neumodischen Vorstellung von Navigation hatte sich der Irrglaube breitgemacht, dass ein Seemann ohne Chronometer verloren sei.«[5] Doch nach drei Jahren auf See und nachdem er mehr als 46 000 Seemeilen zurückgelegt hatte, kehrte Slocum erfolgreich zurück. Sein Ein-Dollar-Blechwecker hatte ihn nicht ein einziges Mal im Stich gelassen.

~

Ein beschauliches Dorf in Nottinghamshire beherbergt eine der bedeutendsten Uhren aus der Geschichte der Entdeckungsreisen. Die in Upton Hall untergebrachte Sammlung des Museum of Timekeeping besteht aus Tausenden von kleinen und großen Uhren, die im Laufe der Jahrhunderte gebaut und von den unterschiedlichsten Menschen gestiftet worden sind. So entstand ein bunt gemischtes Kuriositätenkabinett von Uhren, das meiner Meinung nach weitaus interessantere Einblicke in unsere innige Beziehung zu unseren Zeitmessern liefert als eine eher strategisch angelegte, kuratierte Sammlung. Außergewöhnlich wertvolle und seltene Chronometer und Standuhren stehen neben Schaukästen mit massengefertigten elektrischen Weckern der Firma Metamec aus den 1940er-Jahren, deren lebhafte Farbgebung aus leuchtendem

Orange, retrobraunem Perlmutt und enteneiblauem Acrylglas mich an Kindheitsbesuche im Haus meiner Großeltern erinnert.

In einer Glasvitrine in der Kleinuhrensammlung des Museums befindet sich eine unscheinbare, ziemlich mitgenommene Weckertaschenuhr aus dem frühen 20. Jahrhundert. Ihr dunkles blaugraues Stahlgehäuse ist von altem rotbraunem Rost überzogen. Das Schutzglas über dem Zifferblatt fehlt, ebenso wie der Stunden-, Minuten- und Sekundenzeiger. Der einzige noch vorhandene Zeiger lässt erkennen, dass der Wecker auf zwanzig Minuten nach elf Uhr gestellt war. Das weiße Emailzifferblatt ist noch vergleichsweise hell: Email ist zwar spröde und kann brechen, wenn die Uhr angestoßen oder fallen gelassen wird, aber beschlägt oder verblasst nicht, sondern behält auch unter extremen Bedingungen seinen strahlenden Glanz. Auch die schwarzen arabischen Ziffern sind so deutlich wie an dem Tag, an dem sie in das Email gebrannt wurden. Nur die einst glänzenden Leuchtfarbentupfer auf dem Minutenring, die die Stunden markieren, sind von ihrem ursprünglich schimmernden Grünton in ein stumpfes, schmutziges Braun übergegangen.[6] Am Taschenuhrbügel ist anstelle einer Albert-Kette ein verschlissener, geflochtener Schnürsenkel befestigt, an dessen anderem Ende eine rostige Sicherheitsnadel hängt. Das Uhrwerk ist kurz nach Donnerstag, dem 29. März 1912, stehen geblieben, dem Datum, an dem der Besitzer dieser Uhr, Kapitän Robert Falcon Scott, seinen letzten Tagebucheintrag verfasste, bevor er und die restlichen Teilnehmer seiner Expedition den antarktischen Witterungsbedingungen zum Opfer fielen, nur zwanzig Kilometer von dem Lager entfernt, das ihnen Zuflucht geboten hätte.

Es heißt, diese Taschenuhr sei ein wichtiges Instrument gewesen, das verhindert habe, dass Scott und seine Begleiter zu lange geschlafen hätten und erfroren seien. Bei meinen Recherchen zu diesem Buch hatte ich das Glück, mit der Polarforscherin Mollie Hughes sprechen zu können, die zu einer ähnlichen Jahreszeit wie Scott zum Südpol aufgebrochen war. Sie berichtete, dass durch die vierundzwanzigstündige Sonneneinstrahlung während des antarktischen Sommers die Luft im

Zelt so warm sei, dass man in Thermounterwäsche schlafen und nasse Kleidung trocknen könne (obwohl ihre Ausrüstung wesentlich fortschrittlicher war als Scotts Strickpullover und Gabardinekleidung). Die größere Gefahr, befand Hughes, war das Risiko, sich unbeabsichtigt zu überanstrengen, indem man die Zeit nicht im Blick behielt, denn es gab ja keine Abenddämmerung, die das Ende des Tages angezeigt hätte. Wir gliedern unseren Tagesablauf mehr anhand der Sonne, als uns bewusst ist. Unsere biologischen Uhren sind so eingerichtet, dass sie uns bei Sonnenaufgang wach und bei Anbruch der Nacht müde werden lassen. Ohne die Dunkelheit als auslösenden Impuls ist es für unser Gehirn viel schwieriger, uns mitzuteilen, wann der Tag vorbei und es Zeit ist, sich zur Ruhe zu begeben. Hughes erzählte, der bedrohlichste Moment auf ihrer Expedition sei nicht ein zweiwöchiger Sturm gewesen, den sie zu Anfang über sich habe ergehen lassen müssen, sondern als sie jeden Tag zu lange gelaufen sei, um die verlorene Zeit wettzumachen. Wenn sie zu müde gewesen wäre, um das Lager richtig einzurichten, und im unbarmherzigen antarktischen Wind eingeschlafen wäre, hätte das fatale Konsequenzen gehabt.

Ich durchsuchte Scotts Tagebuch, das zusammen mit seiner Uhr geborgen wurde, als man seinen Leichnam im November 1912 fand, nach Hinweisen, ob er mithilfe der Uhr die Schlafenszeiten begrenzt hatte, damit niemand erfror. Aber davon erwähnte er nichts. Allerdings stieß ich auf regelmäßige Einträge, die eine fast schon zwanghafte Kontrolle des Tagesablaufs seiner Mannschaft erkennen ließen. In seinem Tagebuch hält er akribisch die Zeit von praktisch allem fest. Er gibt an, wann sie morgens aufwachen, wann sie das Frühstück zubereiten und wie lange die Expeditionsmitglieder brauchen, bis sie mit dem Essen fertig sind. Wie Hughes weiß Scott um die Gefahr, im immerwährenden Sonnenlicht die Orientierung zu verlieren. Wo immer er kann, strukturiert er das Leben der Männer mit streng reglementierten Reise- und Essenszeiten. Daher ist es wahrscheinlich, dass Scott den Wecker seiner Taschenuhr verkünden ließ, wann die Tageswanderung beendet war und das Lager aufgesucht werden musste, wann es Abendessen gab, wann es Zeit zum Aufstehen war und wann das Frühstück bereitstand. Sonntags plante er sogar einen Gottesdienst sowie eine halbe Stunde davor ein, in der die Choräle der Woche ausgewählt wurden, und er organisierte eine Vortragsreihe.[7] Es ist schwer vorstellbar, dass diese Entdecker – die sich schließlich auf einer lebensgefährlichen Reise ins Unbekannte befanden – zu einem schön bebilderten Vortrag über »Flugfähige Vögel in der Antarktis« zusammenkamen, doch diese Aktivitäten hielten die Mannschaft nicht nur bei Laune, sondern schufen eine Verbindung zu den zeitlichen Rhythmen des Alltagslebens: ein Gefühl von Normalität in der weißen Weite des Nichts.[8]

Als ich Scotts Uhr in den Händen hielt, überkam mich Ehrfurcht. Es schien so, als wären sein ganzes Leben, seine Hoffnungen, seine Ziele, seine Ängste, selbst die geliebten Menschen, die er zurückgelassen hatte, irgendwie in diesem ansonsten gewöhnlichen Gegenstand enthalten. Diese kleine Maschine hatte sich mit ihm ins Ungewisse gewagt und ihm bis zur letzten Sekunde gedient. Allein ihr Anblick rief vor meinem geistigen Auge ein anschauliches Diorama hervor: Ich stellte mir die Orte vor, an denen die Uhr gewesen war, die Dinge, die sie gesehen hatte, die Gespräche, die sie belauscht hatte, während sie diskret in Scotts Tasche versteckt war. Mechanische Uhren wie diese gehen nur, wenn sie aufgezogen werden. Wenn niemand da ist, der sie in Gang hält, bleiben sie stehen und verstummen mit ihrem Besitzer. Außerdem halten sie den Elementen nicht stand: Ihr Öl erstarrt in der Kälte, durch ihr Gehäuse dringt Feuchtigkeit ein, sodass die eisenhaltigen Teile langsam rosten, ihr Räderwerk wird allmählich fest. Ich finde die Entscheidung des Museums, diese Uhr nicht wieder instand zu setzen, richtig. Es wäre Kapitän Scott gegenüber irgendwie respektlos, seine treue Gefährtin aus dem Schlaf zu erwecken, in den die Antarktis sie versenkt hat.

~

Als das 19. ins 20. Jahrhundert überging, wurden Uhren zu unverzichtbaren Begleiterinnen verschiedener Unternehmungen, und diese Unternehmungen veränderten die Art, wie Uhren getragen wurden. In der zweiten Hälfte des 19. Jahrhunderts berichteten Soldaten, die sich an britischen Auslandsfeldzügen beteiligt hatten, von den Vorteilen, die es mit sich brachte, wenn man sich die Taschenuhr ums Handgelenk band. So konnten die Männer schnell und einfach nachsehen, wie spät es ist, ohne in der Hitze des Gefechts in ihren Taschen herumwühlen zu müssen. Diese ums Handgelenk gewundenen Uhren haben sich vielleicht aus den Uhren entwickelt, die junge Frauen ihren Liebsten schenkten, als sie in den Krieg zogen. Damit diese Uhren keinen Schaden nahmen, fertigten die Männer »Wristlet« genannte Lederkapselarmbänder an, mit denen sich die Uhren sicher am Handgelenk befestigen ließen. Auf Fotografien britischer Soldaten, die in Nordindien stationiert waren, sieht man sie mit solchen Uhren zur Zeit des Dritten Britisch-Birmanischen Krieges im Jahr 1885. Das war eine äußerst wichtige Entwicklung: Meiner Ansicht nach markiert sie die Geburt der kommerziellen, massenmarkttauglichen Armbanduhr, wie wir sie heute kennen.

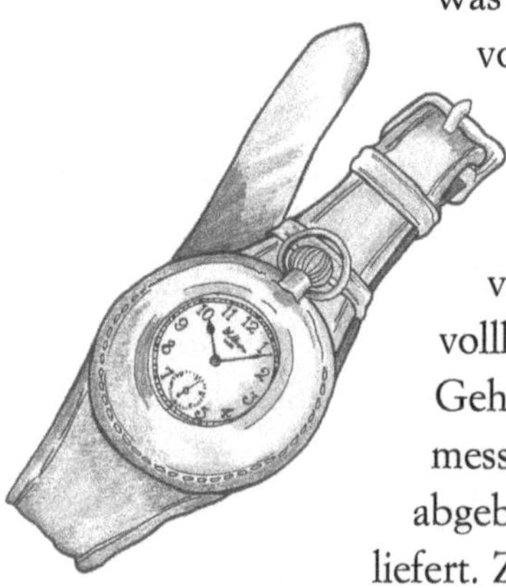

Ein Lederkapselarmband, das eine Taschenuhr einfasst, damit man sie am Handgelenk tragen kann.

Was als improvisierte Trageweise begann, wurde von den Herstellern schnell zu Profit gemacht. 1902 brachte Mappin & Webb die »Campaign« heraus, eine Omega-Taschenuhr in einem Lederkapselarmband. Die Werbung verhieß eine »Kleine kompakte Uhr in einem vollkommen staub- und feuchtigkeitsbeständigen Gehäuse aus oxidiertem Stahl. Zuverlässiger Zeitmesser unter härtesten Bedingungen. Komplett wie abgebildet für zweieinhalb Pfund. An die Front geliefert. Zoll- und Portofrei.« Die Front war in diesem Fall der Zweite Burenkrieg, den Großbritannien und die Burenrepubliken zwischen 1899 und 1902 austrugen. Während Großbritanniens

Strategie der verbrannten Erde und die brutalen Internierungslager dazu führten, dass viele den Krieg als unsere »dunkelste Stunde« bezeichnen[9], verkündete Omega fröhlich, die Campaign habe sich als »lebensrettend« erwiesen.*

Daheim wurde die Armbanduhr Teil einer anderen Unternehmung, nämlich des Fahrradfiebers der 1890er-Jahre,[10] und die *New York Tribune* behauptete, das Fahrrad sei »wichtiger für die Menschheit als alle Siege und Niederlagen Napoleons und als der Erste und Zweite Punische Krieg … obendrein«. In einer Anzeige von 1893 des Londoner Einzelhändlers Henry Wood hieß es, die spezielle »Armbanduhr für Radfahrer« sei »die einzige Möglichkeit, eine Uhr auf einem Fahrrad zu tragen, ohne sie zu beschädigen, und [sie ist] immer griffbereit«.[11] In einer anderen Annonce aus dem Jahr 1901 wird sie als perfekt geeignet für »Touristen, Radfahrer und Soldaten« beschrieben.[12] Dass man diese Radfahreruhren vermarktete, hatte den Vorteil, dass Frauen, die seit jeher Armband- oder Armreifuhren getragen hatten, sich nun ebenso wie Männer für den Sport begeisterten. Die Werbung enthält ein Bild einer berüschten weiblichen Hand mit einer Uhr am eleganten Handgelenk.

Radfahrer waren nicht die einzigen aktiven Menschen, die einen Blick auf die Uhr werfen mussten, während ihre Hände mit etwas anderem beschäftigt waren. Für die Luftfahrtpioniere war ein genauer Zeitmesser ein unverzichtbares, lebenswichtiges Instrument, wahrscheinlich sogar in noch größerem Maße, als es Chronometer für Schiffskapitäne waren. Die Piloten benutzten sie nicht nur für die Navigation, sondern auch, um den Treibstoffverbrauch, die Fluggeschwindigkeit und die Tragfähigkeit zu berechnen. Die erste Uhr für Luftfahrtzwecke, die »Pilotenuhr«, soll die »Santos« gewesen sein, die Louis Cartier 1904 für den

* Die Internierung von etwa 150 000 Flüchtlingen in den von Briten betriebenen Konzentrationslagern führten zum Tod von über 15 000 indigenen Afrikanern und circa 28 000 Buren, von denen drei Viertel Kinder waren.

brasilianischen Flieger Alberto Santos-Dumont entwarf. Sie entstand, nachdem Santos darüber geklagt hatte, dass er viel zu lange in seiner Tasche nach seiner Uhr herumkramen müsse, während er eigentlich seine Hände an der Steuerung des Flugzeugs haben sollte. Cartiers Modell hatte ein ungewöhnliches, rechteckiges Gehäuse und ein Zifferblatt mit deutlichen schwarzen römischen Zahlen – robust, maskulin und schnell ablesbar. Die Uhr für Santos-Dumont kam 1911 in die Geschäfte und wird auch heute, mehr als ein Jahrhundert später, noch produziert.

Wie Cartier widmete sich auch Longines, ein anderer Schweizer Uhrenhersteller, nun rasch und mit Nachdruck der Armbanduhr, denn die Entwicklung einer Uhr, die den Anforderungen der Luftfahrt gerecht wurde, geriet zum Längengradproblem jener Zeit. Amelia Earhart hatte ihren Longines-Chronographen auf zwei ihrer Atlantiküberquerungen dabei. Eine weitere frühe US-amerikanische Fliegerin, Elinor Smith, stellte Ende der 1920er-Jahre und in den 1930er-Jahren mithilfe ihrer Longines-Zeitmesser, die man auf fast jedem Bild von ihr an ihrem Handgelenkt sieht, unzählige Rekorde auf, wie den Frauen-Langzeitrekord im Alleinflug sowie Geschwindigkeits- und Höhenrekorde. Im Alter von sechzehn Jahren wurde sie zur jüngsten lizenzierten Pilotin der Welt. Kurz danach erlangte sie Bekanntheit, indem sie unter vier New Yorker Brücken hindurchflog. Dieses Wagnis hatte sie unternommen, nachdem ein Pilot, der sich vergeblich daran versucht hatte, ihr sagte, dass sie es nicht schaffen würde. Die *New York Times* war so überzeugt davon, sie würde ebenfalls scheitern, dass man einen Nachruf auf sie verfasste – achtzig Jahre, bevor sie schließlich im biblischen Alter von achtundneunzig starb. Ich glaube, wir beide hätten uns gut verstanden.

Eine der großen Gefahren der Flugnavigation bestand darin, dass es keine sichtbaren Markierungen gab, an denen man sich hätte orientieren können: Manchmal war die Zeit der einzige Anhaltspunkt, den man hatte. Philip Van Horn Weems, einer der großen Pioniere der Flugnavigation, bemerkte:

> Es ist keine Schande, wenn man sich in der Luft verirrt. Das passiert auch den besten Navigatoren. Das Wichtigste ist, dass man die Zeitabschnitte, in denen man seine Position nicht kennt oder sich ihrer nicht sicher ist, auf das menschenmögliche Minimum reduziert.

Und so war es Weems, an den sich Charles Lindbergh wandte, als er die hohe Kunst der Flugnavigation erlernen wollte, kurz nachdem er im Alter von fünfundzwanzig Jahren seinen ersten Nonstop-Flug über den Atlantik von New York nach Paris in der *Spirit of St Louis* absolviert hatte. Gemeinsam entwickelten Lindbergh und Weems die Longines »Hour Angle« (Stundenwinkeluhr) mit der ersten kalibrierten, drehbaren Lünette in der Geschichte der Armbanduhr. Durch die Drehlünette konnte der Uhrenbesitzer den Winkel zwischen einem Himmelskörper wie der Sonne und einem Meridian wie dem Nullmeridian in Greenwich berechnen: den sogenannten Stundenwinkel, der der Uhr ihren Namen verleiht. Jedes Element war auf die Luftfahrtpioniere abgestimmt, vom extralangen Armband, das um die sperrigen Fliegerjacken passte, bis zur überdimensionierten Krone, die sich auch mit Fliegerhandschuhen aufziehen ließ.

~

Als der Bergsteiger Conrad Anker im Mai 1999 den Mount Everest hochstieg, wollte er nicht den Gipfel erreichen, sondern einem Mysterium auf den Grund gehen. Etwa siebenhundert Meter unterhalb der Bergspitze und 8157 Meter über dem Meeresspiegel konnte er das Rätsel lösen:

> Ich war neugierig, blieb stehen, wandte mich um, und da war ein weißer Fleck. Es war kein Schnee, sondern eine matte, lichtabsorbierende Farbe, wie Marmor. Als ich näher heranging, erkannte ich, dass es der Leichnam eines englischen Bergsteigerpioniers war, der am Hang festgefroren war.[13]

Das rechte Bein der männlichen Leiche war gebrochen, die Kleidung zerfallen, die Arme waren ausgestreckt, und die entblößte Haut auf ihrem Rücken hatte einen sonnengebleichten, milchig weißen Ton angenommen. In den Überresten der verwitterten Gabardinejacke fand Anker ein Etikett, auf das mit karmesinrotem Garn »G. Leigh Mallory« gestickt war.[14]

1924, fünfundsiebzig Jahre zuvor, waren George Mallory und sein Begleiter Andrew Irvine in der Nähe des Gipfels verschollen, als sie sich an der Erstbesteigung des Everest versuchten. Bis zu jenem Moment war Mallorys Schicksal eine der großen ungelösten Fragen in der Welt des Bergsteigens gewesen. Bis heute wissen wir nicht genau, ob er auf dem Weg zum oder vom Gipfel sein Leben verlor.

Obwohl Mallorys Leiche nicht geborgen werden kann und noch genau an der Stelle liegt, wo er vor einem Jahrhundert gestürzt ist, wurde eine Reihe persönlicher Gegenstände sichergestellt und befindet sich nun im Besitz der Royal Geographical Society in London. Dazu gehören sein zerbrochener Höhenmesser, eine Schneebrille, ein Messer, Streichhölzer und eine silberne Uhr. Die Uhr scheint in der Zeit erstarrt zu sein. Die Zeiger sind zu Roststaub zerfallen, sodass nur noch ein ockerbrauner Schatten auf dem leuchtend weiß emaillierten Zifferblatt zu erkennen ist, der darauf schließen lässt, dass die Uhr entweder etwa 5:07 Uhr oder 1:25 Uhr stehen geblieben ist, je nachdem, welchen Schatten man welchem Zeiger zuordnet. Die schwarzen Umrisse der arabischen Ziffern weisen noch immer einen Rest der radioaktiven Leuchtfarbe auf, die es Mallory erleichterte, nachts oder im schwachen Licht eines Schneesturms die Uhrzeit abzulesen.

Erstaunlicherweise war die Uhr nicht an Mallorys Handgelenk, sondern in seiner Tasche. Auch vom Uhrglas, das das empfindliche Zifferblatt und die Zeiger schützte, fand sich keine Spur. Es wird vermutet, dass es abhandenkam, sodass Mallory die Uhr in der Jackentasche verwahrte, um sie vor weiteren Schäden zu schützen. Diese Theorie ist aus uhrmacherischer Sicht nicht abwegig. In den Tagen vor den Kunststoffdichtungen, die bei den meisten modernen Uhren für einen Reibschluss zwischen dem Uhrglas und dem Gehäuse sorgen, oder Spezialklebern, die unter UV-Licht aushärten, wurden Uhrgläser üblicherweise durch Wärmeausdehnung eingepasst. Die Lünette, der äußere Ring des Gehäuses, in dem das Uhrglas sitzt, wurde erhitzt, sodass sie sich ganz leicht ausdehnte. Das kühlere Uhrglas wurde eingesetzt, und als die Lünette wieder auf Raumtemperatur abkühlte, zog sie sich über dem Uhrglas zusammen und umschloss es fest. Dadurch wurde das Uhrglas besonders anfällig für extreme Temperaturschwankungen. Tatsächlich ist Mallorys Uhr überraschend gut erhalten für einen Metallgegenstand mit Eisenanteilen, der fünfundsiebzig Jahre in Gipfelnähe des höchsten Berges der Welt zugebracht hat – was für das schnörkellose Design und die robuste Konstruktion dieser Uhren sprechen mag.

2011 begab ich mich selbst zum Everest, allerdings nur zum Basislager und nicht zum Gipfel. Das war selbstredend eine Ehrfurcht gebietende Erfahrung: Wie kann man sich angesichts der Größe dieses Berges nicht unbedeutend fühlen? Aufgrund der Höhe dauerte alles länger, es war ein bisschen so, als würde man sich in Sirup bewegen. Dadurch verstand ich, warum die Zeitplanung so wichtig für die Bergsteiger in höheren Lagen ist. Da sie wenig Sauerstoff haben und nur sehr langsam laufen können, müssen sie oft schon vor dem Morgengrauen aufstehen, damit sie alles einpacken können und bereits ein gutes Stück vorangekommen sind, bevor das Eis zu schmelzen beginnt und die Lawinengefahr steigt.

Auf meinem Weg nach oben kam ich durch das Dorf Namche Bazaar, das in den Berghang hineingebaut ist (das scheint in Nepal meistens der Fall zu sein). Es war für diejenigen, die sich zum Gipfel aufmachen wollten, eine letzte Begegnung mit so etwas wie Zivilisation. Ich weiß noch, wie ich Straßen voller Marktstände sah, in denen Süßigkeiten, Wasser oder Bergsteigerausrüstung für all jene verkauft wurden, die ihre unterwegs beschädigt oder verloren hatten. Artikel, die von den Sherpas als »Nordfälschungen« bezeichnet wurden und aus China stammten, erinnerten daran, wie nahe an der Grenze wir uns befanden. Bei genauerem Hinsehen fielen mir ältere Gegenstände auf, wie man sie vielleicht auf einem Antiquitätenmarkt findet: ein verrostetes Paar eiserner Steigeisen, Eispickel mit Holzgriff, Dinge, die die ersten Bergsteiger in den 1920er- oder 1930er-Jahren benutzt hätten. Dann entdeckte ich kleinere, persönlichere Sachen: eine Brille, eine Brieftasche. Ich fragte unsere Sherpas, woher diese Objekte kämen. Sie erzählten mir, aufgrund der unzähligen Abfälle, die die Kletterer an den Hängen des Everest liegen ließen, habe die nepalesische Regierung die Sherpas vor ein paar Jahren angewiesen, den verstreuten Müll einzusammeln. Zunächst wurden die Sherpas nach Gewicht der geborgenen Gegenstände vergütet, aber da das schnell zu teuer wurde, ging die Regierung dazu über, pro Tag zu bezahlen. Um den Verlust auszugleichen, begannen die Sherpas, interessantere Artefakte, die ihnen in die Finger kamen, als lukrativen Nebenverdienst zu verkaufen. Die ursprünglichen Besitzer waren vermutlich tot, und wahrscheinlich werden wir nie erfahren, was ihnen zugestoßen ist. Ich musste unaufhörlich daran denken, was gewesen wäre, wenn Mallorys Uhr hier aufgetaucht wäre.

In Thukla Lare, einer Gedenkstätte, an der die Bergsteiger vorbeikommen, wenn sie sich dem Everest von Nepal aus nähern, lassen buddhistische Gebetsfahnen und Steinhaufen einen Ort des Innehaltens und Erinnerns an jene erstehen, die auf dem Berg ihr Leben ließen. Schätzungsweise mehr als einhundert Leichen säumen den Everest und wurden dort zurückgelassen, weil sie zu schwer sind und es zu gefährlich ist, sie zu bergen. Die Bergsteiger sind sich im Klaren, dass sie, wenn sie dem Berg zum Opfer fallen, höchstwahrscheinlich dort bleiben und ein Teil von ihm werden.

Mallorys Uhr muss wie die von Scott vor ihm ein entscheidendes Hilfsmittel gewesen sein, um sich zeitlich und räumlich zu orientieren. Aber dass diese Instrumente genau gehen, ist keine Selbstverständlichkeit. Uhren dieser Art haben gewöhnlich eine Gangdauer von dreißig Stunden und müssen regelmäßig von Hand aufgezogen werden. Mallory musste daran denken, jeden einzelnen Tag, ungeachtet des Wetters, seiner Erschöpfung und unzähliger anderer Ablenkungen, einige Momente seiner Uhr zu widmen und sie aufzuziehen. Ließ er sie im Stich, würde sie ihn im Stich lassen. Wenn ein Pionier wie Mallory überleben wollte, war das Erste und Letzte, was er tun musste, seine Uhr am Laufen zu halten.

Für die Abenteurer von heute und für uns alle sind unsere Zeitmesser verlässliche Begleiter. Ob wir eine herkömmliche Uhr, unseren Computer oder unser Smartphone verwenden, vertrauen wir darauf, dass die Uhrzeit uns zur Verfügung steht, wann immer wir sie brauchen. Aber bei denjenigen, die zu Beginn des 20. Jahrhunderts zu Entdeckungsreisen aufbrachen, war das nicht der Fall. Die Welt mochte kleiner geworden sein, doch sobald sie sich auf den Weg gemacht hatten, waren die Forscher auf sich gestellt und ihre Uhren die einzige Möglichkeit, den Aufenthaltsort auf diesem riesigen, einsamen Planeten festzustellen. Die Entdecker waren auf ihren Verstand angewiesen – und auf ihre Uhr.

9

Beschleunigte Zeit

Sie verlassen ihre Gräben, hinaus ins Gelände,
Während die Zeit leer und geschäftig am Handgelenk tickt
Und die Hoffnung, mit geballter Faust und verstohlenem Blick,
Im Schlamm strampelt. O Jesus, setz dem ein Ende!

Siegfried Sassoon, »Attack« (Der Angriff), 1918

Eines Tages im Mai 1905 fuhr ein sechsundzwanzigjähriger Angestellter des Eidgenössischen Patentamts durch das Zentrum von Bern von der Arbeit nach Hause, als er die Uhr am berühmten, aus dem Mittelalter stammenden Zytglogge, dem Zeitglockenturm, schlagen hörte. Als er zu dem riesigen verzierten Zifferblatt hinaufschaute, kam ihm ein merkwürdiger Gedanke. Was würde passieren, wenn er in einer Straßenbahn säße, die sich mit Lichtgeschwindigkeit vom Zytglogge entfernte? Seine Uhr (eine silberne Schweizer Taschenuhr von etwa 1900) würde wie gewohnt weiterticken, aber wenn er zum Uhrturm zurückblicken würde, wäre die Zeit scheinbar stehen geblieben.

Ein paar Monate darauf veröffentlichte der Patentamt-Mitarbeiter, bei dem es sich um keinen Geringeren als Albert Einstein handelte, in der deutschen Fachzeitschrift *Annalen der Physik* eine Abhandlung mit dem Titel »Zur Elektrodynamik bewegter Körper«. Sie sollte unser Verständnis von Zeit, Welt und Universum grundlegend verändern. Einsteins Relativitätstheorie besagte, dass die Zeit keine absolute, unveränderlich tickende Uhr sei, wie Isaac Newton Jahrhunderte zuvor behauptet hatte, sondern eine veränderliche Dimension, die durch Raum, Schwerkraft und sogar persönliche Erfahrungen gedehnt und verzerrt werden könne. Einstein wies nach, dass die Zeit mit zunehmender Gravitationskraft langsamer zu vergehen scheint und in ähnlicher Weise durch die Geschwindigkeit ihres Beobachters verzerrt wird.* Uhren gehen langsamer, wenn man sich in der Nähe massiver Körper befindet oder wenn man sich mit hoher Geschwindigkeit bewegt, was zu dem erstaunlichen Ergebnis führt, dass Ihre Uhr auf der Spitze eines Wolkenkratzers schneller geht als im Erdgeschoss und in einem fahrenden Auto langsamer als in einem stehenden. Bei den Uhren, die ich baue, mag das keine Rolle spielen, aber bei GPS-Systemen, die in Satelliten in großer Höhe mit enormer Geschwindigkeit um die Erde sausen, muss man den sogenannten relativistischen Effekt berücksichtigen. Für Einstein waren Zeit und Raum *relativ.* »Zeit und Raum«, fasste er zusammen, »sind Mittel und Weisen, mit denen wir denken, nicht Bedingungen, unter denen wir leben«.[1] Er ging sogar so weit, zu behaupten, dass unsere grundlegenden Vorstellungen von Vergangenheit, Gegenwart und Zukunft kaum mehr als Illusionen seien.**

~

* Hier muss man anmerken, dass das Thema der Relativität an sich nicht neu war; revolutionär hingegen war Einsteins tiefgründige, formalisierte Auseinandersetzung mit diesem Thema. Physiker wie Galileo Galilei und Hendrik Lorentz hatten bereits Relativitätsprinzipien in der Mechanik formuliert, und noch viel früher hatten polynesische Seefahrer nach einem System navigiert, bei dem sie sich ihr Schiff als unbewegtes Objekt vorstellten, unter dem sich die Welt bewegte.

** Wie Einstein in einem Brief an seinen Freund, den Ingenieur Michele Besso, schrieb: »Für uns gläubige Physiker hat die Scheidung zwischen Vergangenheit, Gegenwart und Zukunft nur die Bedeutung einer, wenn auch hartnäckigen, Illusion.«

Einsteins revolutionäre Ideen zu einer Theorie der Zeit entstanden in einer Ära, als Uhren in die rasanteste Stufe ihrer Entwicklung eintraten. Während Einstein an seiner Relativitätstheorie arbeitete, schmiedete ein anderer ehrgeiziger junger Mann in siebzig Kilometer Entfernung auf der anderen Seite des Neuenburgersees ganz eigene Pläne. Hans Wilsdorf begann seine Laufbahn als Fremdsprachenkorrespondent und Bürokaufmann einer Exportfirma im Schweizer Uhrmacherzentrum La Chaux-de-Fonds. 1903 übersiedelte der vierundzwanzigjährige Deutsche jedoch nach England. Er ließ sich in Hatton Garden nieder, dem Schmuckviertel in London unter Eduard VII., nur einen Steinwurf von Clerkenwell entfernt, wo einst das Uhrmacherherz der Hauptstadt pulsiert hatte. Wilsdorf wollte ein neuartiges Uhrengeschäft gründen, das ihn zu einem der einflussreichsten Unternehmer in der Geschichte der Uhr machen sollte. Er hatte Berichte über Soldaten gelesen, die während ihres Einsatzes in den Burenkriegen ihre Taschenuhren am Handgelenk getragen hatten. Er war überzeugt, dies sei die Herrenuhr der Zukunft. Kein Vergleich zur Relativitätstheorie, denken Sie vielleicht – aber 1905 hatte die Taschenuhr nahezu vier Jahrhunderte lang unangefochten dominiert, länger als Newtons Gravitationsgesetz.

Wenn eine Taschenuhr aus dem 18. Jahrhundert auf meiner Werkbank landen würde, wäre für mich nur sehr schwer zu erkennen, ob sie einem Mann oder einer Frau gehört hatte. Doch im folgenden Jahrhundert wurden die Unterschiede deutlich. Frauen wurden zunehmend als schwach und gefühlsbeladen typisiert, und so wurden ihre Uhren nun entsprechend zart gestaltet. Die Größe der Taschenuhr schrumpfte auf eine »Anhängeuhr«, die an einer kurzen Zierkette oder als Brosche getragen wurde, während kleine Uhren an einem schmalen oder breiten Armband zum letzten Schrei wurden. Diese Armreifuhren waren ebenso sehr Schmuckstück wie funktionierende Uhren. Oft waren sie aus Gold und mit farbenprächtigem Email, Diamanten, Perlenhälften und Edelsteinen wie Saphiren, Rubinen und Smaragden bestückt. Im 19. Jahrhundert waren Armbanduhren Frauensache.

Eine meiner Lieblingsuhren, die ich restauriert habe, war ein solches Stück. Sie wurde um 1830 in einem hübschen, warmen Goldton gefertigt, ein Farbton, den man nur bei Uhren und Schmuck sieht, die vor Mitte des 20. Jahrhunderts entstanden, als in der Legierung ein höherer Kupferanteil verwendet wurde. Das Zifferblatt ist in eine breite Armspange in Form goldener Schlangen eingebettet, die mit strahlend weißem und pechschwarzem Email und leuchtend roten und grünen Granataugen verziert ist. Sie erinnerte mich an den Armschutz einer Kriegerin, perfekt geeignet für Wonder Woman, falls sie im 19. Jahrhundert einen extravaganten Ball hätte besuchen müssen, aber nichts, was man sich anlegt, wenn man um die Ecke einkaufen geht. Praktisch war diese Uhr nicht.

Auch wenn Uhren in Lederkapselarmbändern für Männer im Einsatz nützlich gewesen sein mochten, hielten sie Zivilisten an der Wende zum 20. Jahrhundert für etwas Weibisches. Zeitungskarikaturisten verhöhnten die neue Mode, und Männer, die mit solchen Uhren erwischt wurden, riskierten, Weichling genannt zu werden. Echte Männer hatten Taschenuhren – selbst Cowboys. Als Levi Strauss 1873 seine berühmte 501-Jeans auf den Markt brachte, war die kleine Innentasche vorn rechts für eine Taschenuhr vorgesehen – eine Eigenart, die bei dieser Jeans bis heute erhalten ist. Ein Bericht aus dem Jahr 1900 schildert, wie eine Probelieferung von Armbanduhren aus der Schweiz vom Einzelhändler in den USA mit der Begründung zurückgeschickt wurde, dass sie »sich in den Staaten nicht verkaufen« ließen.[2] In einer Ausgabe von 1915 des US-amerikanischen Comics *Mutt and Jeff* zeigt Mutt Jeff seine neue Armbanduhr. Jeff spottet: »Wart' mal – ich hol' dir deine Puderquaste.«[3] Und doch ahnte der pfiffige Wilsdorf, dass man Männer mit dem richtigen Marketing für Armbanduhren begeistern könnte und dass die Armbanduhr zum entscheidenden Zeitmesser der Zukunft werden würde.

~

Wilsdorf hatte keinen einfachen Start ins Leben – im Alter von zwölf Jahren wurde er Vollwaise und in ein Internat nach Coburg geschickt –, aber dadurch erwarb er sich eine unabhängige Geisteshaltung und ein kleines Erbe. Während seiner ersten Anstellung in La Chaux-de-Fonds hatte er etwas Geld sparen können, doch um seinen Plan in die Tat umzusetzen, brauchte er einen Investor. Sein Anwalt machte ihn mit dem Engländer Alfred Davis bekannt, dem Wilsdorf unverzüglich seine geniale Idee darlegte: Er wollte Uhrwerke in großen Mengen von einem Schweizer Hersteller kaufen, sie in vorgefertigte Gehäuse montieren und mit dem fertigen Produkt den englischen Markt beliefern.

Ab 1905 importierten Wilsdorf und Davis Uhrwerke des Schweizer Herstellers Jean Aegler aus dem Bieler Rebberg-Viertel nach Großbritannien, wo sie in Gehäuse eingebaut wurden. Einige dieser Gehäuse stammten ebenfalls aus der Schweiz, andere von Firmen wie Dennison (die von Aaron Lufkin Dennison gegründet wurde, dem Eigentümer der bereits erwähnten Waltham Watch Company, der auch eine Manufaktur in Birmingham besaß). Die Uhren wurden unter dem Namen »Wilsdorf & Davis« verkauft, wobei die Initialen »W&D« auf der Innenseite des Gehäuses angebracht wurden, die Uhrwerke hingegen mit »Rebberg« gekennzeichnet waren. Ihr Design war ebenso zweckmäßig wie das der Uhr, die George Mallory für seine Expedition zum Gipfel des Everest auserkoren hatte.

Dennison, der Gehäusefabrikant von Wilsdorf & Davis, hatte aufgrund einer ganz bestimmten Birminghamer Kompetenz seinen Standort von den USA in die mittelenglische Stadt verlagert. Birmingham war die Gold- und Silberschmiedehauptstadt der Welt. Zur Jahrhundertwende waren in diesem Gewerbe etwa 30 000 spezialisierte Kunsthandwerker in und um das Jewellery Quarter beschäftigt. Dennison nutzte ihre Fähigkeiten und gründete eine Fabrik, die zu einem der weltweit erfolgreichsten Hersteller von Uhrengehäusen werden sollte. Anfang des 20. Jahrhunderts exportierte die Dennison Watch Case Company, die nur wenige Gehminuten von meiner Werkstatt entfernt lag, in die gesamten USA und produzierte Gehäuse für Waltham, Elgin und Ingersoll sowie für einige der großen Schweizer Uhrenmanufakturen wie Longines, Omega, Jaeger-LeCoultre und nun Wilsdorf & Davis.

Letztendlich ereilte die Dennison Watch Case Company dasselbe Schicksal wie den Rest der britischen Industrie. Die Fabrik drosselte die Produktion und schloss 1967 endgültig ihre Tore. Vor ein paar Jahren kamen Craig und ich auf die Idee, uns auf die Suche nach den letzten Spuren eines der einst größten Namen der britischen Uhrenindustrie zu begeben. Bewaffnet mit ein paar Fotos von der Fabrik aus den 1980er-Jahren und einer alten Karte, brachen wir zu dem vermuteten Standort auf. Alles, was wir fanden, war eine Asphalt-Einöde – das Gebäude war durch einen Parkplatz des National Health Service ersetzt worden. Enttäuscht wollten wir uns gerade auf den Rückweg machen, als wir am anderen Ende des Parkplatzes Gras und eine alte Backsteinmauer entdeckten. Als wir näher herangingen, dröhnte eine krächzende Stimme aus unsichtbaren Lautsprechern: »Sie sind auf der Überwachungskamera, verlassen Sie sofort dieses Gelände! Sie sind auf der Überwachungskamera, verlassen Sie sofort dieses Gelände!« In schweigendem Einvernehmen ignorierten wir die Aufforderung, und Craig half mir hoch, sodass ich über die Mauer linsen konnte. Das Hauptgebäude war abgerissen worden, aber da, neben einem bröckelnden, mit Efeu bewachsenen Teil der Fabrikmauer, standen die verrosteten Überbleibsel einiger grüner Industriewalzwerke. Damit hatte man früher Metallbleche flach gewalzt, wie ein Nudelholz, mit dem man Teig platt drückt. Dahinter erkannte ich einen Flügel der Fabrik, nur ein kleiner Raum, und durch das längst zerbrochene Glas in den rechteckigen Metallfensterrahmen bekam ich eine Ahnung der dunklen, überwucherten Werkstatt darinnen.

Wilsdorf & Davis hatte kaum das Geschäft aufgenommen, als sich ein Sturm über Europa zusammenbraute. Der Ausbruch des Ersten Weltkrieges löste in Großbritannien eine stark antideutsche Stimmung aus. Der Aliens Restriction Act von 1914 schrieb vor, dass sich Deutsche in England bei der Polizei registrieren lassen mussten und sich nur in einem Umkreis von fünf Meilen (acht Kilometern) bewegen durften. Deutsche Unternehmen wurden geschlossen. Auf den Straßen kam es zu antideutschen Ausschreitungen, Häuser wurden mutwillig beschädigt. Firmen waren bestrebt, jede Verbindung zu diesem Land zu vermeiden. Der Londoner Händler des Schweizer Herstellers Stauffer, Son & Co. sah sich genötigt, Anzeigen zu schalten, um die Öffentlichkeit daran zu erinnern, »dass alle von ihnen gelieferten Uhrenarmbänder in Großbritannien hergestellt werden, da die Herren S., S. & Co. niemals deutsche Armbänder auf Lager hatten«. Wilsdorf war mit einer Britin verheiratet – der jüngeren Schwester von Alfred Davis – und stolz auf seine neue Heimat, der er sehr gewogen war. Doch er wusste, dass sein verdächtig deutsch klingender Name schlecht für das Geschäft sein würde. 1908 hatte Wilsdorf & Davis einen neuen Namen für die Firma eintragen lassen, und ab 1915 nannte sie sich nun offiziell Rolex Watch Company Ltd.[4]

~

Als Craig und ich unsere Werkstatt einrichteten, dachten wir (im Gegensatz zu Wilsdorf und Davis) nicht in großem Maßstab. Unser kleines Geschäftsdarlehen in Höhe von 15 000 Pfund reichte gerade so aus, um die Miete für unsere erste winzige Ein-Raum-Werkstatt zu bezahlen, ein paar gebrauchte Tische zu kaufen (echte Uhrmacher-Werkbänke waren zu teuer, und so bauten wir Podeste, um alte Bürotische auf die richtige Höhe für den Uhrenbau zu bringen), uns mit ein paar wichtigen Handwerkzeugen einzudecken und uns eine Reinigungsmaschine und eine Zeitwaage* zuzulegen (die wir noch immer haben!). Das Geld zerrann uns genauso schnell zwischen den Fingern, wie wir es

* Eine Zeitwaage nimmt die Schläge der Hemmung auf, zeichnet sie als Diagramm auf und zeigt so an, ob das Uhrwerk schnell oder langsam geht.

einnahmen, und die ersten Jahre waren unglaublich schwierig, während wir ausloteten, wie wir unsere Zeit (die Ironie ist uns nicht entgangen) in Rechnung stellen könnten, ein Kampf, den die meisten Kreativen ausfechten müssen. Während der ersten achtzehn Monate lebten wir unterhalb des Existenzminimums und veräußerten regelmäßig Sachen auf eBay, um die Miete begleichen zu können. Im ersten Winter konnten wir es uns nicht leisten, unsere Wohnung zu heizen, und Eis überzog die Wände. In den kältesten Nächten schliefen wir in voller Montur mit Mützen, Handschuhen und unserer Katze. Die Energie aufzubringen, sechzig bis siebzig Stunden pro Woche zu arbeiten, während man friert und sich von Käse und billigen Nudeln ernährt, ist etwas, das ich nie wieder erleben möchte. Es dauerte sieben Jahre, bis wir ein regelmäßiges Einkommen hatten.

Bei seinem früheren Arbeitgeber hatte Craig eine Vorliebe für diese ersten Rolex-Rebberg-Uhren entwickelt, und trotz unserer nunmehrigen Selbstständigkeit war er bekannt dafür, dass er diese Uhren reparierte, und zwar in solchem Maße, dass Auftraggeber aktiv nach ihm suchten. Frühe Rolex-Werbungen betonten die Exaktheit der Uhren, bezeichneten sie als »Rolex-Präzisionsuhren« und prahlten damit, dass sie »fünfundzwanzig Weltrekorde für Genauigkeit« hielten, aber das war es nicht, was Craig an ihnen reizte. Tatsächlich sind die Rebberg-Uhrwerke seiner Erfahrung nach nicht besonders hochwertig. Bei genauerem Hinsehen sind die Kanten rau. Durch Konstruktionsfehler verschleißen sie, und oft müssen ihre zunehmend ausgeschlagenen Lager durch neue, maßgefertigte Komponenten ersetzt werden. Die meisten Uhrwerke haben nur fünfzehn Steine, sodass manche Lager unnötiger Reibung ausgesetzt sind, während sich die Platinen durch die Beschaffenheit der Aufzugswelle abnutzen. Zuweilen haben andere Reparateure im Laufe der Jahrzehnte an ihnen herumgepfuscht und wichtige Elemente, wie die Unruhwelle, durch stümperhaft gefertigte oder angepasste Teile ersetzt. Bei den frühen Rolex-Rebberg-Uhren sind Probleme aufgrund einer nachgefertigten Unruhwelle, die nicht richtig

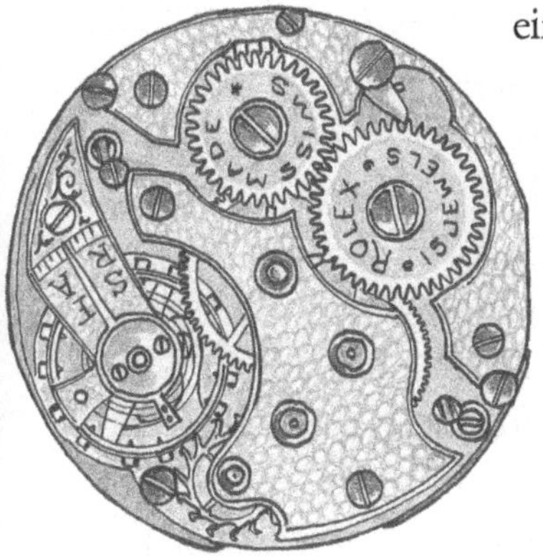

Ein Rolex-Rebberg-Uhrwerk aus der Zeit um 1920. Craig hatte fast genauso viel Freude daran, dieses hier zu zeichnen, wie an solchen Uhrwerken zu arbeiten.

eingesetzt und justiert wurde, oder einer falschen Spiralfeder keine Seltenheit, was beides sehr zu Lasten der Ganggenauigkeit geht. Doch von Anfang an hatte die Rolex einen unwiderstehlichen ästhetischen Charme. Diese Uhren sind alles andere als perfekt – aber sie besitzen eine ansprechende Robustheit. Craig bezeichnet sie als »Traktoren« – aber Traktoren, die einen unweigerlich ins Schwärmen bringen.

Kriege – wie Notlagen – sind die Mutter aller Erfindungen. Konflikte ziehen stets eine intensive Investitions- und Innovationsphase in Wissenschaft und Technik nach sich, denn eine bessere Ausrüstung bietet erhebliche Vorteile auf dem Schlachtfeld. Doch sie bringen auch unerwartete Erfindungen, Lösungen für ungeahnte Probleme hervor. Und so bescherte uns der Erste Weltkrieg, den Lenin einmal als »mächtigen Beschleuniger«[5] bezeichnete, Blutbanken, Edelstahl, Panzer und Drohnen – aber eben auch die kommerzielle Armbanduhr.

Etwas, das der Krieg nicht beschleunigte, war Einsteins Relativitätstheorie. Der Konflikt hatte die wissenschaftliche Zusammenarbeit in Europa zum Erliegen gebracht, und Einsteins Theorie wurde erst 1919 von dem britischen Astrophysiker Arthur Eddington bestätigt. Doch in anderer Hinsicht bewahrheiteten sich Einsteins Ideen im Krieg völlig. Er wurde gleichzeitig an mehreren Fronten ausgefochten, und die üblichen Zeitzyklen Tag und Nacht, ja sogar die Jahreszeiten, wurden durch die unablässige Zerstörung im Schützengrabenkrieg in Stücke gerissen. Derweil wurde die Kommunikation durch die technischen Fortschritte immer verzögerungsfreier, während die Kriegserfahrung eine große räumliche Kluft entstehen ließ – zwischen der einen Seite des Niemandslandes und der anderen, zwischen der Frontlinie und der Heimatfront – und auch eine zeitliche, zwischen der Vorkriegszeit, der Zeit vor dem Sündenfall, und dem Albtraum, der darauf folgte. In gewisser Weise war der Krieg an sich die Fleischwerdung der Relativitätstheorie: ein Bereich, in dem Zeit und Raum in schwindelerregender Geschwindigkeit vernichtet und neu erschaffen wurden.

Und dennoch spielten Zeitmesser eine entscheidende Rolle bei der Kriegsführung. Die Kämpfe an der Westfront waren durch Grabenkämpfe und synchronisierte Angriffe gekennzeichnet. Taktiken wie die »Feuerwalze«, bei der die Truppen während eines anhaltenden Artilleriebeschusses näher an den Feind heranrückten, mussten zeitlich genau abgestimmt werden. Da das dröhnende Granatfeuer jegliche Befehle übertönte, ersetzten zeitlich festgelegte Signale die Rufe. Die verschiedenen Einheiten verständigten sich über Telegrafen, um zu einem bestimmten Zeitpunkt vorzurücken. Während man durch die Gräben kroch, war es fast unmöglich, nach einer Taschenuhr zu kramen, und daher fanden die alliierten Soldaten an der Armbanduhr Gefallen. Die Nachfrage war so groß, dass man nicht mehr wie im Zweiten Burenkrieg auf umfunktionierte Taschenuhren zurückgriff, sondern eigens für diesen Zweck eine Armbanduhr entwickelte. Die Grabenuhr, wie sie genannt wurde, war mit Drahtösen versehen, an denen nun direkt ein Armband und auch ein »Schrapnellschutz« befestigt werden konnten, damit das empfindliche Uhrglas im Kampf nicht zu Bruch ging.

In den Burenkriegen hatten sich die Soldaten die Armbanduhren noch selber beschaffen müssen. Nun aber wurden sie in großen Stückzahlen an das Militär verkauft und konnten den Soldaten als Ausrüstung zusammen mit Uniform, Gewehr und Bajonett ausgehändigt oder mit Preisnachlass in »Army & Navy«-Läden erstanden werden. Derweil trug die Werbung dazu bei, den letzten Widerstand gegen Armbanduhren zu brechen, die historisch gesehen Frauen vorbehalten waren: »Wenn ER an der Front oder auf See kämpft, zeigt ihm diese Wristlet

Waltham die richtige Uhrzeit an«, verkündete eine Anzeige aus dem Jahr 1914. »So gebaut, dass sie großen Belastungen standhält und auch unter den schwierigsten Bedingungen genau geht.« Die betuchteren Offiziere kauften sich oft ausgefallenere Modelle, einfach weil sie es sich leisten konnten. Goldene Versionen der Grabenuhren werden als »Offiziers-Grabenuhren« bezeichnet.

Der Großteil der ersten Grabenuhren wurde in der Schweiz hergestellt, wo die Uhrmacher durch den Erwerb US-amerikanischer Fertigungsanlagen die Produktion hatten ankurbeln können. Marken wie International Watch Company (IWC), Omega, Longines und natürlich Rolex waren, wenig überraschend, die ersten, die auf diesen Zug aufsprangen. Ihre Grabenuhren waren schlicht und funktional mit Gehäusen, die fast wie die Sorte Strandkiesel geformt waren, die man über eine Wasserfläche tanzen lässt, und in der Regel aus Nickel oder Messing bestanden. Diese Uhren wurden in großen Mengen gefertigt und sollten ihren Besitzern in den gefährlichsten Situationen zur Seite stehen, ob im Kampf gegen einen menschlichen Gegner oder unter den extremsten Witterungsbedingungen der Erde. Eine Rolex-Rebberg aus dem Jahr 1916, die Craig instand setzte, hatte der Großvater des Auftraggebers von einem Mann gekauft, der am Persischen Golf gedient hatte. Als wir sie in die Hände bekamen, war sie beschlagen, zerkratzt und zerbeult, und die Lünette und das Uhrglas fehlten. Aber selbst ohne Stoßsicherung und Abdichtung hatte die Uhr ihren Träger durch die Kämpfe in der Wüste begleitet und war jahrzehntelang danach täglich getragen worden. Sie hatte den Zweck erfüllt, für den sie gebaut worden war.

~

In der nächtlichen Dunkelheit im Schützengraben konnten die Soldaten die Zeit nur ablesen, wenn die Uhr leuchtete. Das Zifferblatt der Grabenuhr bestand gewöhnlich aus Email, meistens strahlend weiß, auf das die Ziffern mit Radium-Leuchtfarbe gemalt waren. Die Skelettzeiger waren durchbrochen, und die Hohlräume waren mit einer im Dunkeln leuchtenden Masse gefüllt. Die Pionierin der Physik Marie Curie hatte 1898 gemeinsam mit ihrem Ehemann Pierre Radium entdeckt, das sich aus dem uranhaltigen, radioaktiven Erz Uraninit gewinnen ließ. In der Öffentlichkeit hatte Radium schnell den Ruf eines Superelements erworben. Dank seiner Wirksamkeit bei der Behandlung von Krebs wurde es als Mittel gegen alles Mögliche, von Heuschnupfen bis Verstopfung, empfohlen.* Für die Uhrenindustrie erwies sich einer der Zerfallsprozesse des Radiums als besonders vielversprechend: Wenn man Radium mit einem Leuchtstoff, einer fluoreszierenden chemischen Substanz, versetzte, regte die ionisierende Strahlung des Radiums bei dieser Substanz ein geisterhaftes blassgrünes Schimmern an. Der Einsatz von Radiumfarbe zur Beleuchtung der Ziffern und Skalen von Zeitmessern und wissenschaftlichen Geräten setzte sich schnell durch. Um 1926 produzierte allein der US-amerikanische Hersteller Westclox anderthalb Millionen Leuchtuhren pro Jahr.[6] Die Nachfrage nach Uhren, Flugzeuginstrumenten, Zielfernrohren und Schiffskompassen, deren Anzeigen im Dunkeln leuchteten, war natürlich dementsprechend groß. Ende 1918, ein Jahr nach dem Kriegseintritt der Vereinigten Staaten, besaß jeder sechste US-amerikanische Soldat eine Leuchtuhr.[7]

---

* Anfang des 20. Jahrhunderts entstanden auf der ganzen Welt Fabriken, die aus der Leuchteigenschaft des neuen Elements Profit schlugen. Es wurde als Gesundheitsprodukt vermarktet und allem beigemischt, von Lebensmitteln, wie mit Radium angereicherter Butter und Milch, über Zahnpasta (»Für Zähne, die so sauber sind, dass sie strahlen!«) bis hin zu Kosmetik. Sogar Kleidung wurde mit Radium imprägniert, das auch in Damen- und Herrenunterwäsche verarbeitet wurde. Aus der Tatsache, dass mit Radium versetztes Insektenspray als wirksames Schädlingsbekämpfungsmittel im Haushalt galt, wollte niemand irgendwelche Rückschlüsse ziehen. Radium war ein einträgliches Geschäft, und diejenigen, die es vermarkteten, waren sorgsam darauf bedacht, Negativschlagzeilen zu vermeiden.

Überall in den USA, der Schweiz und Großbritannien sprossen Fabriken wie Pilze aus dem Boden, in denen Tausende junger Frauen die Zahlen auf Abermillionen von Leuchtzifferblättern von Hand aufmalten.* Zifferblattmalerin war ein angesehener, begehrter Beruf, der von geschickten Kunsthandwerkerinnen ausgeübt wurde. Jedes einzelne Zifferblatt durchlief eine strenge Qualitätskontrolle und wurde in einer Dunkelkammer auf Genauigkeit geprüft.[8] Wem zu viele Fehler unterliefen, wurde entlassen. Weil man ihr Talent zu schätzen wusste, waren die Löhne der Zifferblattmalerinnen ungewöhnlich hoch, besonders für Frauen in jener Zeit. Die Arbeitgeber waren der Meinung, dass Frauen dieses Handwerk besonders gut beherrschten, weil ihre schmalen Hände für diese heikle, kleinteilige Aufgabe prädestiniert seien. Vielleicht galten Frauen auch als entbehrlicher als Männer. Männer, die mit radiumhaltigen Substanzen hantierten, bekamen schützende Bleischürzen, Frauen jedoch nicht. Doch die Frauen nahmen diese Arbeit gern an. Sie wurden nach Stückzahl bezahlt und erhielten kein festes Gehalt, was bedeutete, dass sie umso mehr verdienten, je mehr Zifferblätter sie pro Tag bemalten. Einige nahmen das Dreifache eines durchschnittlichen Fabrikarbeiters ein und brachten mehr Geld nach Hause als ihre Väter. Im Durchschnitt konnten Frauen einen Wochenlohn erzielen, der heute dreihundertsiebzig Dollar entspräche, und die schnellsten kamen auf ein Jahreseinkommen von bis zu 40 000 Dollar.[9] Da viele der Fabriken in armen Arbeitervierteln angesiedelt waren, wirkten sich diese Löhne deutlich auf die Lebensumstände aus und ermöglichten es den Frauen, etwas zum Familienunterhalt beizutragen

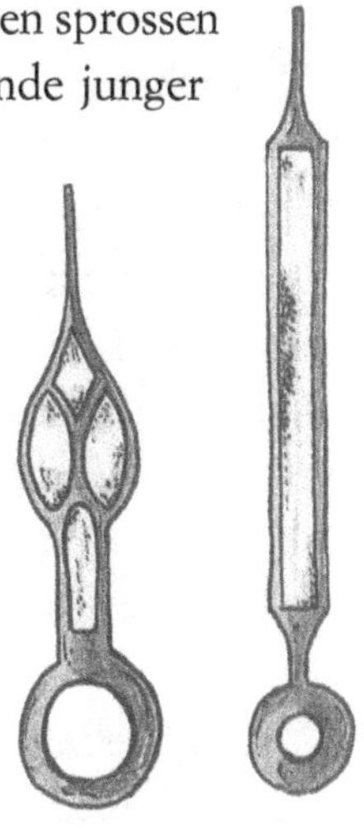

Skelettzeiger, deren Hohlräume mit einer Leuchtmasse gefüllt sind.

* Diese Arbeit und ihre verheerenden Auswirkungen in den USA sind Gegenstand von Kate Moores brillantem Enthüllungsbuch *The Radium Girls*.

und für die Zukunft zu sparen. Obgleich in den Stellenanzeigen Frauen über achtzehn Jahren gesucht wurden, führte die laxe Durchsetzung der Vorschriften dazu, dass auch viel jüngere Mädchen eine Beschäftigung fanden, einige bereits im Alter von elf Jahren.[10]

Radiolumineszierende Farbe, die so verführerische Namen wie Undark und Luna trug, wurde als »flüssiger Sonnenschein« bezeichnet.[11] Die Zifferblattmalerinnen mussten ihre Farbe selbst in einem Tiegel aus einem Klecks Radiumpulver, einem Klecks Leuchtstoff, einem Tropfen Wasser und Gummi Arabicum als Bindemittel anrühren.[12] In der Schweiz wurde die Farbe mit Glasstäben aufgetragen, in Frankreich wurden Wattestäbchen benutzt, in anderen Ländern spitze Holz- oder Metallnadeln.[13] In den USA hingegen wurde die Farbe mit einem hauchzarten Kamelhaarpinsel in Linien von nur einem Millimeter Breite aufgebracht. Weil die Pinsel so fein waren, neigten sie dazu, auszufransen, und daher wurde die Spitze mit den Lippen befeuchtet, eine Technik, die von Frauen eingeführt wurde, die zuvor in der Porzellanmalerei beschäftigt gewesen waren. »Anfeuchten, eintauchen, bemalen« – so lautete die Devise, mit der die Frauen mit den Lippen die Pinsel in Form brachten, bevor sie sie in die Radiumlösung tunkten und das Zifferblatt anmalten.[14] Auch wenn der Umgang mit Radiumfarbe immer gefährlich war, bei welcher Gelegenheit sie auch eingesetzt wurde, erwies sich dieses Verfahren in den USA als besonders todbringend.

Anfangs gab es keine Sicherheitsbedenken – ganz im Gegenteil. Den Zifferblattmalerinnen wurde weisgemacht, Radium sei gut für sie – schließlich handelte es sich um ein Gesundheitsprodukt, das teuren Gesichtscremes und Make-up beigemengt wurde. Sie nahmen das Radium nicht nur auf, wenn sie die Pinsel mit den Lippen anspitzten, sondern waren am Ende des Arbeitstages mit den Radiumpartikeln bedeckt, die in der Luft der Fabrik schwebten. Man konnte beobachten, wie die Arbeiterinnen in diesem unheimlichen grünen Licht leuchteten, wenn sie in der Abenddämmerung nach Hause gingen. Die Bewohner dieser Viertel schilderten, die Mädchen hätten wie Geister ausgesehen. In den Fabriken herrschte allgemein eine gute Stimmung, und die Frauen fühlten sich geehrt, dort arbeiten und ihren Teil zur Unterstützung der Soldaten an der Front beitragen zu können. Von einigen Malerinnen weiß man, dass sie daraus ein Spiel machten und den Soldaten heimlich eine Nachricht zukommen ließen, indem sie ihren Namen und ihre Adresse auf die Rückwand des Uhrengehäuses ritzten und warteten, ob ihnen der letztliche Besitzer schreiben würde. Manchmal geschah das tatsächlich.[15]

Die Verantwortlichen wussten jedoch schon sehr früh um die verborgenen Gefahren. Sabin Arnold von Sochocky, der Erfinder der Farbe, der schließlich an den Langzeitfolgen der Strahlenbelastung starb, hatte mit dem Ehepaar Curie zusammengearbeitet, das zu jenem Zeitpunkt bereits so einige Radiumverbrennungen davongetragen hatte. Er hatte sich selbst die Spitze des linken Zeigefingers amputiert, nachdem er dort mit Radium in Berührung gekommen war.[16] Obwohl es stimmt, dass Radium Krebszellen zerstören kann, unterscheidet es nicht zwischen gesundem Gewebe und einem Krebstumor – es vernichtet alles, was ihm in den Weg kommt. Werkstattleiter und Firmenführung redeten sich gegenseitig ein (zweifelsohne ermuntert durch die immensen Profite, die sie aus dem florierenden Geschäft erzielten), dass die Radiumdosen, die die Malerinnen aufnahmen, zu gering seien, um ihnen zu schaden. Aber da einige Mädchen die Pinsel bei jeder Ziffer gleich zweimal befeuchteten und die schnellsten unter ihnen bis zu zweihundertfünfzig Zifferblätter pro Tag schafften, summierte sich diese Dosis. Der Körper lagert das Radium, das sich ähnlich wie das chemisch verwandte Kalzium verhält, in den Knochen ein, die der radioaktive Stoff daraufhin zerfrisst – langsam wie eine tickende Zeitbombe.[17]

Diese kumulative Belastung führte dazu, dass die Knochen der Betroffenen zerfielen. Bei den meisten Zifferblattmalerinnen zeigten sich die Symptome zuerst an den Zähnen, die sich entzündeten, dann locker wurden und ausfielen oder gezogen werden mussten. Die klaffenden Löcher im Zahnfleisch verheilten nur schlecht und riefen Geschwüre und Infektionen hervor, die die Knochen freilegten. Als bei fortschreitender Krankheit eine Kiefernekrose einsetzte, brachen die Knochen entzwei. Die betroffenen Frauen konnten sich ganze Stücke ihres Kiefers aus dem Mund reißen.

Auch bei denjenigen, die die Blutvergiftungen und den massiven Blutverlust überlebten, richtete das Radium im Skelett verheerende Schäden an und durchlöcherte die Knochen wie einen Schwamm, bis sie barsten oder sich auflösten. Die Schmerzen waren unerträglich. Junge Frauen im Teenageralter, um die zwanzig oder dreißig wurden zu Krüppeln. Krebs war eine weitere Todesursache. In den Jahren nach der Strahleneinwirkung traten seltene Sarkome auf, oft von den Knochen ausgehend. Ärzte, darunter auch einige, die bei den Leuchtzifferblätter-Firmen angestellt waren, versicherten ein ums andere Mal, dass die Probleme der »Radium Girls« auf das weibliche Nervenkostüm, die Hormone und Hysterie zurückzuführen seien – obwohl Untersuchungen ergeben hatten, dass diese Frauen nun buchstäblich radioaktiv waren.[18] Den Tod des ersten Opfers, Mollie Maggia aus New Jersey, die im September 1922 mit vierundzwanzig Jahren starb, schrieb man zunächst einer Syphilis zu, einzig und allein aufgrund der Tatsache, dass sie eine junge, alleinstehende Frau war.

Ich habe einmal von einem Paket mit alten Militäruhren gehört, das vom Sicherheitsdienst am Flughafen aufgehalten wurde. Jahrzehnte nach ihrer Herstellung waren die Uhren noch immer verstrahlt. Doch die Menge an Radium in einem Uhrenzifferblatt ist so gering, dass es im normalen Hausmüll entsorgt werden kann, und viele Restaurateure haben Schubladen über Schubladen voller Uhrwerke mit alten, radiumhaltigen Leuchtzifferblättern oder »neuwertigen Radium-Leuchtzeigern aus alten Beständen«.* Eines von Craigs vielen Talenten ist die Nach-

---

* »Neuwertige Waren aus alten Beständen« sind Waren, die nie benutzt worden sind, ein bisschen wie eBay-Artikel, die »brandneu mit Originaletikett« verkauft werden (nur sind sie in diesem Fall eben einhundert Jahre alt mit Originaletikett).

bildung alter Radiumfarbe mit modernen, sicheren Alternativen. Dazu mischt er Humbrol-Farbe für den Modellbau im passenden Farbton an und versetzt sie mit feinem Sand oder Splitt, um die grobe Textur der Originalfarbe nachzuahmen, die sich von der Oberfläche des Zifferblatts abhob wie ein frisch gebackener Muffin. Einmal ersteigerte ich eine Ladung alter Werkzeuge und fand darunter versteckt ein kleines Glasfläschchen mit weißem Pulver, auf dessen verblichenem Etikett das handschriftlich in Tinte geschriebene Wort »RADIUM« stand, wie eine unheilvolle Version des »Trink mich«-Schrumpftranks aus *Alice im Wunderland.* Ängstlich googelte ich nach »sichere Entsorgung von radioaktivem Material« und war schon halb darauf gefasst, dass ein Alarm losschrillte und bewaffnete Polizei in Schutzausrüstung die Werkstatt stürmte.

Schließlich band ich das Pulver mit Öl, damit sich die Partikel nicht in der Luft verteilen konnten, und verschwendete keinen Gedanken mehr daran. Das Leben der Zifferblattmalerinnen war ruiniert. Mehr als fünfzig von ihnen waren bis Ende der 1920er-Jahre gestorben, auch wenn sich nicht mehr herausfinden lässt, wie viele letztendlich betroffen waren. Obwohl sie sich im Ersten Weltkrieg um ihr Land verdient machten, war der Preis, den sie dafür bezahlen mussten, schändlich.

Ihr tragischer Tod war jedoch nicht völlig umsonst. Viele dieser Frauen, sowohl die, die überlebten, als auch die, die starben, halfen in der zweiten Hälfte des 20. Jahrhunderts durch ihre Einwilligung und die ihrer Familien bei der Erforschung radioaktiver Strahlung. Ihre Körper trugen dazu bei, dass Atomtests in Gebieten, in denen der radioaktive Niederschlag in die Nahrungskette gelangen konnte, eingestellt wurden. Die »Radium Girls« waren eines der frühesten Beispiele dafür, wie sich unsere Zukunft in einer zunehmend nuklearen Welt gestalten könnte.

Am Ende des Ersten Weltkrieges gab es kaum noch einen Mann, der *keine* Armbanduhr besaß. Für viele war sie eine Art Tapferkeitsorden. In den darauffolgenden Jahren bildeten die Grabenuhren den Grundstock einer neuen Ära in der Gestaltung und Weiterentwicklung von Armbanduhren. Die Uhrenhersteller brachten eine breite Palette neuer Modelle und Stile auf den Markt, wie elegante, lange, rechteckige, aerodynamische Gehäuse, die dem aufkommenden Art déco huldigten. Auch eckige Uhren, deren Seiten nach außen gewölbt waren (und die für mich etwas von einem aufgeplusterten Sofakissen haben), kamen groß in Mode. Während die ursprünglichen Grabenuhren wie kleine Taschenuhren mit angelöteten Drahtösen aussahen, hatten die neuen Uhren nun Gehäuse mit fest integrierten Bandanstößen, also Vorsprüngen, zwischen denen das Armband befestigt wird.

In der Nachkriegszeit ermöglichten Fortschritte in der Metallurgie und Werkstoffkunde Techniken wie die galvanische Vergoldung, die das dickere Walzgold oder Doublé der Uhrengehäuse ablöste. Beim galvanischen Vergolden wurde weniger echtes Gold benötigt, sodass die »Golduhr« als Statussymbol in Reichweite breiterer Bevölkerungsschichten kam. Für das Basismetall der Uhrengehäuse wurden nun bessere Materialien wie Edelstahl verwendet, und mit moderneren Maschinen ließen sich diese härteren Metalle jetzt leichter bearbeiten und veredeln. Im Gegensatz zu Chrom und Nickel riefen Edelstahlgehäuse keine heftigen allergischen Reaktionen hervor.

Auch der Automatikaufzug von Armbanduhren wurde verfeinert, sodass diese effizienter und billiger in der Herstellung wurden. Die Automatik fußte auf einer zentral im Uhrwerk drehbar gelagerten Schwungmasse, durch die der Träger die Uhr einfach durch die Bewegung seines Handgelenks aufzog. Die Schwungmasse bewegt sich dabei in etwa so wie eine Holzratsche, die ein Fußballfan bei einem Spiel schwingt. Die rotierende Schwungmasse setzt ein Räderwerk in Gang, das die Zugfeder im Federhaus spannt. Damit konnte es nicht mehr passieren, dass man im entscheidenden Moment auf die Uhr blickte und feststellte, dass sie stehen geblieben war.

Die Komplikationen wurden zahlreicher und erschwinglicher. Nun gab es Chronographen für das Handgelenk, die sowohl als Stoppuhr fungierten als auch die Zeit anzeigten, und Wecker, die einen morgens mit einem Summton weckten. Durch die stetig wachsende Beliebtheit von Armbanduhren konnten die Gewinne in die Entwicklung investiert und dadurch die Qualität und Genauigkeit der Uhrwerke optimiert werden.

Diese innovative Zeit zwischen den beiden Weltkriegen zog Craig und mich in ihren Bann, als wir die Uhrmacherkunst erlernten – es war eine der ersten Leidenschaften, die wir miteinander teilten. Es gibt so viele verrückte und wundervolle Modelle, von denen einige sehr erfolgreich, noch viel mehr hingegen so misslungen waren, dass nur ein Masochist sie freiwillig reparieren würde. Ich habe Uhren aus dieser Periode gesehen, die schon in neuem Zustand kaum funktionierten, geschweige denn, nachdem sie siebzig, achtzig oder einhundert Jahre in Gebrauch waren. So durchlief der Automatikaufzug zahlreiche Änderungen, bevor er zu dem hocheffizienten System wurde, das wir heute benutzen. Es gab die »Wig-Wag«-Automatik, bei der das gesamte empfindliche Uhrwerk im länglichen Gehäuse hin- und herschwang, und die »Autorist«, bei der die Uhr beim Tragen durch eine Mechanik am beweglichen Bandanstoß aufgezogen wurde. Wir haben eine Autorist in unserer Sammlung, und nachdem ich sie ausprobiert habe, kann ich mir kaum eine in der Öffentlichkeit schickliche Handgelenksbewegung vorstellen, die so schwunghaft wäre, dass man die Uhr auch nur halbwegs aufziehen könnte. All diese Uhren erinnern an den zutiefst menschlichen Drang, unseren Erfindungsreichtum auszuloten und immer etwas Neues zu erfinden, sowie an unser Bedürfnis, die letzte aufregende technische Errungenschaft besitzen zu müssen.

~

Mehr als jede andere Marke trieb Rolex diese Entwicklungswelle voran. 1919 hatten Wilsdorf und Davis den Firmenstandort in die Schweiz verlagert, 1920 wurde das Unternehmen in Genf in das Handelsregister eingetragen. Um die Staatskasse wieder aufzufüllen, hatte die britische Regierung nach Kriegsende hohe Einfuhrzölle auf Uhrengehäuse verhängt. Rolex unterhielt bis 1931 eine Niederlassung in London; kurz darauf löste sich die britische Regierung vom Goldstandard, und der Goldpreis stürzte ab. Die Qualität der Rolex-Uhren steigerte sich im Laufe der Jahre erheblich, aber es war Wilsdorfs geniales Marketing, das ihren Status festigte. Selbst der Name, den er sich 1908 ausgedacht hatte – Rolex –, hatte etwas. Er klang … nobel, eine Gedankenverbindung, die durch Modellnamen wie Prince, Princess, Oyster und später die Royal-Versionen sowie die Schwestermarke Tudor noch verstärkt wurde. Wilsdorf sagte, das Rolex-Logo mit der fünfzackigen Krone sei von den fünf Fingern einer menschlichen Hand inspiriert, eine Anspielung auf die Handarbeit, die in jeder Rolex steckt. Es ist noch immer auf der Aufzugskrone jeder Rolex zu sehen, die heute gemacht wird. All diese Assoziationen haben dazu beigetragen, dass Rolex-Uhren einen unaufdringlichen Luxus, Status und Wohlstand ausstrahlen.

Wilsdorf nutzte auch jede Gelegenheit für Werbung. Als die Firma 1927 ihre erste wasserdichte Uhr entwickelte, die Oyster – so genannt, weil das Gehäuse so dicht verschlossen war wie die Schale einer Auster –, brachte man sie nicht nur in die Geschäfte und schaltete ein paar Anzeigen in Zeitungen und Zeitschriften, sondern schickte sie auf eine Reise durchs Meer. Mercedes Gleitze, die als erste britische Schwimmerin erfolgreich den Ärmelkanal durchquert hatte, trug sie bei einem zweiten Rekordversuch um den Hals. Nach zehn Stunden im Wasser wurde die Uhr einer Überprüfung unterzogen, und man stellte fest, dass sie tadellos funktionierte. Gleitze wurde die erste Markenbotschafterin von Rolex, die mit ihrem berühmten Gesicht für die Uhren warb und sich für deren Stabilität und Zuverlässigkeit verbürgte. Dass Prominente und Sportlerinnen für Uhren werben, ist für uns heute alltäglich, doch es war die Firma Rolex, die diese Praxis auf den Weg brachte.

Rolex-Uhren standen nun sinnbildlich für die kühnen Unternehmungen ihrer Besitzer. 1933 überflogen Mitglieder der Royal Air Force als Erste den Mount Everest und trugen dabei Rolex-Uhren. Prompt druckte Rolex eine Anzeigenreihe mit dem Titel »Time flies« (Die Zeit vergeht wie im Flug). 1935 sauste eine Oyster am Handgelenk von Sir Malcolm Campbell während eines seiner zahlreichen Geschwindigkeitsrekordversuche in seinem legendären Auto, dem Campbell-Railton Blue Bird, mit rund 438 Kilometer pro Stunde über den Strand von Daytona Beach. In den 1950er-Jahren brachte Rolex die »Explorer« auf den Markt, die Edmund Hillary angeblich bei der Erstbesteigung des höchsten Berges der Welt begleitete (obwohl Hillary später angab, er habe auf dem Gipfel eine Uhr von Smiths dabeigehabt). Heutzutage bringt man Rolex vielleicht mit Wimbledon, dem Reitsport, dem Golfturnier Masters Tournament oder der Formel 1 in Verbindung. Das Unternehmen sponsort Kunstfestivals in der ganzen Welt. Es dürfte schwer sein, jemanden zu finden, der den Namen Rolex noch nie gehört hat oder das prägnante Kronenlogo nicht erkennt. Meiner Meinung nach war Rolex der erste Uhrenhersteller, dessen Markenname erfolgreicher war als die Uhren an sich.

~

Die Jahre zwischen den beiden Weltkriegen brachten die rasanteste Entwicklung der Kleinuhr in ihrer fünfhundertjährigen Geschichte hervor, ein Innovationstempo, das bis heute anhält. Als der Zweite Weltkrieg 1939 ausbrach, waren Uhren viel besser an die widrigen und extremen Kampfbedingungen angepasst als noch zwanzig Jahre zuvor. Piloten wurden mit riesigen Armbanduhren in Taschenuhrgröße ausgestattet, die so konzipiert waren, dass sie sich nachts problemlos ablesen und über die sperrige Fliegerkleidung ziehen ließen. Taucheruhren gingen mit den Kampfschwimmern der Marine auf Einsätze, bei denen Stützpunkte des Gegners vom Meer aus angegriffen oder Haftminen an den Rumpf feindlicher Schiffe angebracht wurden. Diese hochleistungsfähigen Armbanduhren waren teilweise stoß- und wasserdicht, und manche Gehäuse waren sogar mit einem Mantel zum Schutz vor Magnetfeldern ausgerüstet. Zunehmend verwendeten Kampfpiloten kalibrierte Lünetten, mithilfe derer sie ihre Position in der Luft bestimmen konnten.

Die Neutralität der Schweiz im Ersten Weltkrieg hatte sich als Segen für die Uhrenindustrie erwiesen. Die Schweizer Uhrenhersteller hatten nicht die Hälfte ihrer Belegschaft bei Kampfeinsätzen an der Front verloren, und die Wirtschaft des Landes blieb von der Doppelbelastung durch Produktionseinbußen und Kriegsausgaben verschont. Die Schweizer Manufakturen belieferten nicht einfach nur das Militär weltweit mit fertigen Uhren, sondern exportierten auch Bausätze mit Uhrwerken, Gehäusen und Zifferblättern, die unter allen möglichen Markennamen verkauft werden konnten. Während des Zweiten Weltkrieges gestaltete sich der Handel jedoch schwieriger. Durch die Etablierung des Vichy-Regimes in Frankreich wurde die Schweiz vom Handel mit den Alliierten abgeschnitten. Sie war nun komplett von den Achsenmächten umgeben, was die Schweizer Uhrenhersteller vor ein Dilemma stellte, denn sie wollten mit den Achsenmächten zwar keine Geschäfte machen, kämpften aber um ihr Überleben. Bei Kriegsausbruch lieferte Rolex Uhrwerke an die italienische Firma Panerai, die für Taucher der italienischen Marine bestimmt waren, doch das reichte nicht aus, um den Verlust des Hauptabsatzmarktes Großbritannien auszugleichen.

Schließlich begann Rolex wie andere Uhrenfirmen auch, Uhren nach Großbritannien zu liefern über neutrale Drittstaaten und mit Schiffen und Flugzeugen unter der Flagge von Ländern, die sich nicht im Krieg mit dem Vereinigten Königreich befanden wie beispielsweise Spanien und Portugal. Diese Uhren erfreuten sich steigender Nachfrage, besonders unter den Piloten der Royal Air Force, für die sie quasi ein absolutes Muss waren, seit eine Rolex Alex Henshaw im Jahr 1939 bei seinem

Alleinflug von London nach Kapstadt und zurück Gesellschaft geleistet hatte. Wilsdorf unternahm enorme Anstrengungen, um den Verkauf bei den Alliierten aufrechtzuerhalten. Bekanntermaßen bot er britischen Offizieren an, die in Kriegsgefangenschaft geraten waren, ihre beschlagnahmten Rolex-Uhren zu ersetzen.* Die Uhren wurden bestellt und dann über das Internationale Rote Kreuz unter der Übereinkunft verschickt, sie nach Kriegsende zu bezahlen. Dieses Gentleman's Agreement stärkte die Moral und offenbarte Wilsdorfs Überzeugung, dass die Gefangenen überleben, der Krieg enden und die Alliierten gewinnen würden. In einem deutschen Gefangenenlager für Offiziere, dem Oflag VII B, wurden über 3000 Uhren von britischen Kriegsgefangenen geordert.

Flight Lieutenant Gerald Imeson, der im Stalag Luft III etwa hundertsechzig Kilometer südöstlich von Berlin interniert war, bestellte eine Rolex 3525, einen Oyster-Chronographen der Oberklasse. Imeson benutzte seine Uhr mit wasserdichtem Gehäuse, Radiumzeigern und -ziffern, um sich in einem knapp über einhundert Meter langen Tunnel mit dem Spitznamen »Harry«** zu orientieren, den er und seine Mitgefangenen im Rahmen einer waghalsigen Fluchtaktion gegraben hatten. Imeson war einer von zweihundert Männern, die fliehen wollten, und war während der Vorbereitungen als »Pinguin« eingesetzt worden. Er hatte einige der vielen Tonnen Erde, die aus den Tunneln ausgehoben worden waren, unter einem weiten Mantel verborgen und auf dem Gelände des Lagers verteilt.

Es ist möglich, dass Imeson in der Nacht des Ausbruchs mithilfe seiner raffinierten Uhr berechnete, wie oft die Wachen im Lager patrouillierten, wie lange ein Mann brauchte, um durch den Tunnel zu kriechen,

---

* Militäruhren wurden in Kriegsgefangenenlagern häufig konfisziert, weil man fürchtete, sie könnten einen Kompass oder andere Fluchtinstrumente enthalten.

** »Harry« war einer von drei Tunneln. »Tom« war entdeckt und gesprengt und »Dick« aufgegeben worden, als die Stelle, an der er nach oben führte, überbaut worden war.

und wie viele Männer pro Stunde in den Tunnel einsteigen konnten (es waren zehn). Um ein Uhr stürzte der Tunnel teilweise ein, sodass die Männer nur noch langsam vorankamen. Um 4:55 Uhr wurde der 77. Mann von einer Wache bemerkt. Diejenigen, die es nach draußen geschafft hatten, rannten um ihr Leben. Nach einer Verfolgungsjagd wurden dreiundsiebzig von ihnen gefasst, von denen fünfzig auf Befehl Hitlers hingerichtet wurden, um ein Exempel zu statuieren. Nur drei Männern gelang es, sich in Sicherheit zu bringen. Imeson gehörte nicht dazu. Er musste zurück ins Lager und wurde, nachdem er in ein anderes Kriegsgefangenenlager gebracht worden war, 1945 befreit. Er hielt seine Rolex 3525 bis ans Ende seines Lebens in Ehren.*

~

Am Ende des Zweiten Weltkrieges befand sich Rolex in einer starken Position, Großbritannien und weite Teile Europas hingegen stürzten in die Rezession. Die Firma legte das Augenmerk auf den US-amerikanischen Markt, und mit cleverem Marketing und neuen Modellen schaffte sie es, mit heimischen Uhrenmarken wie Waltham und Hamilton mitzuhalten. Der Schlüssel zu ihrem Erfolg lag in der Zusammenarbeit mit der damals weltweit größten Werbeagentur, J. Walter Thompson – eine Beziehung, die jahrzehntelang Bestand hatte.

Dank der Werbung waren Wilsdorfs Uhren nicht nur Zeitmesser, sondern erzählten eine Geschichte. Indem sie mit wagemutigen Extremsportarten, äußerst präziser Zeitmessung und der Noblesse der Oberschicht assoziiert wurden, kündeten die Uhren ebenso davon, wer man sein wollte, wie davon, wer man war. Es gibt einen modernen Marketingbegriff für Waren, die den Anschein von Exklusivität und Luxus erwecken, aber für den Massenmarkt bestimmt sind. Sie werden als

* Dieser außergewöhnliche Gefängnisausbruch lieferte die Vorlage für den Film *Gesprengte Ketten*.

»Masstige« bezeichnet, ein Kofferwort aus »Masse« und »Prestige«. Meines Erachtens liegt darin die Genialität von Wilsdorf.

Hans Wilsdorf und Albert Einstein schlugen sehr verschiedene Laufbahnen ein: Der eine war ein findiger Geschäftsmann, der andere ein brillanter Theoretiker. Aber sie hatten erstaunlich viel gemein. Beide wurden im Abstand von nur zwei Jahren in Deutschland geboren, beide übersiedelten in die Schweiz, wo beide ursprünglich als Büroangestellte arbeiteten. Doch die für mich faszinierendste Verbindung zwischen diesen zwei bemerkenswerten Männern ist, dass sie beide unser Verhältnis zur Zeit veränderten. Während Einstein jahrhundertealtes Wissen über die Beschaffenheit der Zeit an sich auf den Kopf stellte, überwand Wilsdorf jahrhundertealte Vorstellungen davon, was ein Zeitmesser sein kann. Bis heute leben wir mit ihrem Vermächtnis.

10

Mensch und Maschine

»Wir entfernen uns immer
vom gegenwärtigen Augenblick.«[1]

H. G. Wells, Die Zeitmaschine, 1895

Als es am 9. Juni 1940 auf die Mittagszeit zuging, kehrte die dreiköpfige Besatzung von L9323, einem leichten Bomber vom Typ Bristol Blenheim Mk IV, zum Stützpunkt zurück. Sie hatte gerade einen erfolgreichen Einsatz absolviert und einen deutschen Panzerkonvoi in der Nähe von Poix-de-Picardie im nordfranzösischen Département Somme bombardiert. Die Deutschen rückten schnell auf die Alliierten vor, die zwischen dem feindlichen Heer und der Küste eingekesselt waren. Die Evakuierung bei Dünkirchen war beendet. Die Männer von L9323 waren Teil der Operation Aerial, die das Ziel hatte, den Vormarsch des Gegners zu verlangsamen und den Kameraden, die die Rettungsaktion verpasst hatten, so viel Zeit wie möglich für die Flucht über den Ärmelkanal zu verschaffen.

Als die Mannschaft auf ihrem Rückweg zum Stützpunkt die Normandie überflog, wurde sie von einer Flugabwehrkanone beschossen. Der fünfundzwanzigjährige Pilot, Flying Officer Charles Powell Bomford, war auf der Stelle tot. Der Flugbeobachter, Sergeant Robert Anthony Bowman, stieß die Leiche seines gefallenen Freundes beiseite und griff nach dem Steuerknüppel. Bowman hatte noch nie ein Flugzeug gesteuert, doch er wusste, wenn er die Maschine im freien Fall zu Boden stürzen ließ, würden er und der Bordschütze, Pilot Officer Francis Edward Frayn, durch den Aufprall getötet werden. Während das Flugzeug sank, mühte sich Bowman mit der Steuerung ab und schaffte es, den Sinkflug so weit abzubremsen, dass sie den ersten Aufschlag überstanden. Doch dabei wurde der Bug des Flugzeugs ins Cockpit gedrückt und presste Bowman gegen die Lenksäule. Er war eingeklemmt. Frayn eilte ihm zu Hilfe, konnte ihn aber nicht befreien. Der auslaufende Treibstoff entzündete sich, und durch die Explosion wurde Frayn aus dem Flugzeug geschleudert. Bowman kam in den Flammen ums Leben.

Danach war Frayns Schicksal lange Zeit unbekannt. Flugaufzeichnungen deuteten darauf hin, dass er überlebt haben und in Kriegsgefangenschaft geraten sein könnte, obwohl sich keine Hinweise auf eine Internierung fanden. Was wirklich geschehen war, erwies sich als viel bemerkenswerter.

Frayn saß fest – er war zu schwer verwundet, um sich zu bewegen, und wusste, dass der Feind nicht weit weg war. Er lag dort auf dem Boden, wo er aufgekommen war, und hörte, wie sich Stiefeltritte von marschierenden Soldaten näherten. Ich kann mir nur vorstellen, wie erleichtert er gewesen sein muss, als er erkannte, dass die Stimmen mit einem schottischen Akzent sprachen. Es war die 51. (Highland) Infanteriedivision, die letzte große Einheit der Alliierten, die auf dem Fluchtweg an die Küste noch in der Region verblieben war. Sie bargen Frayn, legten ihm vorsichtig die zusammengefaltete Fliegerjacke unter den Kopf und trugen ihn auf einer Trage zwei Tage lang zum Krankenhaus in Saint-Valery-en-Caux, wo sie alle auf ihre Evakuierung hofften. In den Tagen nach dem »Wunder von Dünkirchen« wurden die letzten Truppen – fast 200 000 Mitarbeiter der Alliierten und verwundete Soldaten – mit Schiffen in Sicherheit gebracht. Frayn war einer von ihnen. Das Schiff, auf dem er entkam, war das letzte, das auslief, bevor der Hafen unter feindlichen Beschuss geriet. Der Kapitän des Schiffes war der angesehene Naturforscher und britische Marineoffizier Sir Peter Scott, das einzige Kind des Polarforschers Robert Falcon Scott.

Frayns Retter, die 51. (Highland) Infanteriedivision, hatten nicht so viel Glück. Eigentlich hatte man zurückkehren und sie abholen wollen, doch dichter Nebel machte die Überfahrt unmöglich. Bei Tagesanbruch des 12. Juni wussten die Männer, dass kein Schiff mehr zu ihrer Rettung kommen würde. Ohne Ausweg, erschöpft und ausgezehrt, ergaben sie sich an jenem Morgen.

Die unglaubliche Geschichte von Frayn kennen wir, weil er sie seinem Sohn in allen Einzelheiten schilderte, der sie wiederum mir erzählte, denn auch ich habe einen kleinen Anteil an den Geschehnissen.

In dem französischen Krankenhaus, in dem Frayns Verletzungen versorgt wurden, nahm eine Krankenschwester die ramponierte Fliegerjacke, die ihm als Kopfkissen gedient hatte, schüttelte sie aus und wollte sie neben sein Bett hängen. Da fiel ein kleiner silberner Gegenstand metallisch klirrend zu Boden. Sie bückte sich und hob ihn auf. Es war Frayns Uhr, die den Absturz ebenfalls überstanden hatte. Aus dem Gehäuse waren Metallstücke herausgeschlagen worden, das Armband war zerrissen, und die Drehlünette, mit der er die Intervalle zwischen den Bombenabwürfen gemessen hatte, war schon lange verschwunden, doch sowohl die Uhr als auch ihr Besitzer hatten es geschafft – kampfgeschädigt, aber tickend und lebendig.

Und nun liegt sie vor mir auf meiner Werkbank. Nach dem Krieg behielt Frayn die Uhr und hinterließ sie seinem Sohn, der sie mir in einer gepolsterten Versandtasche brachte. Das Zifferblatt, einst ein satter Elfenbeinton wie die Farbe von Vollmilch, ist nun mit dunklen Sprenkeln übersät. Ich nenne sie »Stockflecken«, denn sie erinnern mich an die Punkte, die sich auf den Seiten vergilbter alter Bücher breitmachen. Das ist kein offizieller Uhrmacherbegriff, aber ich als Liebhaberin alter Uhren und Bücher finde ihn zutreffend. Auf dem Zifferblatt unterhalb der Zwölf sind die Überreste des einstigen Markennamens zu erkennen – »MOVADO«.

Movado ist eine Schweizer Firma, die 1905, also im selben Jahr wie Rolex, in La Chaux-de-Fonds ins Leben gerufen wurde. Ihr Gründer,

der neunzehnjährige Achilles Ditesheim, muss von den Möglichkeiten des Esperanto, der von dem polnischen Augenarzt Ludwik Leijzer Zamenhof 1887 geschaffenen internationalen Plansprache, begeistert gewesen sein, denn »Movado« ist Esperanto für »immer in Bewegung«. Dieses »Weems« genannte Modell, nach Philip Van Horn Weems*, der Lindbergh in der Kunst der Flugnavigation unterwiesen hatte, hat eine drehbare Lünette, mit der sich die geographische Länge berechnen lässt, und wurde bei Kriegsausbruch an die Piloten und Navigatoren der Royal Air Force ausgegeben. Nur 2500 Stück wurden je davon produziert, und wenn ich sie mir jetzt so ansehe, frage ich mich, wie viele davon noch existieren.

Seltsamerweise ist der Schriftzug »MOVADO« auf Frayns Uhr fast vollständig und sehr sorgfältig weggekratzt worden – fast so, als hätte jemand eine Nadelspitze benutzt. Der einzige noch sichtbare Buchstabe ist das »V« in der Mitte. Frayn erzählte seinem Sohn nie, warum das Zifferblatt beschädigt wurde oder was das bedeuten könnte. Vielleicht hatte sich Frayn selbst daran zu schaffen gemacht und das »V« für »Victory« (Sieg) stehen lassen. Was auch immer der Grund ist, es ist ein wichtiger Teil der Geschichte dieser kleinen Uhr, und daher werde ich es so lassen, wie es ist. Ich will die Uhr einfach wieder zum Laufen bringen, damit Frayns Nachkommen sie weiterhin tragen und sich an das erinnern können, was ihr widerfahren ist.

Alle Uhren erzählen eine Geschichte, aber die aus dem 20. Jahrhundert sind für uns greifbarer. Wir erfahren sie direkt von ihren Besitzern oder deren Angehörigen und nicht aus Büchern oder Briefen in Archiven. Die Uhren aus dem Zweiten Weltkrieg – seien es Standardausführungen oder wertvolle Anschaffungen – sind von den Erfahrungen

* Eigentlich handelte es sich um eine Version der Longines-Uhr, die Lieutenant Commander Weems zusammen mit Charles Lindbergh entwickelt hatte. Longines lizensierte das Design an eine Reihe anderer Unternehmen, darunter auch Movado, als die Firma mit der gestiegenen Nachfrage während des Krieges nicht mehr Schritt halten konnte.

Die Movado Weems von Pilot Officer Francis Edward Frayn nach der Instandsetzung. Bei Projekten wie diesen achten wir darauf, dass unsere Reparaturen rückgängig gemacht werden können, damit man die Uhr bei Bedarf in ihren ursprünglichen Zustand versetzen kann. Die Ersatzlünette kann entfernt werden, und die Dellen und aus dem Gehäuse herausgeschlagenen Stücke wurden nicht ausgebessert.

ihrer Träger durchdrungen. Nicht alle von ihnen wurden Zeuge von Kampfhandlungen. Einige davon waren für die zahlreichen Verwaltungsangestellten des Militärs gedacht. Die Kennziffern und Buchstabencodes auf Militäruhren, die gewöhnlich auf das Zifferblatt aufgedruckt und in die Rückwand des Gehäuses eingraviert sind, geben Aufschluss darüber, welcher Teilstreitkraft sie in welchem Land und welchem Jahr ausgehändigt wurden. Britische Militäruhren haben zum Beispiel einen breiten Pfeil, der den Spitznamen »Krähenfuß« trägt, weil die drei zusammenlaufenden Linien ein bisschen wie der Abdruck eines Vogels im Sand aussehen. Es gab verschiedene Buchstabencodes: AM bedeutete, dass die Uhr für das Air Ministry (Luftfahrtministerium) gedacht war, ATP stand für Army Time Piece (Armeezeitmesser), und W.W.W. bedeutete *Waterproof Wristwatch* (wasserdichte Armbanduhr, wobei die wortwörtliche Übersetzung des Codes Watches, Wristlet, Waterproof, also Kleinuhren, Armband, Wasserdicht ist). Die Initialen RCAF weisen darauf hin, dass die Uhr im Besitz der Royal Canadian Air Force war. Andere Länder hatten eigene Systeme, und durch diese logische Kennzeichnung der vom Militär verwendeten Uhren sind sie gewöhnlich (Ausnahmen bestätigen die Regel) leicht zu identifizieren und datieren.

Ich habe auch Uhren gesehen, die in den 1930er- und 1940er-Jahren der Wehrmacht gehörten und auf denen der Hoheitsadler und das Hakenkreuz der Kriegsmarine, die Fl-Nummer der Luftwaffe oder das Kennzeichen DH für »Deutsches Heer« prangten. In den seltenen Fällen, in denen sich eine solche Uhr in unsere Werkstatt verirrt, reiche ich sie postwendend an Craig weiter. Er hat ihnen gegenüber eine emotionslosere Einstellung als ich und argumentiert, dass eine Wehrmachtsuhr vielleicht nie den Lagerraum verließ, einem unbedeutenden Angestellten ausgehändigt wurde oder sie einer der vielen Soldaten in den Gefangenenlagern der Alliierten gegen ein paar Zigaretten eintauschte. Außerdem kann jede Uhr, die auf unserer Werkbank landet, sofern ihre Herkunft nicht mit Sicherheit bekannt ist, eine Reihe von Gräueltaten miterlebt haben, worüber ich lieber nicht nachdenken will. Für Craig sind es einfach leblose Objekte. Und man kann einem leblosen Objekt nicht die Schuld an den Taten seines Besitzers oder Schöpfers geben.

So unschuldig ein lebloser Klumpen aus Metall, Email und Glas auch sein mag, die Absichten ihrer Sammler kann man zu Recht hinterfragen. Ich kenne Besitzer, für die diese Uhren nichts weiter als ein Stück Vergangenheit sind und deren allgemeines Interesse an der Militärgeschichte des 20. Jahrhunderts sie dazu bringt, eine breite Palette an Paraphernalien von allen beteiligten Parteien zu sammeln. Doch es gibt einen Markt für Nazi-Memorabilien, die eine schreckliche Phase unserer Geschichte zu verherrlichen trachten und ein anhaltendes Dilemma für Auktionshäuser und Händler darstellen. Vor Kurzem wurde eine Armbanduhr, eine Huber aus dem Jahr 1933, die angeblich Hitler persönlich gehört haben soll, versteigert. Dreißig führende jüdische Persönlichkeiten forderten in einem Brief an das Auktionshaus die Absage der Verkaufsaktion, aber die Uhr kam bereits am ersten Tag für 1,1 Millionen Dollar unter den Hammer und ging offenbar an einen europäischen Juden. Eine ähnliche Diskussion entbrannte 2021, als eine Uhr, mit der chinesische Soldaten von ihrer Regierung für die Teilnahme am Massaker auf dem Platz des Himmlischen Friedens im Juni 1989 geehrt wurden, in Großbritannien versteigert werden sollte. Auf dem Zifferblatt steht unter dem Bild eines Soldaten in grüner Uniform und mit Helm »89.6 zum Andenken an die Niederschlagung des Aufstandes« – eine Niederschlagung, bei der zwischen 300 und 3000 Menschen getötet wurden, je nachdem, ob Sie den offiziellen Zahlen der Regierung oder denen externer Beobachter Glauben schenken. Anfangs verschanzte sich das Auktionshaus hinter dem Argument, es handle sich um ein »Objekt von internationalem Interesse«, der Verkauf bedeute nicht, dass man die Ereignisse gutheiße, und der Eigentümer habe nichts mit der Volksbefreiungsarmee zu tun.[2] Doch nachdem der anonyme Verkäufer über die sozialen Medien und die Website des Auktionshauses Morddrohungen erhalten hatte, wurde das Auktionslos zurückgezogen.

Gegenstände spielen eine wichtige Rolle dabei, dafür zu sorgen, dass wir die Vergangenheit nie vergessen. Aber wie sollten wir mit den Artefakten aus den dunkleren Epochen unserer Geschichte umgehen? Sollten sie in Museen aufbewahrt werden, entweder öffentlich ausgestellt oder versteckt in einem Depot? Sollten sie vernichtet werden? Wenn sie erst einmal auf den freien Markt gelangen, können wir nicht mehr feststellen, wohin sie kommen oder wofür sie verwendet werden. Auf diese Fragen gibt es keine einfachen Antworten.

Für mich trägt jede Uhr die Spuren derer, die sie einst bei sich führten. Als die Nationalsozialisten die Juden zur »Umsiedlung in den Osten« zusammentrieben, glaubten viele, sie würden lediglich an einen anderen Wohnort gebracht. Weil sie nur wenig Zeit zum Packen hatten und bloß eine begrenzte Menge Gepäck mitnehmen durften, steckten sie ihre wertvollsten tragbaren Besitztümer ein. Uhren gehörten neben Geld, Kleidung, Brillen und Prothesen zu den ersten Wertgegenständen, die bei der Ankunft im Konzentrationslager beschlagnahmt wurden. Als die Lager schließlich befreit wurden, fand man die Uhren zu Tausenden aufgehäuft. Jede einzelne dieser Uhren hatte eine Geschichte, die nie weitergegeben werden würde; gemeinsam legten sie Zeugnis von der schändlichsten Stunde der Menschheit ab.

Die Uhren, die nach dem Abwurf der Atombombe durch die USA auf das japanische Hiroshima zusammengetragen wurden, sind heute Teil einer ergreifenden Ausstellung im Friedensgedächtnismuseum in Hiroshima. Als der 4600 Kilogramm schwere Atomsprengkopf »Little Boy« am Morgen des 6. August 1945 explodierte, wurden 80 000 Menschen unmittelbar getötet. Die Bombe erzeugte Druckwellen, die sich schneller als mit Schallgeschwindigkeit ausbreiteten. Später stellte man fest, dass jede der Uhren, die von der Explosion erfasst wurden, zum Zeitpunkt der Detonation für immer stehen geblieben war: 8:15 Uhr.

Während zweier Weltkriege hatten Armbanduhren Männern und Frauen in Kampf und Gefangenschaft, bei Spionage und Flucht zur Seite gestanden. In der Nachkriegszeit knüpften die Uhren an dieses heroische Erbe an. Auch nach der Rückkehr der Männer ins zivile Leben wurden Geschichten über Heldentaten und Widerstandsfähigkeit benutzt, um Armbanduhren zu verkaufen. Dem modernen Mann wurde die Zuverlässigkeit der Zeitmesser in allen möglichen Extremsituationen angepriesen, auch wenn man ihm nun eher abverlangte, den Rasen zu mähen, als zu kämpfen.

Die Uhrenhersteller versuchten, einander hinsichtlich der Chronometrie und technischen Präzision ihrer Produkte zu übertrumpfen. Durch die Weiterentwicklung wasserdichter Gehäuse hielten Taucheruhren nun immer größeren Wassertiefen stand. 1960 befestigte Rolex seine Hochleistungs-Taucheruhr, die »Deep Sea Special«, an der Außenhülle des Tiefsee-U-Bootes *Trieste*, das im Marianengraben auf eine Tiefe von 10 911 Meter sank. Sie kehrte voll funktionsfähig an die Oberfläche zurück, was man von einem Menschen, der außerhalb eines U-Bootes in solcher Tiefe tauchen würde, nicht behaupten kann (der derzeitige Weltrekord der Gerätetaucher beträgt »lediglich« 332,35 Meter). 1969 schickte Omega seinen Chronographen »Speedmaster« an den Handgelenken von Edwin »Buzz« Aldrin und Neil Armstrong auf den Mond, nachdem er alle Konkurrenten übertroffen hatte, was seine Funktionsfähigkeit unter extremen Temperaturschwankungen, Druckveränderungen, Stößen, Erschütterungen und akustischem Rauschen anbelangte, dem er auf der Reise ausgesetzt sein würde. Damenuhren hingegen waren eher Schmuck als Messinstrument, sie wurden filigraner und ihre Zifferblätter immer kleiner. Sie waren fast schon eine freundliche Erinnerung daran, dass Frauen, nachdem sie während des Krieges ihren Aufgabenbereich erweitert hatten, sich nun wieder tunlichst ihre Schürze umbinden und sich auf die wichtigste Stunde des Tages vorbereiten sollten – die Rückkehr ihrer Männer von der Arbeit.

Funktions- und Sportuhren zählen auch heute noch zu den gefragtesten Artikeln der Uhrenindustrie. Auch wenn wir die Bedingungen, die man Uhren aussetzen kann, vielleicht nicht überleben würden, ist zumindest der Zeitmesser danach noch in einem Stück und kann den Angehörigen hinterlassen werden.

~

Die Wissenschaft, die zu einer derart verheerenden Zerstörung in Hiroshima und Nagasaki geführt hatte, schlug in der Zeit nach dem Zweiten Weltkrieg eine neue Richtung ein. Das sollte unsere Beziehung zu unseren Zeitmessern nachhaltig verändern. Bereits in den 1930er-Jahren hatte Isidor Rabi, ein Physikprofessor an der Columbia University, mit der Arbeit an einer Atomuhr begonnen und sich dabei auf die Erkenntnisse des dänischen Physikers Niels Bohr gestützt, der ein neues Atommodell aufgestellt hatte.* Bohr hatte beobachtet, dass die Elektronen den Atomkern auf bemerkenswert stabilen Bahnen umkreisen und dass eine Zufuhr von Energie die Elektronen auf eine weiter außen liegende, energiereichere Bahn springen lässt. Wenn Elektronen auf eine andere Bahn übergehen, absorbieren beziehungsweise emittieren sie eine Strahlung mit einer bestimmten Schwingungsfrequenz. Zeitmesser hängen im Allgemeinen von Dingen ab, die schwingen, vom Pendel über die Unruh bis hin zur Spiralfeder, aber die von den Atomen abgestrahlte

* In den 1940er-Jahren spielten sowohl Bohr als auch Rabi eine Rolle beim Manhattan-Projekt und trugen damit zur Entwicklung der Atombombe bei.

Frequenz, die Rabi schließlich 1945 beim Bau der ersten Atomuhr nutzte, erwies sich als genauer und beständiger als alles bisher Dagewesene. Der ersten Atomuhr folgten am National Institute of Standards and Technology (NIST) in Colorado und dem National Physical Laboratory in London rasch weitere Modelle auf Grundlage von Caesiumatomen. 1967 legte die Generalkonferenz für Maß und Gewicht fest, dass eine Atomsekunde so lange dauert wie 9 192 631 770 Schwingungen eines Atoms des Isotops 133 von Caesium (^{133}Cs). In den darauffolgenden Jahren ebnete die Atomzeit GPS, Internet und Raumsonden den Weg.

Die Atomzeit war ein Meilenstein, doch anfangs blieb sie in Forschungseinrichtungen auf der ganzen Welt im Inneren von Maschinen von der Größe eines Lastwagens verborgen. Derweil eroberten andere wissenschaftliche und technische Errungenschaften die zivile Welt. Elektronische Großuhren, die von elektrischen Impulsen anstelle schwingender Pendel oder Zugfedern angetrieben wurden, gab es bereits seit den 1920er-Jahren, doch nun wetteiferten Schweizer und US-amerikanische Erfinder darum, die Technik für Kleinuhren anwendbar zu machen. Die erste batteriebetriebene Armbanduhr, die in den Verkauf ging, war die »Ventura« der Firma Hamilton aus dem Jahr 1957, die unverkennbar ist mit ihrem dreieckigen Zifferblatt und dem Goldgehäuse mit gestuftem Rand im Art-déco-Stil. Elvis Presley machte sie zum Prestigeobjekt, als er sie in dem Film *Blaues Hawaii* trug. Doch die Ventura wurde übereilt auf den Markt geworfen. Aufgrund der kurzen Batterielaufzeit wurden viele Uhren bald zu den Händlern zurückgebracht, deren Wartungspersonal mit der neuen Technik oft nicht vertraut war. Als Hamilton die Kinderkrankheiten der Ventura behoben hatte, hatte die Konkurrenz aufgeschlossen, wie die US-amerikanische Firma Bulova, die 1960 die revolutionäre »Accutron« einführte (der Name war ein Kofferwort aus »*accu*racy«, Genauigkeit, und »elec*tron*ic«, elektronisch).

Der Ganggeber der Accutron war eine Stimmgabel, die von elektrischen Impulsen einer batteriebetriebenen Transistorschaltung angeregt wurde. Diese elektronische Schwingung trug dazu bei, dass die Stimmgabel mit einer konstanten Frequenz, nämlich genau 360 Mal in der Sekunde schwang, was wiederum die Ganggenauigkeit der Uhr bestimmte (laut Bulova hatte sie eine Abweichung von maximal zwei Sekunden pro Tag) und die Unruh überflüssig machte. Wenn man sie trug, wirkte und klang die Accutron wie ein aus der Zukunft gebeamtes Objekt. Das Vorzeigemodell, die »Accutron Spaceview«, besaß kein Zifferblatt, sodass man die Schaltkreise des Uhrwerks sehen konnte. Auf der türkisfarbenen Platine waren zwei Kupferdrahtspulen befestigt, die das Magnetfeld für die Stimmgabel erzeugten; ein winziges Klinkenrad mit dreihundert Zähnen setzte das Räderwerk in Gang, das wiederum das Zeigerwerk antrieb. Die zarte Stimmgabel brachte ein konstantes, hörbares Summen hervor, das überraschend laut aus der Uhr drang. (Die Accutron-Reklame versuchte, das zu einem Verkaufsargument umzumünzen: »Haben Sie schon den neuen Klang der Genauigkeit gehört? Es ist das leise Summen der Accutron.«[3]) Ich hatte einmal eine Accutron auf meinem Nachttisch liegen, als ich schlafen wollte. Es war so, als würde ich mir das Zimmer mit einer sehr angriffslustigen Biene teilen, die in einem Glas gefangen war. Das Design der Accutron Spaceview huldigte den neuesten Errungenschaften der Mikroelektronik. Das fehlende Zifferblatt bot mehr als nur einen Blick auf das Uhrwerk – es bot einen Blick auf das, was kommen sollte.

Doch die Uhr, die der traditionellen mechanischen Uhr endgültig den Rang ablief, kam aus Japan. Am Weihnachtstag 1969 brachte der japanische Uhrenhersteller Seiko die Astron heraus, die erste kommerzielle Quarzuhr der Welt. Anstelle der Stimmgabel setzte diese neue Erfindung von Kazunari Sasaki auf Piezoelektrizität – ein von Pierre und Jacques Curie 1880 entdeckter Effekt, dass sich mithilfe von Kristallen mechanische in elektrische Energie umwandeln lässt. Wenn auf einen Kristall mechanischer Druck ausgeübt wird (Piezoelektrizität geht auf »piézein« zurück, das griechische Wort für »drücken«), gibt die Oberfläche des Kristalls eine kleine elektrische Ladung ab, aus der sich eine erstaunlich stabile Schwingfrequenz ableiten lässt. Damit wurde die Drehung eines magnetischen Rotors reguliert, der eine ähnliche Funktion wie die Hemmung in einer mechanischen Uhr übernahm. Ein Schwingquarz kann Millionen Mal pro Sekunde vibrieren, im Gegensatz zur Schwingfrequenz von 18 000 Halbschwingungen pro Stunde eines mechanischen Armbanduhrwerks jener Zeit. Die brandneue Quarzuhr wurde damit beworben, dass sie hundertmal genauer als ihre mechanischen Konkurrentinnen sei.

Die Astron war nicht gerade billig – anfangs wurden nur einhundert Stück produziert und für 450 000 Yen verkauft (das entspricht nach heutigem Wert etwa 10 000 Pfund) –, aber das blieb nicht lange so. Durch massive Investitionen in die Technologie, durch die Rationalisierung der Produktion und die zunehmende Automatisierung wurden Quarzuhrwerke immer kostengünstiger. Heute können Sie eine perfekt funktionierende Quarzuhr für wenig Geld kaufen.

Die Schweiz wurde von dieser rasanten Entwicklung überrumpelt. Als die Astron herauskam, hatte ein Konsortium Schweizer Uhrenhersteller, ebenso wie ihre Mitwettbewerber in den USA, schon seit Jahren an eigenen Quarzuhrwerken getüftelt, doch unter dem Schutz der festen globalen Wechselkurse nach dem Krieg hatte es die Branche an sich versäumt, sich zu erneuern und umzustrukturieren. Die Schweizer Uhrenindustrie bestand noch immer aus kleinen Manufakturen, die in allen Städten und Dörfern des Jura verstreut waren und denen ähnelten, die dem Uhrenbau des Landes zu John Wilters Zeiten einen Vorteil verschafft hatten. Die Quarztechnologie erforderte jedoch ganz andere Fähigkeiten, nämlich auf dem Gebiet der Elektronik statt der traditionellen Mechanik, und Japan und Hongkong waren darin besser aufgestellt als die Schweiz und die USA.

Es ist kein Wunder, dass die Quarzrevolution in Fernost ihren Anfang nahm und dort am schnellsten voranschritt. Japan und Hongkong hatten sich bereits ganz allgemein in der Elektronik als Weltmarktführer etabliert, sodass Canon, Panasonic und Mitsubishi, die mittlerweile äußerst erfolgreich waren, nun eigene Uhrenfirmen gründeten. Hongkong war dafür bekannt, billige Uhren und Uhrenteile für andere Unternehmen herzustellen, und Japan konnte mit Marken wie Citizen, Seiko und Casio aufwarten. Zum ersten Mal in ihrer Geschichte wurden Uhren nun vollständig maschinell gefertigt, und für ihre Produktion waren keine sachkundigen Handwerker mehr nötig. Gemessen am Umsatz, war Seiko 1977 der größte Uhrenhersteller der Welt.

Derweil schlafwandelte die Schweizer Uhrenindustrie auf den Abgrund zu. Die Schweizer Uhrmacher waren wie ihre britischen Kollegen ein Jahrhundert zuvor so fest in ihrem Glauben an mechanische Qualitätsprodukte verhaftet, dass sie nicht mit der Zeit gingen. Sie investierten nur zögerlich in neue Technologien und mussten zunehmend Bauteile aus dem Ausland beziehen. Das führte in Verbindung mit dem steigenden Wert des Schweizer Franken dazu, dass sie aus dem Markt für Niedrigpreisuhren verdrängt wurden. Anfang der 1980er-Jahre befand sich die Schweizer Uhrenindustrie in einem rasanten Niedergang und war mit Massenentlassungen und dem Zusammenbruch Hunderter Firmen konfrontiert, was zu einer Rezession in der alten Uhrmacherwelt führte.[4]

Zu allem Überdruss folgte der »Quarzkrise«, wie sie in der Fachwelt genannt wurde, eine weitere Bedrohung auf dem Fuße: die Digitaluhr.

~

Ich weiß noch, wie neidisch ich als Schulmädchen auf die Casio »G-Shock Baby-G« meiner Mitschülerin Victoria war. Da war ich das erste Jahr auf der weiterführenden Schule. Wir waren zu einer Erlebnispädagogikeinrichtung der Organisation Outward Bound gebracht worden, vermutlich um unseren Gemeinschaftssinn zu stärken, und an unserem ersten Abend wurden wir vor eine Art Escape-Aufgabe gestellt. Dabei wurden dreißig Mädchen im Alter von elf oder zwölf Jahren in den Dachboden des Gebäudes gepfercht, der völlig verdunkelt und mit verschiedenen Hindernissen bestückt worden war. Wie die Maulwürfe sollten wir uns nun einen Weg durch den dunklen Speicher bahnen. Und so hätten wir es vielleicht auch gemacht, wäre da nicht das unheimliche grüne Leuchten von Victorias Baby-G-Digitaluhr gewesen. Kurz das Leuchtdisplay aktiviert, und schon folgten wir ihm durch die Dunkelheit. Ich fand es toll, wie die Uhr auf Knopfdruck aufleuchtete. Ach, ich hätte so gern selbst eine besessen! Aber leider überstieg das die Mittel meiner sparsamen Eltern, und ich musste mich gedulden.

Es ist kaum zu glauben, dass die Technik, die Victorias Digitaluhr zugrunde lag, in Teilen auf NASA-Forschung zurückgeht. Die »Hamilton Pulsar«, die allererste, 1972 eingeführte Digitaluhr, stammte aus den USA und verwendete LED-Technologie, die von der Raumfahrtbehörde entwickelt worden war. Sie wurde beworben als »Das Nonplusultra an Zuverlässigkeit – keine beweglichen Teile. Keine Unruh, Zahnräder, Motoren, Federn, Stimmgabeln, Zeiger, Knöpfe oder Kronen, die aufgezogen werden müssen, sich abnutzen oder verschleißen!«[5] Doch die Pulsar konnte, wie die Ventura und Accutron vor ihr, mit den Preisen der Produkte aus Fernost nicht mithalten. Die japanischen Uhren Seiko LCD aus dem Jahr 1973 und Casio aus dem Jahr 1974 ließen die Konkurrentin weit hinter sich.

Nun denken Sie vielleicht, »keine beweglichen Teile« sei meine Vorstellung von der Hölle, aber ich bin nach wie vor ein echter Fan von Digitaluhren. Tatsächlich habe ich eine Casio-Sammlung, und sie sind noch immer die Uhren meiner Wahl bei der Arbeit in der Werkstatt. Gegensätze haben mich wohl schon immer angezogen (so mag ich beispielsweise Katzen und Hunde gleichermaßen, und meine ersten beiden Alben als Jugendliche waren *Die Planeten* von Gustav Holst und *Greatest Hits* von Cyndi Lauper). Auch wenn ich die altehrwürdige Uhrmacherei gelernt habe und praktiziere und ich es reizvoll finde, ein jahrhundertealtes Handwerk auszuüben, fasziniert mich die Unverwüstlichkeit meiner Plastik-Casio. Es hat etwas ungemein Beruhigendes, wenn man eine Uhr trägt, die einen Sturz von einem Hochhaus überstehen würde (das behauptet zumindest die Werbung; ich habe es noch nicht ausprobiert), während ich bei der täglichen Arbeit eine unglaubliche Präzision und Sorgfalt walten lassen muss, um ihre hochwertigen mechanischen Vorgängerinnen wieder zum Laufen zu bringen.

Ein digitaler Chronograph von Seiko vom Ende der 1970er-Jahre.

Eine Casio braucht meine Zuwendung nicht. Ich muss nicht darauf achten, dass ich den Kunststoff nicht mit einem scharfen Metallspan zerkratze oder an der Fräsmaschine ruiniere. Ich muss sie auch nicht reparieren: Sie geht einfach. Wenn ich die Batterie austauschen muss, ist das schnell und einfach erledigt. Und wenn die Uhr eines Tages stehen bleibt und es mit einem Batteriewechsel nicht mehr getan ist, ist das auch kein Weltuntergang: Sie hat ja nur dreißig Pfund gekostet.

Die Rettung der Schweizer Uhrenindustrie ist größtenteils einem Mann zu verdanken – Nicolas Hayek. Der Schweizer Unternehmer libanesischer Abstammung wurde von den Banken gebeten, die Abwicklung zweier Schweizer Uhrenhersteller zu überwachen, die durch die Quarzkrise Bankrott gemacht hatten. Doch anstatt die Firmen ganz zu schließen, glaubte er daran, dass sie mit einer grundlegenden Umstrukturierung eine Zukunft hätten. Er erkannte, wenn man die Schweizer Uhrenindustrie erhalten wollte, musste sie sich schnell weiterentwickeln, die konkurrierende Quarztechnologie einbeziehen, statt sich ihr zu verschließen, die Einzelhandelspreise senken und dem Markt etwas Neues bieten. Und so kam Hayek auf die Idee, erschwingliche Quarzuhren aus billigen Materialien wie Kunststoff und Harz in einer breiten Palette knalliger, modischer Farben zu produzieren. Er nannte seine neue Marke Swatch.

Die Swatch eroberte rasch den Modemarkt und verhalf der Analoguhr im Alleingang zu neuem Leben. 1985 bezeichnete die *Los Angeles Times* sie als »heißestes neues Modeaccessoire auf dem Markt«.[6]

Swatch-Uhren waren so attraktiv und preiswert – Cheryl Chung, damals Produktentwicklungsmanagerin von Swatch USA, bezeichnete sie als »billigen Chic« –, dass sie die Art, wie die Menschen Uhren kauften und benutzten, grundlegend veränderten. Lanny Mayotte, Marketingleiter der konkurrierenden US-amerikanischen Firma Armitron, brachte es auf den Punkt: »Die Leute haben heutzutage einen ganzen Schrank voller Uhren … Vor Jahren noch kaufte man eine Uhr zum Schulabschluss und vererbte sie den Kindern … Warum sollte man nicht eine lustige Uhr haben anstelle einer langweiligen alten Uhr mit Gliederarmband?«

Fünfhundert Jahre zuvor war eine Uhr eines der teuersten persönlichen Luxusgüter gewesen, das man sich für Geld kaufen konnte. Nun konnte man eine in allen erdenklichen Farben im Kaufhaus vor Ort erwerben. Und wenn sich die Mode änderte? Dann warf man sie eben weg und holte sich eine andere. Die Swatch gestaltete unser Verhältnis zu tragbaren Zeitmessern um. Und doch rettete sie damit paradoxerweise die mechanische Uhr. Sie wurde zu einem so überwältigenden Erfolg, dass Hayek mit den Gewinnen strauchelnde historische Uhrenmarken aufkaufen und mit frischem Kapital ausstatten konnte. Die Swatch Group ist heute eine der größten Gruppen für Luxusmarken der Welt, die renommierte Namen wie Omega, Longines, Tissot und das Haus Breguet unter ihrem Dach vereint. Die kostengünstige, fröhliche Swatch hatte die Schweizer Hersteller mechanischer Uhren vor der Bedeutungslosigkeit bewahrt.

Für US-amerikanische Firmen und ihre weltweiten Niederlassungen gab es leider keinen derartigen Heilsbringer. Der Streik in der dem in den USA ansässigen Unternehmen Timex gehörenden Fabrik im schottischen Dundee im Jahr 1993 zählt zu den berüchtigten Vorfällen rund um die Quarzkrise. Die Gewalt der Streikpostenkette wurde als schlimmste seit dem Bergarbeiterstreik von 1984 bezeichnet. Zu seinen Hochzeiten in den 1970er-Jahren war Timex ein wichtiger Arbeitgeber in der Stadt gewesen, und das Unternehmen hatte 7000 Angestellte beschäftigt. Bei der Schließung des Werks waren es nur noch siebzig.[7]

Der Grund für die Unruhen von 1993 war ein Streit über geplante Entlassungen, einen Lohnstopp und die Kürzung von Zusatzleistungen, was der Wettbewerb mit Asien erforderlich machte. Um 1993 exportierte Hongkong 592 Millionen Uhren pro Jahr,[8] und die Hersteller konnten Großaufträge in nur fünfundzwanzig Tagen abwickeln.[9] Da konnte Timex in Dundee nicht mithalten. Die gewerkschaftlich organisierten Beschäftigten sprachen sich nachdrücklich für Streikaktionen aus und wollten Personalabbau und Lohneinbußen nicht hinnehmen. Das Scheitern der Verhandlungen führte dazu, dass die Streikenden aus der Fabrik ausgesperrt wurden und Streikbrecherinnen oder »Scabs«, wie die Protestierenden sie nannten, als Ersatz mit Bussen herbeigeschafft wurden. Eine Demonstrantin beschrieb: »Cola- und Kaffeedosen wurden auf Autos geworfen, und es kam zu Vandalismus … Ich hatte immer einen Kreuzhackenstiel hinten im Auto.« Die Mehrzahl der Timex-Belegschaft waren Frauen, und der Streik politisierte sie. In einem Interview mit dem *Scotsman* berichtete eine Fließbandarbeiterin, sie seien »von Lämmern zu Löwen« geworden. »Da waren ganz zarte, zierliche Frauen, und plötzlich waren sie nicht mehr wiederzuerkennen … Sie kämpften um ihren Lebensunterhalt. Die meisten waren wie ich. Wir hatten dort gearbeitet, seit wir junge Mädchen waren.«[10]

Nach sechs Monaten des gewaltsamen Arbeitskampfes schloss die Fabrik schließlich endgültig ihre Tore, und ihre Zeit als Arbeitgeberin in der Stadt ging nach siebenundvierzig Jahren zu Ende. Obwohl die Marke Timex erhalten blieb und das Unternehmen noch immer Niederlassungen in der ganzen Welt hat (der Großteil der Produktion befindet sich heute in der Schweiz und in Fernost), warf die Schließung einen langen Schatten. Als die BBC im Jahr 2019 eine Dokumentation über »Schottlands letzten Vollblutstreik« zeigte, wurde offenbar, dass die Wunden über den Weggang von Timex in der Stadt noch nicht verheilt waren.

~

Eine der größten Herausforderungen des letzten Jahrhunderts in der Uhrmacherei war die schnelle und zuweilen vollständige Umstellung von manueller auf maschinelle Fertigung. Die Quarzkrise, die Preiskämpfe und Budgetkürzungen führten dazu, dass von den 1970er- bis zu den 1990er-Jahren kaum noch handwerkliche Qualitätsarbeit gefragt war. Menschen kosten mehr als Maschinen, und je mehr Teile einer Uhr maschinell produziert werden konnten, umso besser war es. Das galt auch für die Wartung von Uhren. Die Yankee von Ingersoll, die nur einen Dollar gekostet hatte, konnte noch gewartet und repariert werden. In den 1980er-Jahren stieg die Anzahl von hermetisch verschlossenen Uhren, deren Gehäuse sich nicht öffnen lassen.* Und sobald sie nicht mehr funktionieren, bleibt einem daher nichts anderes übrig, als sie wegzuwerfen und eine neue Uhr zu kaufen. Die meisten Swatch-Uhren sind heutzutage ähnlich gebaut.

Von Uhren wurde nicht länger erwartet, dass sie lange halten. Kunststoff, der viel weicher ist als Metall, verschleißt deutlich schneller, dringt in das empfindliche Uhrwerk ein und verkürzt dessen Lebensdauer noch weiter. Während ein mechanisches Uhrwerk von einem Uhrmacher instand gesetzt werden kann, ist das bei der Leiterplatte einer batteriebetriebenen Uhr nicht möglich. Dort ist die Mechanik oft mit dem Gehäuse verschmolzen, und wenn man es öffnet, fallen die Komponenten heraus wie bei einer Glitzerbombe. Wenn ein Bauteil nicht mehr funktioniert, ist die ganze Uhr hinüber. In den folgenden Jahrzehnten wurde die geplante Obsoleszenz zu einer festen Strategie beim Bau von Autos, Computern und Software.

Das war ein bitterer Moment in der langen Geschichte unseres Handwerks. Craig und ich lassen uns von der Ära vor der Quarzkrise inspirieren, nicht zuletzt deshalb, weil sie für eine Zeit steht, in der Mensch und Maschine zusammenarbeiteten. Die Maschinen verbesserten die Produktion, Effizienz und Präzision von Uhren, mussten aber noch im-

* Ich habe es versucht, musste aber das Gehäuse schließlich aufbrechen.

mer von uns Menschen betrieben werden. Für den Umgang mit einer Fräsmaschine aus den 1940er-Jahren braucht es einiges an Geschick. Man muss sie einstellen, überwachen und von Hand bedienen können. Sie beschleunigt unsere Arbeit und ist wunderbar genau, aber kann nicht sich selbst überlassen werden. Im Gegensatz dazu nimmt einem eine CNC-Maschine die gesamte Arbeit ab. Wenn sie entsprechend eingerichtet und programmiert ist, fertigt sie ganze Komponenten fast bis zum Endzustand. Sie kann sogar über Nacht laufen, sodass man, wenn man am Morgen darauf in die Werkstatt zurückkehrt, feststellt, dass alles erledigt wurde, während man geschlafen hat.

Für eine traditionelle Uhrmacherin ist das ein absonderlicher Gedanke. All unsere Werkzeuge und Maschinen sind alt. Da wir unser Geschäft mit einem sehr kleinen Darlehen aufgebaut haben, das etwa der Hälfte des Kaufpreises einer neuen Schweizer Drehbank entsprach, blieb uns nichts anderes übrig, als uns alte Geräte zuzulegen, die wir restaurieren und an die erforderlichen Aufgaben anpassen konnten. Aber die Arbeit mit ihnen ist einer der angenehmsten Aspekte meines Berufes. Wenn man sie erst einmal kennengelernt hat, merkt man, dass jede unserer Maschinen eine ganz eigene Persönlichkeit hat – und zwar in solchem Ausmaß, dass wir ihnen Namen gegeben haben. Neben der Drehbank Helga steht ihre Schwester Heidi, ebenfalls eine Acht-Millimeter-Drehbank aus Ostdeutschland aus den 1950er-Jahren. Sie kamen zusammen in einem Paket aus Bulgarien hier an. Helga rüsteten wir anhand eines Fotos auf dem Umschlag eines Buches, das passenderweise *Der Uhrmacher an der Drehbank* heißt, zu einer Räderschneidemaschine um – sie fräst jedes Zähnchen von jedem Rad und Trieb einer Uhr –, während Heidi die winzigen Achsen und Wellen mit einem Meißel aus gehärtetem Stahl dreht. Dann haben wir noch George, die Säulenbohrmaschine, die in den 1960er-Jahren von der British Ideal Machine and Tool Company (IME) hergestellt wurde und Löcher von nur 0,1 Millimeter Durchmesser bohren kann. Sie befindet sich neben Albert, der Fräsmaschine von Wolf Jahn von etwa 1900, die wie eine Bohrmaschine funktioniert, doch deren Tisch, auf dem das Werkstück liegt, hin und her bewegt werden kann, sodass sie lange Vertiefungen in Metall schneiden kann. Unsere kleinste Drehbank von Lorch aus den 1940er-Jahren lag mit einer weiteren Drehbank in einer Kiste auf dem Boden der Werkstatt eines Freundes. Wir tauften sie Maus. Ihre Schwester, die wir Spitzmaus nannten, ist jetzt ein Planteur oder Geradesteller, der die winzigen Bohrungen verschiedener Metallplatinen zueinander zentriert. Diese Maschinen brauchen uns ebenso wie wir sie. Wir betrachten sie als unsere Kolleginnen und Kollegen.

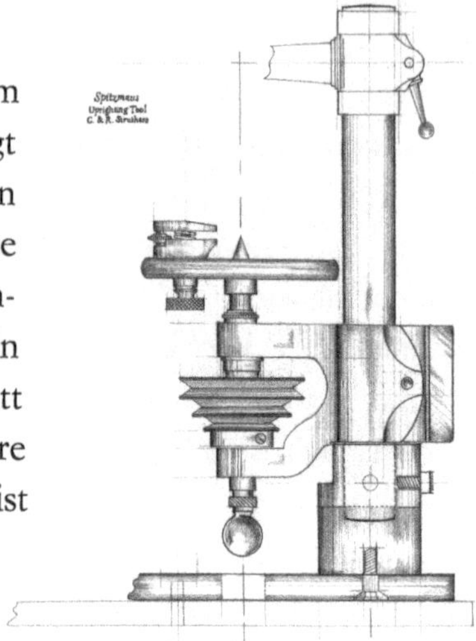

Unser *Planteur* oder Geradesteller »Spitzmaus«, den wir für unsere Zwecke anpassten, nachdem wir ihn von der Werkstatt eines Freundes übernommen hatten.

Als Craig und ich noch in der Ausbildung waren, ließ er mich, wann immer ich eine Uhr für mein Portfolio restaurieren wollte, in seiner »Dose mit Uhrwerken« stöbern. Voller Freude präsentierte er dann seine Family-Circle-Keksdose mit Hunderten von alten Uhren und Uhrwerken, von denen die meisten aus der ersten Hälfte des 20. Jahrhunderts stammten. Während die Mehrzahl der anderen Studenten ihre Energie in die Wartung moderner Uhren steckte, in der Hoffnung, eine Stelle in den zahlreichen Servicezentren der großen Uhrenmarken zu ergattern, beschäftigten wir uns mit Stücken aus den 1920er- und 1930er-Jahren, bei denen oft Teile, Gehäuse oder Rückwände fehlten, die häufig keinen Markennamen hatten und offenkundig nichts wert waren. Unser Tutor Paul Thurlby, ein ehemaliger Uhrmacher bei Omega, war am Verzweifeln. »Warum«, fragte er uns, »gebt ihr euch bloß mit diesem alten Mist ab?«

Der Reiz liegt für uns darin, dass sie Spuren menschlicher Hände aufweisen. Obwohl diese Uhren zu einer Zeit hergestellt wurden, in der die Produktion zunehmend automatisiert wurde, waren Maschinen nicht einmal annähernd so genau wie heute, sodass einige Teile manuell nachgearbeitet werden mussten. Alle Einstellungen und Anpassungen wurden von Hand vorgenommen. Wenn man eine alte Uhr betrachtet, kann man die Eigenheiten, wenn auch nicht unbedingt Fehler, anderer Handwerker deutlich erkennen. Dann muss ich immer an den Augenblick denken, in dem jemand die Uhr in einem Ladenfenster entdeckte und beschloss, sie zu kaufen, und wie sie ihm dann ans Herz wuchs. Nahm er die Uhr mit ins Grab? Wurde sie an einen anderen Schmuckhändler verkauft und ging dann mit einem neuen Besitzer auf die Reise? Fristete sie in einer Schublade jahrzehntelang ein vergessenes Dasein? Oder wurde sie vielleicht einem Angehörigen hinterlassen, der ihren antiquierten Stil nicht zu schätzen wusste? Unzählige mechanische Uhren erlitten dieses Schicksal, als sie in den 1970er- und 1980er-Jahren aus der Mode kamen. Und nun sind sie hier, in der Family-Circle-Keksdose.

Auch die frühen Grabenuhren, die im Vergleich zu ihren moderneren Pendants ziemlich klein sind, ereilte regelmäßig dieses traurige Los, einschließlich derer von Wilsdorf & Davis. Ihre dünnen Drahtösen, häufig aus weichen Metallen wie Silber, waren nicht von Bestand, weder physisch gesehen noch was den Zeitgeschmack betraf. Erst in jüngeren Jahren hat man erkannt, dass sie ein Jahrhundert alt und durchaus restaurierungswürdig sind. Nun erleben wir, dass die Uhrwerke, die in der Keksdose überdauert haben, instand gesetzt und wieder getragen werden. Während der Quarzkrise verdienten die Uhrmacher nicht viel an der Reparatur von Uhren und arbeiteten unter enormem Zeitdruck. Wir haben mit Uhrmachern gesprochen, die mittlerweile in Rente sind und uns erzählt haben, dass sie manchmal nur eine halbe Stunde Zeit hatten, um eine Uhr wieder herzurichten. Craig und ich sitzen an einem einzigen Uhrwerk mindestens einen Tag und manchmal auch mehrere Wochen, unser derzeitiges Restaurationsprojekt nimmt uns nun schon fast zwei Jahre in Beschlag. Damals galt es einfach, Uhren so schnell und billig wie möglich wieder zum Laufen zu bringen. Dadurch wurden viele von ihnen unbeabsichtigt beschädigt. Es gefällt mir nicht, wenn jemand die Arbeit dieser Uhrmacher herabwürdigt, denn sie arbeiteten unter fürchterlichen, widrigen Bedingungen. Ich habe von hoch qualifizierten Uhrmachern gehört, die mehr Geld mit dem Batteriewechsel als mit der Restaurierung alter Uhren einnahmen. Die Quarzkrise war in vielerlei Hinsicht ein echter Tiefpunkt der traditionellen Uhrmacherei.

Jetzt befinden wir uns wieder in einer neuen Phase. Der technische Fortschritt hat sogar die Quarzuhr überholt. Die moderne Apple Watch hat mehr Komplikationen, als sich Breguet in seinen kühnsten Träumen hätte vorstellen können. Sie ist nicht nur ein Zeitmesser, der auf fünfzig Millisekunden genau geht, sondern ein Telefon, ein Internetbrowser, ein E-Mail-Dienst, ein Autoschlüssel, ein Fitnesstracker, und sie kann sogar EKG- und Sauerstoffmessungen vornehmen – eine Vielfalt an Technologien in einem kleinen Gehäuse. Die Uhr ist zwar noch immer batteriebetrieben, aber die beweglichen Teile wurden durch Leiterplatten ersetzt, und die Zeitdaten, auf die sie sich stützt, werden per Satellit übertragen und mit Atomuhren abgeglichen. Jedes Mal, wenn ein Telefon oder eine Smartwatch unseren Standort ermittelt, bezieht sich das Gerät dabei auf Signale von mindestens drei Satelliten, die die aktuelle Position und die Zeit, zur der das Signal im Weltraum losgeschickt wurde, mit einer Genauigkeit im Nanosekundenbereich enthalten. Damit er uns sagen kann, wo wir uns befinden, berechnet der GPS-Empfänger seine Position auf Grundlage der Satellitendaten unter Berücksichtigung des relativistischen Effekts auf eine Weise, die Einstein Freude bereitet hätte. Ohne diese Korrektur läge die Standortangabe immer etwas daneben, in etwa so wie die falsche Ermittlung des Längengrades, die damals im Jahr 1707 für Sir Cloudesley Shovell und seine Flotte tödliche Folgen hatte.

Mir persönlich geht die Smartwatch einen Schritt zu weit, ich empfinde sie irgendwie als übergriffig. Ich habe nie eine Smartwatch besessen, sondern habe ohnehin schon das Gefühl, dass mein Handy und mein Laptop mir überallhin folgen, und das reicht mir. Nichts wäre mir lieber, als mich der Handysignale, des Wi-Fi und der Tracking Cookies zu entledigen. Ich habe Angst davor, dass mich die Technik völlig von meiner Umwelt abkoppelt.

Als die E-Books aufkamen, prophezeiten alle den Untergang des Buches. Wer brauchte schon ein Buch, eine Buchhandlung oder gar ein Bücherregal, wenn das alles auf einem E-Reader verfügbar war? Seltsamerweise kam es jedoch zu einer überraschenden Renaissance erlesener, handgefertigter Bücher, die den Menschen das haptische Vergnügen des Lesens in Erinnerung brachten. Mit den Uhren passiert etwas Ähnliches. Das Blatt wendet sich. In den letzten Jahren sind die Preise für Vintage-Uhren in die Höhe geschnellt. Die Restaurierung wird wieder wertgeschätzt. Für Reparaturen, für die man in den 1970er-Jahren kaum mehr als ein paar Pfund hätte verlangen können, werden heute von manchen großen Marken Zehntausende veranschlagt. Uhren wie die Rebberg sind mittlerweile in zunehmendem Maße Sammlerstücke und erzielen gute Preise, die es wiederum den Handwerkern ermöglichen, sie ordentlich wiederherzurichten. Wir setzen nicht nur maßangefertigte, größere Aufzugswellen ein, um den Verschleiß der Platine auszugleichen, sondern erhöhen oft auch die Kraft der Zugfeder, damit die Uhr so viel Unterstützung wie möglich bekommt. Selbst ein kleiner Unterschied in der Dicke der Feder, vielleicht nur um zusätzliche 0,05 Millimeter, genügt, um die Genauigkeit und Zuverlässigkeit der Uhr zu verbessern. Da es keine Ersatzteile gibt, stellen wir in Handarbeit neue Unruhwellen her, um die gebrochenen austauschen zu können (auch das tritt häufig bei Uhren auf, die gefertigt wurden, bevor die Stoßsicherung zum Standard wurde). Wir drehen sie aus Stahl an unserer Drehbank. Die empfindlichen Lagerzapfen, die das gesamte Unruhsystem halten, während es schwingt, sind weniger als einen halben Millimeter hoch, und ihre Dicke ist noch geringer. Einige der Lagerzapfen, die wir ersetzen, wurden schnell und kostengünstig von einem Uhrmacher während der Quarzkrise fabriziert. Daher fertigen wir einen ordentlichen an, den wir einpassen, bevor wir die Unruh »auswuchten«. Beim Auswuchten werden winzige Metallspäne, die kleiner als ein Sandkorn sind, vorsichtig von der Unruh abgetragen, um sicherzustellen, dass das Gewicht absolut gleichmäßig verteilt ist. Es ist das Miniaturpendant zum Auswuchten der Räder Ihres Autos.

Bei einer Rebberg muss die zarte Spiralfeder, die aus weicherem Metall besteht als das, was wir nunmehr in Uhren verwenden, fast immer nachbearbeitet werden, weil sie, nachdem sie durch diese Reparaturwerkstätten gegangen ist, gewöhnlich verbogen ist. Dafür benutzen wir eine Pinzette, die so fein ist, dass ihre Spitzen wie Nadeln sind, und bringen die Feder behutsam wieder in ihre perfekte Spiralform zurück. Rebbergs wurden von Hand fertiggestellt. Man hat vielleicht drei oder vier Uhrwerke, die exakt dieselbe Werkgröße haben, aber man kann die Einzelteile nicht untereinander kombinieren. Sie müssen neu mit Lagersteinen versehen oder anderweitig angepasst werden, da jedes Uhrwerk individuell gefertigt und so konzipiert ist, dass es nur mit den Teilen funktioniert, aus denen es ursprünglich gebaut wurde. Manchmal sieht man, dass der Uhrmacher die Hauptkomponenten eines Uhrwerks mit versteckten Punkten oder eingekratzten Nummern markierte, damit er den Überblick behielt, wenn er das Werk Stück für Stück zusammensetzte.

Bei modernen mechanischen Uhren können die Einzelteile mithilfe der CNC-Präzisionstechnik ausgetauscht werden. Ich habe nichts gegen CNC: Es ist eine unglaubliche Technologie, ohne die viele der kompliziertesten und genauesten Uhren von heute undenkbar wären. Aber in unserer Werkstatt hat sie nichts verloren. Wie Craig es ausdrückt: »Ich bringe lieber Stunden damit zu, an kleinen Bauteilen herumzufrickeln, die nicht zusammenpassen, als dass ich alles für mich machen lasse.« Denn das bedeutet es, etwas Altes zu restaurieren und zu bewahren: Es dauert vielleicht sehr lange, aber der Vorgang an sich – und das Ergebnis – hat eine Seele.

~

Eines Tages wird es Uhren im erdfernen Weltraum geben. Seit mehr als zwanzig Jahren entwickelt das Jet Propulsion Laboratory der NASA eine Atomuhr, die so klein ist, dass sie an Weltraummissionen außerhalb der GPS-Reichweite teilnehmen kann.* Derzeit muss ein Raumfahrzeug, um seine Navigationskoordinaten zu erhalten, ein Signal von seinem Standort an eine Atomuhr senden** und auf Instruktionen des Bodenpersonals warten – ein Prozess der, angesichts der involvierten Entfernungen, Stunden in Anspruch nehmen kann. Atomuhren müssen mehrmals am Tag aktualisiert werden, damit sie ihre phänomenale Genauigkeit behalten. Die Deep Space Atomic Clock wird derzeit als »etwa so groß wie ein Vier-Scheiben-Toaster« beschrieben, aber die NASA arbeitet daran, sie kleiner zu machen.[11] Diese Atomuhr benutzt ein Quecksilber-Ion, das in einer Ionenfalle gefangen ist, und hat eine Abweichung von weniger als zwei Nanosekunden pro Tag (0,000000002 Sekunden) – sie ist so genau, dass Astronauten im erdfernen Weltraum eigenständig Navigationsentscheidungen treffen können. Die Suche nach einem Zeitmesser, der so klein und genau ist, dass er uns führen kann, wenn wir uns in unbekannte Gefilde vorwagen, fühlt sich an wie eine Fortsetzung von Harrison und dem Längengradproblem – diesmal in Science-Fiction-Form.

Doch die Zeitmessung auf der Erde bezieht sich auch nur auf die Erde; je weiter wir in den Weltraum reisen, umso mehr verliert sie an Relevanz. Nun richten wir unsere Uhren an der Atomsekunde aus – die genaueste Uhr der Welt (obwohl das umstritten ist!)*** im JILA in Colorado

---

* Unterhalb einer Höhe von knapp 3000 Kilometern können Raumfahrzeuge in erdnaher Umlaufbahn beim Navigieren auf GPS zurückgreifen.

** Die Uhr berechnet dann die Position des Raumfahrzeuges, indem sie die Zeit misst, die elektromagnetische Wellen, die sich mit Lichtgeschwindigkeit bewegen, für die Strecke zwischen dem Raumfahrzeug und einem bekannten Ort, wie einem Satelliten oder einer Antenne, benötigen.

*** Die optische Strontium-Gitteruhr am Pariser Observatorium und die Strontiumuhr am National Physical Laboratory in Teddington sind starke Mitwettbewerberinnen.

(dem ehemaligen Joint Institute for Laboratory Astrophysics) geht nur eine Sekunde in fünfzehn Milliarden Jahren nach, was ungefähr dem Alter des bekannten Universums entspricht*. Aber dennoch leben wir noch immer in einem zirkadianen Rhythmus. Der Mensch ist ein Gewohnheitstier, wie die Dezimalzeit der Französischen Revolution gezeigt hat. Der Mars hat jedoch eine ähnliche Tageslänge wie die Erde, also müssen wir uns da vielleicht noch nicht umstellen. Im Rahmen der Mars-Exploration-Rover-Mission (MER) 2003 reisten »Sonnenuhren« unter dem Motto »Zwei Welten, eine Sonne« zum Mars. Sie zeichnen den Lauf von Sonne und Schatten eines neuen Planeten auf. Es ist, als würden wir noch einmal von vorn anfangen.

Hier auf der Erde hat das Internet derweil unser Zeitempfinden einmal mehr verändert. Die genaue Zeitmessung muss nun in globalem anstatt in lokalem Maßstab erfolgen, und zwar bis auf eine Millionstel Sekunde genau. Der weltweite Flugverkehr, Telefonnetze, das Bankwesen, Rundfunkübertragungen, alles ist auf eine äußerst präzise Zeit angewiesen. Früher mögen wir jemanden gebeten haben, sich eine Minute zu gedulden, heute erwarten wir, dass alles in einer Nanosekunde erledigt ist, der Zeit, in der das Licht dreißig Zentimeter zurücklegt.

~

Die moderne Welt ist unheimlich schnell. Ich lasse mir lieber Zeit.

Die Schwingfrequenz pro Sekunde einer modernen Uhr ist zum Statussymbol geworden. Je schneller die Uhr tickt, umso genauer ist sie, da sie weniger anfällig für Veränderungen ihrer Lage ist. Eine Spindeltaschenuhr aus dem 16. Jahrhundert tickt oder schlägt höchstens 10 000-mal pro Stunde, eine moderne mechanische Uhr hingegen 18 000- bis

* Eine Standard-Atomuhr geht in hundert Millionen Jahren eine Sekunde nach. Sie ist so genau, dass der relativistische Effekt für sie zum Problem wird. Sie kann den zeitverzögernden Einfluss des Schwerefelds der Erde erfassen, wenn man sie nur einen Zentimeter anhebt.

28 800-mal. Die schnellsten Oszillatoren schlagen heute mit einer Frequenz von 129 600 Halbschwingungen pro Stunde und mehr, und bei dieser Geschwindigkeit geht jedes unterscheidbare Tickgeräusch in ein gleichmäßiges Summen über. Ob es nun ein langsames Klacken oder ein Hightech-Summen ist, eine Sekunde oder eine Nanosekunde, die gemessene Zeit verstreicht mit derselben Geschwindigkeit. Aber mir erscheint die Zeit ausgedehnter, wenn sie von dem unaufgeregten, beruhigenden *Klack* begleitet wird, das eine Spindelhemmung von sich gibt, jedes Mal, wenn ein Lappen von einem Zahn des Kronrades abgleitet und der andere Lappen an den nächsten Zahn anstößt – hin und her, wieder und wieder. Das ist ein entspannendes Geräusch, wie das eines tickenden Metronoms auf einem Klavier.

In der Raumzeit kann eine Sekunde den Ausschlag geben, ob man auf dem Mars oder Zehntausende Kilometer davon entfernt landet. Hier auf der Erde rufe ich mir gern ins Gedächtnis, dass die Unterschiede in der Genauigkeit zwischen dem schicksten modernen Zeitmesser und einem aus dem 18. Jahrhundert nur einen Augenblick betragen – nur ein paar Minuten, manchmal Sekunden, im Verlauf eines Tages. Damit habe ich kein Problem. Ich habe noch nie zu denen gehört, die ihr Leben in Nanosekunden bemessen.

11

Der letzte Augenblick

Blätter gibt's viele, doch Wurzel nur eine;
In all den Lügentagen meiner Jugendzeit
Spreizte ich meine Blätter und Blüten im Sonnenscheine,
Jetzt bin ich zur Wahrheit zu welken bereit.[1]

W. B. Yeats, »Weise werden mit der Zeit«, 1916

Ich verdiene meinen Lebensunterhalt mit Zeit – sei es, indem ich Geräte herstelle, die sie messen, oder indem ich mich mit ihrer weitreichenden Geschichte befasse. Das kann einen überwältigen. Dieses Buch zu schreiben, war ein langwieriger Prozess, so vieles von dem, was ich gelernt habe, zusammenzubringen. Auch wenn ich jeden Tag meines Lebens mit Zeitmessern hantiere, ist mir erst durch diese langfristige Betrachtung bewusst geworden, wie einschüchternd die Zeit sein kann. Sie ist allgewaltig und wird anhand der Bewegung weit entfernter Sterne in einem unendlichen Universum bemessen, und gleichzeitig ist sie auch verschwindend klein und etwas unglaublich Persönliches, das sich genau in dem Moment, in dem Sie diese Worte lesen, auf die Zellen unseres Körpers auswirkt. Wie wir unsere Zeit verbringen, ist individuell und kulturell bedingt; Uhren und Menschen sind gleichermaßen Geschöpfe ihres Umfelds.

Als Uhrmacherin finde ich meinen Platz in der Zeit vor allem durch die Fertigung von Uhren. Werke aus Metall zu erschaffen, fühlt sich wie meine Art an, ein kleines Vermächtnis zu hinterlassen, etwas, das es nach mir noch geben wird, ein mechanischer Geist, der die Welt heimsucht, wenn ich schon gegangen bin. Natürlich weiß ich nicht, wie und ob man sich überhaupt später um meine Arbeiten kümmern wird. Vielleicht befinden sich die Uhren, die wir fertigen, in ein paar Hundert Jahren hinter gehärtetem Glas in einer Museumsvitrine. Vielleicht sind sie Familienerbstücke. Und vielleicht landen sie in einer alten Keksdose und warten darauf, dass jemand sie rettet. Die Zukunft ist unbekannt. Die Vergangenheit hat sich jedoch schon vor unseren Augen ausgebreitet. Mich mit der Geschichte meines Fachgebiets zu befassen, hilft mir dabei, mich und mein Schaffen in ihr zu verankern.

Eines Tages stellten Craig und ich fest, dass wir im Laufe der Jahre praktisch jedes Bauteil einer Uhr selbst angefertigt hatten, während wir die Stücke anderer Uhrmacher restaurierten. Und nun war es an der Zeit, uns der Herausforderung zu stellen, eine eigene Uhr von Grund auf mit allen Komponenten selbst zu bauen. Wir gaben dieser Uhr den Namen »Projekt 248« als Anspielung auf die Weise, wie sie geschaffen werden würde – von zwei Menschen, mit vier Händen und einer traditionellen Acht-Millimeter-Uhrmacherdrehbank. Mit Blick auf unseren Bestand an alten Werkzeugen und umfunktionierten Maschinen lag es

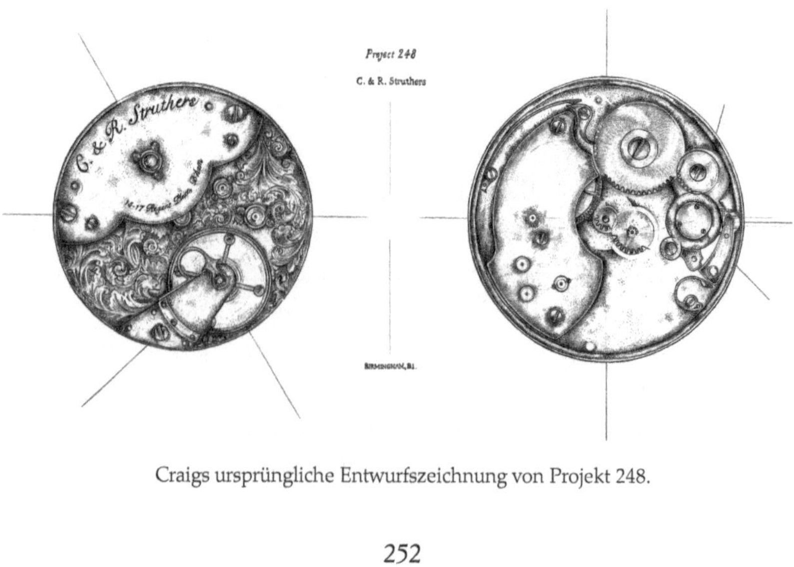

Craigs ursprüngliche Entwurfszeichnung von Projekt 248.

nahe, sich vom Ende des 19. Jahrhunderts inspirieren zu lassen, zu dem Punkt in der britischen Uhrmacherei zurückzukehren, als unsere heimische Industrie in den letzten Zügen lag, und dort anzuknüpfen, wo unsere Vorgänger aufgehört hatten.

Vorbild für unser Design war eine maschinell gefertigte Taschenuhr, die in der Manufaktur von Thomas Hill in Coventry in den 1880er-Jahren entstand. Doch das Uhrwerk und die Materialien unserer Armbanduhr sind eine Hommage an eine ganze Reihe von Uhrmachern und Uhrenherstellern aus verschiedenen Jahrhunderten, die wir bewundern. Sie ist unsere Miniaturversion der Elefantenuhr von al-Jazari, eine Würdigung der Beiträge internationaler Uhrmacher, die unser Werk erst ermöglicht haben. Da Thomas Hills Taschenuhr keine Stoßsicherung hatte, schufen wir eine eigene in der Bauart von Abraham-Louis Breguets *Pare-chute*. Die Platinen schnitten wir aus einem Metall, das sich Neusilber nennt und eine Legierung aus Kupfer, Zink und Nickel ist. Wie der Name schon sagt, hat sie einen silbrigen Farbton mit einem leicht grüngrauen Einschlag. Mit dem Alter entwickelt sie eine wunderschöne, warme Patina und ist seit über einhundertfünfzig Jahren bei süddeutschen Uhrmachern beliebt. Die Unruh oder das schlagende Herz der Uhr empfanden wir dem Stil eines der größten Uhrmacher seit Menschengedenken nach, George Daniels, der Mann, der mich einst gefragt hatte, ob und wann ich eine eigene Uhr konstruieren würde. Daniels, der bis zu seinem Tod im Jahr 2011 auf der Isle of Man lebte und arbeitete, war ein einzigartiger Mensch und eine Inspiration für Craig und mich, nicht zuletzt, weil er als Einzelkämpfer alle benötigten Komponenten von der Pike auf mit alten Werkzeugen, Maschinen und Verfahren selbst baute.

In Projekt 248 summierte sich unser beider Erfahrung – zusammengerechnet sind es fast vierzig Jahre. Seit ich Craig begegnet bin und meine Ausbildung zur Uhrmacherin begann, hat er mir den Rücken freigehalten. Am College war er ein wichtiger Verbündeter in einer Werkstatt, in der die ungewohnte Anwesenheit eines Mädchens permanent

Aufmerksamkeit erregte, und das selten auf eine angenehme Art. Heute ermutigen und motivieren wir einander, was in geschäftlichen und persönlichen Beziehungen immer wichtig ist, umso mehr jedoch, wenn beides zusammentrifft. Was uns an Selbstvertrauen fehlt, machen wir durch das unerschütterliche Vertrauen, das wir ineinander haben, wett. Wir spornen uns gegenseitig an, unsere Grenzen auszuloten und unsere Fähigkeiten unter Beweis zu stellen.

Unsere Kenntnisse und Einflüsse in einem einzigen Objekt zu vereinen, war eine Aufgabe, die uns Freude bereitete, aber uns oft auch viel abverlangte. Die Umsetzung von der ersten Idee bis zum fertigen Gegenstand dauerte beinahe sieben Jahre und umfasste Ereignisse, die unser beider Leben verändert haben. Daher weiß ich, dass ein scheinbar einfaches Objekt für so viel mehr als seine reine Form oder Funktion stehen kann. Jedes Element trägt den Abdruck unserer Hände, unseres Könnens und der Stunden, die wir daran gearbeitet haben. Jedes Teil, jeder Abschnitt des Entstehungsprozesses ist mit unseren Erinnerungen an Momente verbunden, die diese sieben Jahre prägten.

Von allen Werkzeugen, die wir verwenden können, ist keines so unglaublich wie unsere Hände. Die Menschen denken oft, dass ich als Uhrmacherin sehr zarte Hände haben muss. Doch da wir bei allen Arbeitsgängen sehr feine Zangen einsetzen, ist die physische Beschaffenheit unserer Hände eigentlich kaum von Belang. Ich habe staunend beobachtet, wie ein Mann mit Händen von der Größe eines Baseballhandschuhs eine Spiralfeder, die kaum dicker als ein menschliches Haar ist, behutsam bearbeitete und instand setzte. Was zählt, ist unser Fingerspitzengefühl und unsere Kenntnis der Toleranz der Materialien, mit denen wir umgehen.

Vor ein paar Jahren besuchte ich einen Vortrag des Herzchirurgen Professor Roger Kneebone. Ich war fasziniert von seiner Beschreibung der Chirurgie, der jahrelangen Erfahrung, die Chirurgen benötigen, um ein haptisches Verständnis des Körpers zu erlangen, das sie in die Lage versetzt, vorherzusagen, wie sich beispielsweise das Gewebe eines

Kindes im Vergleich zu dem eines älteren Patienten verhalten wird oder das eines gesunden Erwachsenen im Vergleich zu dem eines kranken. Er schilderte, dass die Gefäße junger Menschen stark und widerstandsfähig wie Gummi seien, während sie im Alter so dünn wie Seidenpapier sein könnten. In der Uhrmacherei lernt man etwas Ähnliches: Messing, das zweihundert Jahre alt ist, hat eine andere Formbarkeit als neues Messing. Stahl in einer Uhr aus dem 16. Jahrhundert reagiert auf Wärme anders als Stahl einer Uhr aus dem Jahr 2020. Paradoxerweise haben bei einer Uhr ältere Materialien, auch wenn sie von Alter und Abnutzung gezeichnet sind, häufig eine bessere Qualität als neue.

Interessant ist, dass unverhältnismäßig viele der Auftraggeber, die wir über die Jahre hinweg hatten, Chirurgen sind. Tatsächlich war einer der allerersten Kunden, der uns seine wertvollen Uhren anvertraute, ein orthopädischer Chirurg, der sich auf Hände spezialisiert hat. Craig und ich hörten ihm gern zu, wenn er über seine Liebe zu Händen sprach, darüber, dass das Gefüge unter der Haut, »wenn sie geöffnet ist«, sowohl roboterhaft als auch lebendig – nahezu schon biomechanisch – ist und von Sehnen, Nerven, Arterien und Knochen und nur sehr wenig Weichteilgewebe gesteuert wird. Hände sind mehr als reine Objekte menschlicher Biologie, orthopädische Chirurgen arbeiten mit der Mechanik unserer Gelenke. Wie Uhrmacher setzen sie Sägen, Feilen und Bohrer ein. Ihm zufolge sollte ein Chirurg »vor allem ein erstklassiger Handwerker sein«,* und er bezeichnet unsere Hände als »medizinische Wunder«, die ähnlich komplex wie die kompliziertesten Uhren sind.

Es ist die menschliche Hand in »Handarbeit«, die eine Uhr zu etwas Einzigartigem macht. Wenn ich ein Uhrengehäuse poliere, damit es sich angenehm tragen lässt, nehme ich dazu ein Tuch mit einer Polierpaste anstatt einer härteren Schmirgelfeile oder eines Schmirgelpapiers. So

* Wenn Sie zwischen einem Chirurgen mit einem brillanten theoretischen Wissen und einem mit einer nachgewiesenen handwerklichen Geschicklichkeit wählen können, würde er Ihnen dringend empfehlen, sich für Letzteren zu entscheiden.

kann sich die Form des Metalls an die Wölbung meiner Handfläche anpassen, bis es sich unwiderstehlich glatt anfühlt. Ich kann mit verbundenen Augen zwischen einer maschinell und einer von Hand gefertigten Uhr unterscheiden; solange wir keine wirklich empfindungsfähige Künstliche Intelligenz entwickelt haben, wird keine Maschine in der Lage sein, die kleinen, feinen Abweichungen zu erzeugen, die wir bei handgearbeiteten Uhren sehen.

Handarbeit erfordert Zeit. Wenn ich eine Uhr fertigstelle, passe ich als Letztes, bevor ich das Werk ins Gehäuse einbaue, die Länge der Spiralfeder an, damit die Uhr genau geht. In alten englischen Uhren ist der Rücker, der drehbar gelagerte Zeiger, mit dessen Hilfe wir die Feder regulieren, mit »Fast« (Schnell) und »Slow« (Langsam) markiert – in einen der ersten Prototypen von Projekt 248 bauten wir einen solchen Rücker ein.* Wenn ich daran denke, eine Uhr in Handarbeit zu fertigen, ist das, als würde ich den Zeiger der Zeit auf »langsam« stellen. Was einen Handwerksberuf auch so schön macht, ist, etwas zu erschaffen, das einem ganz eigenen Zeitplan folgt. Jede Phase dauert so lange, wie sie eben dauert, und es bleibt uns nichts anderes übrig, als uns dem zu fügen. Gestern brachte ich den ganzen Tag damit zu, die Seiten eines achteckigen Gehäusemittelteils abzufeilen, damit es perfekt in ein achteckiges Gehäuse passt. Es war nur ein Zehntel Millimeter zu viel, aber ich habe fast acht Stunden dafür gebraucht. Aber jetzt enthält diese Uhr die Zeit, die ich ihr gewidmet habe. In einer schnelllebigen Welt hat das etwas Großzügiges, finde ich. Uhren messen nicht nur die Zeit, sie sind auch eine Manifestation der Zeit und bringen das Wertvollste zum Ausdruck, das wir besitzen.

~

* Am Ende entschieden wir uns bei 248 für ein rückerloses Uhrwerk, bei dem die Ganggenauigkeit der Uhr mithilfe des Trägheitsmoments der Unruh justiert wird. Das ist eine präzisere Regulierungsmethode.

Wie kostbar Zeit ist, war mir am Rande schon immer bewusst – wie könnte es in einer Werkstatt voller Uhren auch anders sein? –, aber erst durch Ereignisse in meinem Leben wurde ich mir dessen so richtig gewahr. Im Juni 2017 wachte ich eines Morgens mit einem intensiven Kribbeln im linken Bein und einer starken Überempfindlichkeit auf der linken Seite meines Oberkörpers auf. Die Schmerzen waren so schlimm, dass sie mich an einen Rippenbruch erinnerten, den ich mir als Jugendliche zugezogen hatte, als ich aus dem Fenster geklettert und abgerutscht war. Ich ging zum Arzt, aber da es keine sichtbaren Spuren gab, beruhigte er mich, dass es vermutlich nur stressbedingt sei. Nach ein paar Wochen hörten die Symptome auf. Dann, im September desselben Jahres, verlor ich plötzlich einen Teil des Sehvermögens auf dem rechten Auge, begleitet von einem schneidenden Schmerz. Es fühlte sich so an, als hätte mir ein Boxer die Faust ins Gesicht geschlagen. Wieder fand sich kein sichtbarer Hinweis, nicht einmal eine Schwellung. Äußerlich war nichts zu erkennen. Auch dieses Mal wollten es die Ärzte, die ich zuerst aufsuchte, als Stress abtun, aber ich kam mehr und mehr zu der Überzeugung, dass mit mir etwas ganz und gar nicht stimmte, und so bestand ich auf weiteren Untersuchungen. Ein paar Monate darauf, nach einer Vielzahl an Überweisungen und einem MRT, wurde bei mir Multiple Sklerose diagnostiziert.

Niemals werde ich jene Monate vergessen, in denen man mich diesen Tests unterzog. Keiner hatte sich die Zeit genommen, mich über mögliche Befunde aufzuklären, und daher fürchtete ich, es sei ein Hirntumor, die einzige Diagnose, die ich mir aus den merkwürdigen neurologischen Vorfällen zusammenreimen konnte. Ich hatte nie geglaubt, dass ich unsterblich sei, aber die plötzliche Ahnung, dass ich dem Tod viel früher entgegensehen könnte, als ich erwartet hatte, veränderte meine Wahrnehmung der Welt. Ich weiß noch, dass in jenem Winter unvermittelt ein heftiger Schneesturm hereinbrach. Das Haus, in dem wir wohnten, grenzte an einen Park, und als der Schnee sich niedergelassen hatte, bot ein Hügel am Fuß unseres Gartens den Kindern endlos Spaß beim

Schlittenfahren. Ich schleifte Craig, der die Kälte hasst, auf eine lange Runde durch den Park, als Umweg zum Supermarkt, der eigentlich am Ende der Straße lag, denn in Birmingham gibt es selten so viel Schnee, und ich wollte das erleben, solange ich die Gelegenheit dazu hatte. Die Erinnerung an den eiskalten Wind, der mir ins Gesicht biss, an die Art, wie die weiße Erde und die weißen Bäume das Licht reflektierten, an das Juchzen der spielenden Kinder und das Bellen der aufgeregten Hunde, das durch den weichen Schnee gedämpft wurde, ist heute noch genauso lebendig wie an jenem Tag vor ein paar Jahren. Ich wollte die Welt um mich aufnehmen, solange ich es noch konnte.

Ich hatte gar nicht so viel Angst vor dem Tod, sondern was mich quälte, war, wie ich meine Zeit verbracht hatte. Ich hatte immer nur gearbeitet – aber wofür? Was hatte ich schon vorzuweisen? Jahrelang hatte ich damit zugebracht, gestresst, nervös und erschöpft zu sein, mir aber wenig Freude gegönnt, und nun war es dafür vielleicht zu spät.

Wie sich herausstellte, hatte ich Glück: Die Lebenserwartung von Menschen mit Multipler Sklerose ist in den letzten Jahrzehnten gestiegen. Es ist nicht gerade angenehm, mit etwas im Kopf herumzulaufen, das sich anfühlt wie eine nicht detonierte Bombe aus dem Zweiten Weltkrieg, die für den Rest meines Lebens friedlich schlafen oder jeden Augenblick explodieren kann, aber die Aussichten sind deutlich vielversprechender als früher. Es ist ein großer Segen, in einer Zeit zu leben, in der sich die Behandlungsmöglichkeiten für MS verbessert haben. Ich habe gute Chancen, »ein langes und glückselig ereignisloses Leben« zu führen, wie mein Neurologe und ich es ausdrücken. Außerdem bin ich froh, dass ich in einem Land lebe, das mir Zugang zu einem der besten öffentlich finanzierten Gesundheitssysteme der Welt bietet. Ich muss für vieles dankbar sein, ich wünschte einfach nur, ich hätte nicht auf eine viel schlimmere Diagnose gefasst sein müssen, um das zu erkennen.

Der französische Komponist Louis Hector Berlioz (1803–1869) soll bekanntermaßen gesagt haben, die Zeit sei eine große Lehrerin, die leider all ihre Schüler töte. Wir sind alle Schülerinnen und Schüler der

Zeit. Gewiss ist die Lektion, die ich gelernt habe, wie kostbar die Zeit wirklich ist.

Meine Diagnose hat die Art, wie ich die mir noch verbleibenden Sekunden, Stunden und Tage verbringen will, nachhaltig verändert. In einer Hinsicht hatten die ersten Ärzte recht: Ein Großteil meiner Beschwerden ist auf Stress zurückzuführen. Jeder einzelne meiner Schübe erfolgte kurz nach einer Panikattacke, und ich hatte keine einzige Panikattacke, die nicht einem Schub vorausging. Früher war Stress für mich ein Ehrenabzeichen, eine innere Narbe, die ich davongetragen hatte und die bewies, wie tapfer ich gewesen war, dass ich mich in hoch belastende Situationen gestürzt, Mobbing und Diskriminierung überstanden hatte und noch immer kämpfen konnte. Ich stand ständig unter einer fieberhaften Anspannung. Nun erkenne ich, Stress auszuhalten, ist nichts, worauf man stolz sein sollte. Es braucht genauso viel Kraft und Widerstandsfähigkeit, Nein zu sagen und zu wissen, wann man lieber seiner Wege geht. Da ich weiß, wie krank Stress mich machen kann, meide ich ihn wie die Pest. Ich bin ein bekehrter Workaholic.

Leider kann ich nicht behaupten, dass ich jetzt ein absolut ruhiges Dasein führe und im Reinen mit dem Universum bin. Ich rege mich noch immer über dumme Dinge auf, zum Beispiel, wenn ein Energieversorger mein Konto nicht ordnungsgemäß verwaltet oder mein Computer eine Ewigkeit braucht, um etwas zu laden. Aber ich gehe viel entspannter mit meinem Leben um als in der Vergangenheit. Ich konzentriere meine Energie auf die Menschen in meinem Umfeld, die mich unterstützen; die anderen sind meine Zeit nicht wert. Und ich nehme mir mehr Zeit, um die Welt um mich wahrzunehmen und wertzuschätzen.

Die Wahrheit ist natürlich, dass unser aller Lebenszeit begrenzt ist, und wie viel uns davon zur Verfügung steht, liegt nicht in unserer Hand. Doch wie wir sie verbringen, schon, und unsere Erlebnisse können unser Zeitverständnis über die Minuten hinaus erweitern, die auf unseren Uhren angezeigt werden. Jener Tag, als Craig und ich im Schnee spazieren gingen, hat sich in mein Gedächtnis eingebrannt, als wäre es gestern gewesen, der Uhrzeit zum Trotz. Jüngere neurowissenschaftliche Studien stützen die Theorie, dass unser Zeitempfinden mit der Qualität unserer Erfahrungen verknüpft ist.

Seit Jahrhunderten wissen Philosophen, dass es ein Unterschied ist, ob man einfach lange gelebt oder ob man ein ereignisreiches, aktives und bereicherndes Leben geführt hat. Das Alter ist nicht immer ein Zeichen von Erfahrung und Weisheit. In dem um 49 n. Chr. von dem Stoiker Seneca verfassten Werk *Von der Kürze des Lebens* findet sich ein wunderbares Zitat, in dem er den Unterschied zwischen Lebenszeit und gesammelter Erfahrung mit einer Sturmmetapher zusammenfasst:

> Wenn einer graue Haare hat oder Runzeln, brauchst du deswegen nicht zu glauben, er habe lange gelebt: Er hat nicht lange gelebt, er ist einfach nur lange da gewesen. Oder meinst du, einer habe eine weite Seereise gemacht, wenn ihn schon beim Auslaufen aus dem Hafen ein wütender Sturm packte, ihn hierhin und dorthin verschlug und ihn im Wirbel der gegeneinander wütenden Winde immer auf der gleichen Bahn im Kreis herumtrieb? Der hat keine weite Seereise unternommen, er ist nur viel hin und her geworfen worden.[2]

Wenn wir ein erfülltes Leben führen, kommt es uns mitunter so vor, als ob die Jahre an uns vorbeiflögen, aber lebendige Erinnerungen zu schaffen, bedeutet, dass wir später auf ein Leben zurückblicken, das sich lang anfühlt.

Wir alle machen unser Leben an bestimmten Momenten und den Erinnerungen fest, die damit einhergehen. Uhren, die uns die Zeit ebenso anzeigen, wie sie es bei unseren Vorfahren taten, sind eine Konstante bei diesen Erinnerungen.

Schnell und langsam, ein englischer Rücker.

Selbst Menschen, die sich nicht als »Uhrenliebhaber« betrachten, lassen die wertvolle Taschenuhr, die sie von ihrem Urgroßvater geerbt haben, restaurieren, auch wenn sie wissen, dass sie sie nie benutzen werden. Wenn wir auf das Zifferblatt einer alten Uhr schauen, sehen wir dieselben Zeiger an den Stunden und Minuten vorbeigehen, die auch unsere Eltern, Großeltern und Urgroßeltern schon sahen, hören wir dasselbe Ticken, das auch sie schon hörten, als sie die vergehenden Momente ihres Lebens bemaßen. Und dann, wenn wir Glück haben, können wir die Uhr aufziehen und sie tragen, während wir durch unser Leben gehen.

Wie man eine Armbanduhr repariert

Eine kurze (und persönliche) Anleitung

Jede Uhr ist einzigartig. Selbst die, die in riesigen Mengen in modernen Fabriken produziert werden. Ist eine Uhr getragen worden, nimmt sie die Spuren des Lebens ihres Besitzers auf: die Abenteuer, die sie gemeinsam bestanden haben, die tägliche Abnutzung, die besonderen Anlässe, zu denen sie hervorgeholt wurde, selbst die Zeit, die sie einfach in ihrer Schachtel verbracht hat. Wenn eine Uhr zu uns in die Werkstatt gebracht wird, beginne ich daher mit einer systematischen Untersuchung, um sicherzustellen, dass ich jeden der Defekte erfasse, die sich im Laufe der Jahre angesammelt haben.

Zuerst setze ich meine Uhrmacherlupe auf, ein kleines Vergrößerungsglas, das sich an mein Auge schmiegt und die Uhr vor mir auf das Dreifache vergrößert. Sorgfältig überprüfe ich die Gesamterscheinung der Uhr, suche nach Schrammen am Gehäuse, Anzeichen von Wasserschäden auf dem Zifferblatt und danach, ob die Aufzugskrone abgenutzt ist oder eine verräterische flache Stelle aufweist, die darauf hindeutet, dass die Uhr auf die Krone gefallen ist und möglicherweise durch den Aufprall weiteren Schaden im Inneren genommen hat. Winzige Kratzer auf dem Zifferblatt können ein Indiz dafür sein, dass sie schon einmal bei einem Uhrmacher war, der weniger Sorgfalt walten ließ, und sich andere Reparaturschäden im Gehäuse verbergen. Ich prüfe, ob der Aufzug funktioniert, das Uhrwerk noch läuft, sich die Aufzugskrone herausziehen lässt und sie die Zeiger leicht, aber nicht zu locker in Bewegung versetzt. Sie sollten ein wenig, aber nicht zu viel Reibung haben. Wenn ich die Rückwand öffne, habe ich in der Regel eine ziemlich gute Vorstellung von dem, was mich erwartet.

Die Innenseite der Rückwand einer Uhr ist eine prädestinierte Stelle, um nach Kennzeichen früherer Reparateure Ausschau zu halten. Zuweilen sind sie in das Metall geritzt oder mit dauerhafter Tinte daraufgeschrieben. Es kann ein erkennbarer Name mit Datum sein oder ein Code, der nur für die Person verständlich ist, die ihn dort hinterlassen hat. Mehrere Kennzeichen können ein Beleg dafür sein, dass eine Uhr über die Jahre hinweg regelmäßig zur Revision gebracht worden ist, wie ein Auto zum TÜV, sie also gut gepflegt wurde. Doch manchmal sind diese Markierungen Vorboten einer Reihe ungelöster Probleme, die ich zu beheben habe.

Wie es nun weitergeht, unterscheidet sich von Uhrmacherin zu Uhrmacher und hängt von der Werkgröße ab. Es gibt eine nahezu unendliche Vielfalt an Fehlern, die mir in einem Uhrwerk begegnen können, einschließlich so mancher Überraschung, die mir nur einmal in meinem Berufsleben unter die Augen kommt. Im Folgenden beschreibe ich, wie ich an eine typische Armbanduhr mit Handaufzug aus der Mitte des 20. Jahrhunderts herangehen würde. Das ist nicht als umfassende Anleitung, sondern als Einführung in den Arbeitsvorgang zu betrachten.

Gesetzt den Fall, dass die Uhr überhaupt noch geht, kontrolliere ich zunächst einmal ihr Gangverhalten mit unserer Zeitwaage. Dann nehme ich die Lünette und das Uhrglas ab, das das Zifferblatt schützt, sodass dieses nun offen vor mir liegt. Ich ziehe die Aufzugskrone heraus, damit ich die Zeiger bewegen kann, und stelle die Uhrzeit auf zwölf Uhr oder eine andere Zeit, bei der beide Zeiger direkt übereinanderstehen. Das ist die optimale Stellung, um die Zeiger hochzuhebeln und abzunehmen, ohne sie zu beschädigen. Damit ich das Zifferblatt dabei nicht zerkratze, lege ich eine dünne Plastikfolie darüber und gehe beim Herausheben der Zeiger sehr vorsichtig vor. Dann wiederhole ich die

Prozedur mit dem kleinen Sekundenzeiger, der auf der Sechs steht. Sind die Zeiger entfernt, setze ich die Lünette, ebenfalls zum Schutz des Zifferblatts, wieder ein und drehe die Uhr um.

Ich lockere die kleine Schraube gleich neben der Aufzugswelle nur so weit, bis ich diese mit der daran befestigten Krone aus dem Gehäuse ziehen kann. Zwei Schrauben mit großen, polierten Köpfen, die leicht gewölbt sind wie der Rücken eines Marienkäfers, halten das Uhrwerk im Gehäuse. Ich drehe sie heraus und nehme die Lünette wieder ab, damit sich das Uhrwerk aus dem Gehäusemittelteil mit dem Zifferblatt voran entnehmen lässt. Das Gehäuse ist nun für die Reinigung bereit und wird erst einmal beiseitegelegt. Nun entferne ich das Zifferblatt, indem ich die zwei winzigen parallelen Gewindestifte löse, die waagerecht zu beiden Seiten in die Platine hineingehen und die Zifferblattfüße fixieren, die an der Unterseite des Zifferblatts verborgen sind. Wenn die Stifte gelöst sind, lässt sich das Zifferblatt abheben. Ich lege es behutsam zusammen mit den Zeigern in eine kleine, abgedichtete Dose, damit ihnen nichts passiert, während ich meine Aufmerksamkeit dem Uhrwerk zuwende.

Das nunmehr freigelegte Uhrwerk setze ich auf einen Werkhalter, dessen Seiten mit einem Rändelknopf so eingestellt werden können, dass die Kanten des Werks arretiert werden. Dann nehme ich das Zeigerwerk heraus, das sich zwischen Platine und Zifferblatt befindet und aus den Rädern besteht, die für die Drehung der Zeiger verantwortlich sind, und verstaue es in meiner Uhrmacherdose mit Staubschutz. Das ist wie eine Bento Box für Uhrmacher mit einem Arbeitsteller, der abgetrennte Fächer für die verschiedenen Teile hat, aus denen sich das Werk einer Uhr zusammensetzt. Er wird von einer durchsichtigen Kunststoffhaube abgedeckt, die oben einen kleinen Griff hat und ein bisschen wie ein Servierteller aussieht. Darinnen sind die Teile vor Staub geschützt und davor, dass sie von meiner Werkbank kullern.

Nun führe ich die Aufzugswelle mit der Krone wieder in das Werk ein und ziehe die kleine Schraube an, damit sie fixiert wird. So kann ich leichter mit dem Uhrwerk hantieren und den Aufzugsmechanismus genauer durchleuchten, weil ich die Bewegung aller Teile sehen kann.

Als Nächstes beginne ich mit der Überprüfung der Mechanik. Ich vergewissere mich, dass die feine Spiralfeder perfekt über der Unruh sitzt, plan ist und die Windungen nicht dezentriert sind. Ich kontrolliere den Rücker, mit dem die Ganggeschwindigkeit der Uhr reguliert werden kann, indem man die Wirklänge der Spiralfeder verlängert oder verkürzt. Er ist mit einer Skala von »langsam« bis »schnell« markiert, und der Zeiger sollte in der Mitte sein. Steht der Zeiger direkt auf »langsam« (oft gekennzeichnet mit »R« für das französische »retard«, was »verzögert«, also »nachgehen« bedeutet), ist das ein Hinweis darauf, dass die empfindliche Spiralfeder möglicherweise ausgetauscht oder nach Bruch neu verstiftet worden und jetzt zu kurz ist, wodurch die Uhr zu schnell geht.

Ich suche das gesamte Uhrwerk nach Rost oder Ölablagerungen ab. Möglicherweise sind mir diese beiden Mängel schon aufgefallen, bevor ich das Zifferblatt entnommen habe. Rost kann das Zifferblatt rötlich braun verfärben und geht meist mit Wasserflecken einher. Überschüssiges Öl von vorausgegangenen Reparaturen kann hingegen aus dem Loch in der Mitte des Zifferblatts quellen, eine grünliche Ablagerung zurücklassen und manchmal auch dafür sorgen, dass sich die Farbe ablöst. Ich schaue nach, ob irgendwelche Teile fehlen, die sich gelockert und schließlich irgendwo im Uhrwerk verklemmt haben können oder zuweilen auch gar nicht mehr vorhanden sind. Nun wechsle ich auf ein stärkeres Vergrößerungsglas, durch das ich die winzigen Komponenten in zwanzigfacher Größe sehe, und halte nach gesprungenen Lagersteinen Ausschau, die zum Verschleiß der Zapfen führen können, die sich in ihnen drehen. Wenn eine Uhr heruntergefallen ist, brechen diese Zapfen manchmal vollständig ab, sodass das horizontal liegende Rad nach einer Seite abkippt. Alle losen Schmutzklümpchen oder Pulloverflusen, die bis in die Aufzugsmechanik vorgedrungen sind, hole ich mit meiner

Pinzette heraus. Im Allgemeinen verwende ich Pinzetten des Typs 3, die eine so feine Spitze wie ein angespitzter Bleistift haben.

Als Nächstes begebe ich mich auf die Suche nach Defekten, die so unscheinbar sind, dass man sie eher *fühlen* als sehen kann, aber trotzdem so erheblich, dass sie die Uhr gänzlich zum Stehen bringen können. Jedes Rad in einer Uhr, von der Unruh bis zum Räderwerk und dem Federhaus, braucht die richtige Menge von etwas, das wir »Spiel« nennen. Das ist der Bewegungsfreiraum, den jedes Bauteil benötigt, um effizient arbeiten zu können. Wenn es zu viel Spiel gibt und der Eingriff (der Abstand zwischen den Komponenten) nicht stimmt, führt das zu unnötiger Reibung, zu Gangabweichungen und dazu, dass das Werk hin und wieder einen Zahn überspringt. Ist das Spiel zu klein, frisst sich die Mechanik fest und blockiert vollständig. Der richtige Bewegungsfreiraum bemisst sich oft in Hundertsteln, manchmal Tausendsteln Millimetern. Wir überprüfen das, indem wir das Teil mit einer spitzen Uhrmacherpinzette greifen und behutsam hin- und herbewegen. Das braucht viel Übung, aber am Ende spürt man instinktiv, ob das Spiel richtig oder falsch ist.

Durch diese Aufgabe hangle ich mich schrittweise. Ich beginne mit dem Spiel der Unruh. Wenn ich damit zufrieden bin, löse ich die Schraube des Unruhklobens und baue ihn samt der daran hängenden Spiralfeder und Unruh aus. Ich nehme die Unruh unter die Lupe und vergewissere mich, dass die Zapfen nicht abgenutzt sind. Auf der Unterseite des Unruhreifs suche ich nach Spuren, die erkennen lassen, ob die Unruhwelle ersetzt oder die Unruh zum Auswuchten nachgefeilt wurde. Ich entnehme die Lagersteine, um festzustellen, ob sie aufgrund eines beginnenden Verschleißes ausgetauscht werden müssen. Meiner Berechnung zufolge schwingt ein typisches Räderwerk bei einer Laufzeit von achtzig Jahren 12 614 400 000-mal. Bei so viel Reibung kann selbst etwas so Hartes wie ein synthetischer Rubin an einer Stahlwelle einlaufen.

Nun begutachte ich die Eingriffstiefe der Paletten beziehungsweise Ankersteine in die Zähne des Hemmrades, wobei ich den Anker vorsichtig mit der Spitze meines Ölgebers hin- und herwippen lasse und mich davon überzeuge, dass sie das Rad richtig arretieren. Ölgeber für Uhrmacher sind wie sehr kleine Spatel aus Stahl, die so dick wie eine grobe Pinselborste sind. Am Ende haben sie eine olivenförmige Spitze, die man in Öl tunkt. Die Form der Olive hält den Tropfen aufgrund ihrer Oberflächenspannung fest, bis er mit dem Objekt in Berührung kommt, auf das man das Öl auftragen will. Auch ohne Öl sind sie ein nützliches und präzises Werkzeug, das manchmal schonender ist, als wenn man Pinzetten verwendet. Der ideale Eingriffswinkel zwischen Ankerstein und den Zähnen des Hemmrades lässt sich nach einer mathematischen Formel berechnen, aber Tabellen und Diagramme haben kaum eine Bedeutung, wenn man an etwas so Filigranem wie einem Uhrwerk arbeitet. Da ist es einfacher, wenn man sich auf Augenmaß und Gefühl verlässt. Weil der Eingriff größer als das Spiel ist, kann man ihn gewöhnlich sowohl sehen als auch spüren.*

Bevor ich die Ankersteine herausnehme, muss ich unbedingt darauf achten, die Zugfeder zu entspannen, denn sobald das Uhrwerk ohne Ankersteine ist, rauscht die restliche Antriebskraft ungebremst durch das Räderwerk, was bei einem verunreinigten Uhrwerk potenziell zu weiterem Verschleiß und Schäden führen kann. Ich ziehe die Sperrklinke heraus, die in das Sperrrad eingreift und das unkontrollierte Abwickeln der Zugfeder verhindert. Nun halte ich die Aufzugskrone vorsichtig fest und lasse sie sich langsam zwischen meinen Fingern unter der freigesetzten Kraft der sich entspannenden Zugfeder drehen. Ich

* Der Eingriff lässt sich mit unseren Händen veranschaulichen. Verschränken Sie die gestreckten Finger Ihrer rechten und linken Hand so ineinander, dass die Fingermittelgelenke auf einer Linie liegen. Wenn Sie Ihre Hände nun hin- und herdrehen, werden Sie merken, dass Sie Ihre Finger zwar bewegen können, diese aber fest verschränkt bleiben (richtiger Eingriff). Wenn Sie Ihre Finger jedoch am Fingerendgelenk an den Fingerspitzen ineinanderflechten, können Ihre Finger auseinanderrutschen (Eingriff nicht tief genug). Verschränken Sie Ihre Finger an den Fingergrundgelenken ineinander, wird es Ihnen kaum gelingen, Ihre Hände überhaupt zu bewegen (Eingriff ist zu tief).

überprüfe das Spiel der Ankerzapfen und nehme den Ankerkloben ab, der sie sichert. Die Oberfläche der Ankersteine suche ich nach angeschlagenen oder abgenutzten Stellen ab und lege dann den Kloben, die Klobenschrauben und Ankersteine in meine staubgeschützte Uhrmacherdose zu den anderen, bereits hier verstauten Teilen.

Jetzt arbeite ich mich durch das Räderwerk und erkunde, ob es frei und das Spiel der einzelnen Bauteile in Ordnung ist. Ich baue die Räderwerksbrücke aus, in der die oberen Zapfen gelagert sind, sodass ich diese gründlich auf Verschleiß untersuchen kann. Dann entferne ich die letzte und größte Brücke (Federhausbrücke), um das Federhaus freizulegen. Dafür nehme ich das Sperrrad samt Sperrklinke heraus und prüfe ihr Spiel. Dann, wenn ich das Federhaus in der Hand halte, inspiziere ich den Bewegungsfreiraum der darin befindlichen, Federkern genannten Welle, bevor ich schließlich den Deckel herausdrücke. Federkern und Zugfeder hebe ich heraus und schaue nach, ob sie intakt und in gutem Zustand sind. In alten Uhren ist die Zugfeder fast immer durch Alter und Gebrauch ermüdet und muss erneuert werden. Der Austausch der Zugfeder kann ein Drahtseilakt sein. Sie muss die korrekte Höhe und Dicke haben, um die richtige Antriebskraft zu liefern, was von Uhr zu Uhr sehr verschieden ist. Wenn man sich dabei an offiziellen alten Darstellungen orientiert und die Maße eins zu eins überträgt, passiert es oft, dass die Zugfeder letztendlich zu viel Kraft überträgt, weil moderne Federn aus höherwertigem Stahl gefertigt sind. Demgegenüber können arg verschlissene »Traktoren« wie unsere guten alten Rebbergs jede verfügbare Unterstützung beim Antrieb gebrauchen und benötigen vielleicht nun eine stärkere als die ursprüngliche Zugfeder. Da muss man manchmal ein bisschen herumprobieren und ein paar Federn austesten, damit man die findet, die die Uhr braucht, was nicht unbedingt die sein muss, die im Lehrbuch steht. Aber das können wir nur machen, wenn die Uhr gereinigt und wieder zusammengebaut ist, sodass ich die Komponenten nun erst einmal beiseitelege. Zum letzten Mal vor der Reinigung ziehe ich die Aufzugswelle samt Aufzugstrieb und Schiebetrieb heraus, das das Umschalten zwischen der Position Handaufzug und der Position Zeigerstellung steuert. Die Komponenten sind in einer Aussparung unter der Federhausbrücke eingefasst, sodass sie, sobald sie freiliegen, nur noch von der Aufzugswelle im Uhrwerk gehalten werden, auf der sie aufgereiht sind.

Die letzte Baugruppe, die ich demontiere, ist der restliche Kronenaufzug. Ich drehe die Platine auf dem Werkhalter, um an die Seite zu kommen, die normalerweise unter dem Zifferblatt verborgen ist. Das Bauteil, das die Aufzugswelle gehalten hat, sowie ein Rädchen, eine Kupplungshebel genannte Wippe und eine Feder stecken unter dem, was wir als Aufzugdecke bezeichnen. Ich löse die Schraube und hebe die Abdeckung behutsam ab, damit die Feder nicht herausspringt und durch die Werkstatt schwirrt. Kupplungshebelfedern sind oft wie ein Hirtenstab geformt und etwas dicker als eine Spiralfeder, aber trotzdem noch so winzig, dass sie elend schwer zu finden sind! Mit Pinzetten nehme ich die letzten Komponenten heraus und verstaue sie. Dann schabe ich die Lagersteine und Lager von Hand mit einem angespitzten Holzstöckchen aus, bis sie von alten, getrockneten Ölresten vollständig befreit sind. Anschließend stecke ich alle Teile, die ich sorgfältig in der Uhrmacherdose aufbewahrt habe, in unsere spezielle Uhrreinigungsmaschine.

Mit diesen Maschinen verhält es sich ein bisschen so wie mit Geschirrspülern: Das beste Ergebnis erhält man, wenn man vorher den gröbsten Schmutz beseitigt hat. Also wische ich mit einem Lösungsmittel überschüssiges Fett und Öl von den Komponenten ab, bevor ich sie in kleine Stahlkörbchen lege, die an der Antriebseinheit der Maschine arretiert werden. Gewöhnlich bestücke ich ein Körbchen mit den Messingteilen und ein zweites mit den Stahlteilen (damit sie die Messingteile nicht zerkratzen, wenn sie von der Maschine geschleudert werden). Die ganz empfindlichen Teile kommen in Extrakörbchen. Die Antriebseinheit funktioniert wie ein Roboterarm und senkt die Körbe nacheinander in Behälter mit Reinigungs- oder Spülmitteln. Der letzte Behälter enthält eine Warmlufteinrichtung, durch die jegliche Rückstände des

Spülmittels an den Uhrenteilen verdampft werden, was die Körbchen sehr heiß werden lässt.

Während die Teile des Uhrwerks gereinigt werden, widme ich mich dem Gehäuse, befreie es von Verschmutzungen und helle es manchmal mit etwas Politur wieder auf. Wenn ein Gehäuse siebzig Jahre oder älter ist, wird es unweigerlich Gebrauchspuren aufweisen. Ich versuche nicht, Gehäuse »wie neu« aussehen zu lassen, es sei denn, der Auftraggeber wünscht es. Ich bin mir wohl bewusst, dass diese Male dem Uhrenbesitzer Geschichten erzählen können und er vielleicht möchte, dass man sie in Ruhe lässt.

Wenn die Teile des Uhrwerks blitzblank sind, montiere ich sie wieder zusammen. Ich beginne mit dem Räderwerk und dem Federhaus. Mit einem Spezialwerkzeug winde ich die Zugfeder ein und setze sie mit einem kleinen Schuss frischem Fett ein. Durch einen ganz sachten Druck auf das Federwerk sollte sich das gesamte Räderwerk in Gang setzen, sodass man leicht kontrollieren kann, ob sich alles ungehemmt bewegt. Wenn etwas klemmt, hat es keinen Sinn, fortzufahren, bis das Problem behoben ist.

Nun setze ich den Kronenaufzug wieder zusammen. Vorsichtig lege ich die kleine Kupplungshebelfeder auf und sichere sie unter der Aufzugdecke, bevor sie wegspringen kann. Das ist ein bisschen so, als würde man mit der hohlen Hand einen Grashüpfer im Garten einfangen wollen. Alle Steinlager und Reibungspunkte schmiere ich mit etwas Fett oder Öl und achte darauf, dass ich ausreichend, aber nicht so viel verwende, dass es auf dem Zifferblatt oder an einer anderen unerwünschten Stelle austritt. Um zu überprüfen, ob der Aufzug funktioniert, wechsle ich zwischen den Positionen für Handaufzug und Zeigerstellung hin und her. Wenn ich jetzt die Uhr aufziehen würde, würde das Räderwerk ungebremst loszischen.

Also sperre ich das Räderwerk, indem ich die Ankersteine wieder an ihren Platz bringe, damit sie in die Zähne des Hemmrades eingreifen können. Mit ein bis zwei Drehungen ziehe ich die Uhr auf und beobachte, wie der Anker durch die im Räderwerk zurückgehaltene Kraft schlagartig in Position springt. Ich vergewissere mich, dass der Anker munter hin- und herwippt, bevor ich zur letzten Etappe übergehe.

Nun wage ich es, die Zugfeder bis zum Anschlag aufzuziehen und die zusammengebaute Unruh mit frisch geölten Lagersteinen in das Uhrwerk einzusetzen. Das ist der Augenblick, in dem die Uhr wieder zu ticken anfängt. Nach der langen Restauration einer für viele Jahre verstummten Uhr ist das besonders ergreifend. Es ist der Moment, in dem die Uhr wieder zum Leben erwacht, die kleine Hemmung anfängt zu schlagen und die Spiralfeder wieder systematisch ein- und ausatmet.

Ob eine Unruh gesund ist, erkenne ich an dem Winkel, den sie bei ihrer Schwingung erreicht. Bei einer Uhr dieses Alters und dieser Bauart möchte ich, dass die Amplitude zwischen zweihundertachtzig und dreihundert Grad liegt. Ist sie größer, besteht die Gefahr, dass die Unruh eine volle Umdrehung macht und der darauf befindliche Hebelstein außen an die Ankergabel anschlägt, was zu einem Ticken führt, das ein wenig an ein galoppierendes Pferd erinnert. Das kann passieren, wenn die neue Zugfeder zu stark ist. Wenn die Amplitude zu klein ist, ist die Uhr anfällig für Lagenfehler und geht, je nach Bewegung des Trägers, vor oder nach. Ich warte, bis ich sehen kann, dass die Schwingungsweite in der richtigen Größenordnung liegt, bevor ich die Uhr auch nur in die Nähe unserer Zeitwaage lasse, die die Schläge des Uhrwerks aufzeichnet und uns genau sagen kann, wie die Uhr läuft.

Mit der Zeitwaage können wir auch überprüfen, ob das Gewicht der Unruh gleichmäßig verteilt ist. Ist es an einer Stelle zu schwer, zeigt das Gerät einen Nachgang an, wenn die Unruh auf der Seite liegt (das ist der Fall, wenn Sie die Uhr am nach unten hängenden Arm tragen), und einen Vorgang, wenn das Uhrwerk in eine waagerechte Position gedreht wird. Das beeinflusst die Ganggenauigkeit. Falls die Unruh eine Unwucht hat, baue ich sie aus und bringe sie auf einer Unruhwaage mit Rubinklingen zum Drehen, bis der Schwerpunkt unten hängt. Sobald der Übeltäter gefunden ist, trage ich mit einem Schaber einen winzigen Metallspan ab (das ergibt Kratzer, die man sehen kann, falls vorher schon jemand nachgearbeitet hat), um das Gewicht zu verringern, und drehe dann die Unruh erneut. Und noch einmal. Und noch einmal. Bis sie sich ungehindert dreht und langsam und ohne Schwingen zum Stehen kommt. Manchmal gelingt mir das gleich beim ersten Mal, manchmal muss ich dafür stundenlange Geduld aufbringen.

In Ruhelage sollte der Hebelstein genannte Rubinstift unter der Unruh, der den Anker hin- und herschwingen lässt, mittig in der Ankergabel ruhen; dann sprechen wir davon, dass kein »Abfallfehler« auftritt. Da nun alle Untersuchungen abgeschlossen sind, ist das Uhrwerk bereit zum Einbau in das Gehäuse. Ich montiere Zeigerwerk und Zifferblatt, indem ich die kleinen Gewindestifte, die es fixieren, anziehe. Wenn ich die Zeiger anbringe, vergewissere ich mich, dass sie bei der vollen Stunde deckungsgleich übereinanderliegen. Dann füge ich das Werk wieder in das Gehäusemittelteil ein, ziehe ein letztes Mal die Aufzugswelle heraus und fädle sie durch das Loch im Gehäuse ein, bevor ich sie fest arretiere. Nun bringe ich die beiden Schrauben wieder an, die das Werk im Gehäusemittelteil sichern, und schließe die Rückwand.

Der abschließende Test ist praktischer Natur oder eben so praxisnah, wie wir es in der Werkstatt nachstellen können. Wir legen die Uhr an das »Handgelenk« einer Maschine an, die sie in alle möglichen Positionen bringt und überprüft, ob sie kontinuierlich funktioniert, wenn sie so bewegt wird, wie es später beim Tragen der Fall sein wird. Im Verlauf einer Woche testen wir die nonstop tickende Uhr tagsüber in Bewegung und nachts in einer Ruhestellung. Und erst, wenn wir mit ihrem Verhalten zufrieden sind, geben wir die Uhr ihrem Besitzer zurück.

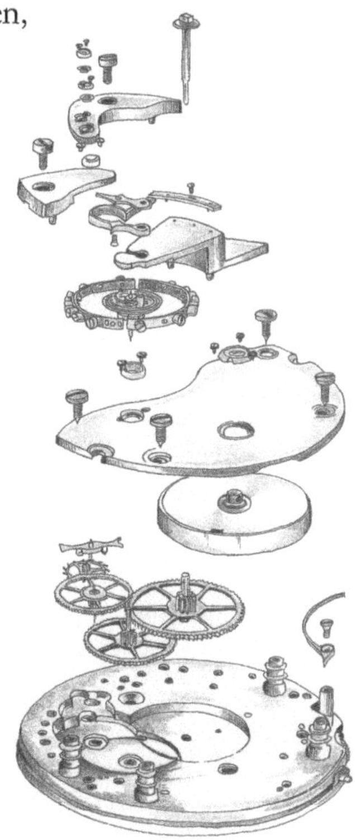

Explosionszeichnung des Uhrwerks einer Taschenuhr.

Dank

Dieses Buch bringt so viel von meinem Leben, meiner beruflichen Laufbahn und meiner Ausbildung zusammen, dass ich eine ebenso lange Liste der Personen schreiben könnte, dir mir auf meinem Weg geholfen haben. Aber ich werde versuchen, mich kurzzufassen.

Ich möchte mich bei meinen Tutoren Paul Thurlby und Jim Kynes dafür bedanken, dass sie mich in die Welt der Uhrmacherei eingeführt haben. Als Schmuckgestalterin bin ich Peter Ślusarczyk und Eimear Conyard für ihren Unterricht zu Dank verpflichtet. Als Historikerin wäre mein Studium ohne die Unterstützung von Dr. Lawrence Green und Professor Kenneth Quickenden nicht möglich gewesen.

Dieses Buch entstand zu einem Zeitpunkt, als ich nach vielen Einsendungen und Ablehnungen alle Hoffnungen auf eine Veröffentlichung aufgegeben hatte. Danke an Kirsty McLachlan, dass sie mich gefunden und dazu ermutigt hat, es noch einmal zu versuchen, an meinen Agenten David Godwin und an meine Lektorin Kirty Topiwala, dass sie dieses Buch in Auftrag gegeben hat, zusammen mit ihrem wundervollen Team bei Hodder: Rebecca Mundy, Jacqui Lewis, Tom Atkins, Helen Flood und meine Bildredakteurin Jane Smith. Holly Ovenden entwarf den wunderschönen Umschlag. Roma Agrawal war meine inoffizielle Mentorin, die mich auf dem rechten Weg gehalten hat. Ich muss mich auch bei der leidgeprüften Victoria Millar bedanken, die mir dabei geholfen hat, die vielen Stränge dieser Geschichte miteinander zu verweben. Vielen Dank für die langen Nächte und die aufmunternden Katzenfotos, wenn es schwierig wurde.

Für die Unterstützung bei meinen Recherchen und der Überprüfung der Details dieses umfangreichen Themas danke ich (in keiner bestimmten Reihenfolge) Justin Koullapis, Alom Shaha, Dr. Michelle Bastian, Professor Kevin Birth, Michael Clerizo, Mike Cardew, Dr. Richard Hoptroff, Dr. Stephanie Davies, David Goodchild, Dr. Jim Beveridge, Karen Bennett, Chantal Bristow, Professor Francesco D'Errico, Dr. Katie Russell-Friel, Dr. Ronald Mifsud, Anna Rolls, Elizabeth Doerr, Seth Kennedy, David Barrie, Mollie Hughes, Mike Frayn und Dr. James Fox. Dank auch an Professor Joe Smith und Professor Renata Tyszczuk von Smith of Derby, dass sie mich durch ihre beeindruckende Werkstatt geführt haben.

Vielen Dank an den äußerst talentierten Andy Pilsbury, der alle Fotografien in diesem Buch sowie die meisten unserer Aufnahmen im Laufe der Jahre gemacht hat. Wir können uns glücklich schätzen, so begabte Freundinnen und Freunde zu haben. 2022 kam Andys erstes Kind zur Welt, Poppy Pilsbury, und daher möchte ich die Gelegenheit ergreifen, sie in gedruckten Worten zu verewigen und zu sagen: »Willkommen auf der Welt, Poppy!« Ebenso bin ich Jen O'Shaugnessy für ihre gelungene Bildbearbeitung und den Besitzerinnen und Besitzern, Verwalterinnen und Verwaltern der abgebildeten Uhren und Objekte dankbar, durch deren Unterstützung des Buches diese Bilder überhaupt erst zustande kamen.

Ein Großteil meiner Forschung wäre ohne den Beistand von Museen und ihren Kuratoren und Kuratorinnen nicht möglich gewesen. Mein besonderer Dank gilt David Thompson, Paul Buck, Oliver Cooke und Laura Turner vom British Museum; Alan Midleton, Alex Bond, Izzy Davidson, Dr. Robert Finnegan und Dave Ellis vom Museum of Timekeeping; Anna Rolls von der Worshipful Company of Clockmakers; Dr. David Morris vom McGregor Museum; und Amy Taylor vom Ashmolean Museum. Die ausführliche Auflistung der weltweiten Museen mit Uhrensammlungen ist durch die Anregungen meiner wunderbaren Followerinnen und Follower auf Instagram sehr bereichert worden; ich danke euch allen für eure Vorschläge.

Eine Reihe von Bildungseinrichtungen und Wohltätigkeitsorganisationen haben uns und unsere Werkstatt über die Jahre unterstützt. Ich erwähne sie hier, um ihnen sowohl zu danken als auch für den Fall, dass jemand, der diese Zeilen liest, mehr über das traditionelle Handwerk, das hier im Buch beschrieben wurde, oder die Kunst der Uhrmacherei erfahren möchte: das British Horological Institute, den Queen Elizabeth Scholarship Trust, Heritage Crafts und die Association of Heritage Engineers.

Ich möchte mich bei der kreativen Gemeinschaft von Kolleginnen und Kollegen bedanken, mit denen ich zusammenarbeiten durfte und die unsere Arbeit möglich machen: Henry Deakin, The Wizard (alias Steve Crump), Dave Fellows, Andrew Black, Anita Taylor, Liam Cole, Sally Morrison, Lewis Heath, Florian Güllert, Mike Couser, Neil Vasey, Anousca Hume, Gabi Gucci, May Moorhead, Callum Robinson und Marisa Giannasi. Und ein besonderer Dank gebührt unserer unendlich geduldigen Freundin und Geschäftsführerin Jan Lawson für ihre Geschäftstüchtigkeit, an der es Craig und mir mangelt. Ich bezweifle, dass wir ohne dich noch eine Werkstatt hätten, über die ich schreiben könnte.

Weil sie dafür sorgen, dass es mir gut geht und ich weiterhin Uhren fertigen kann, bedanke ich mich bei Sharon Letissier und Dr. Niraj Mistry.

Meinem Seelenverwandten, meiner Inspiration und meinem Illustrator Craig Struthers danke ich für seinen unermüdlichen Beistand bei der Arbeit an diesem Buch und während der letzten zwei Jahrzehnte. Und Dank an meine vierbeinige Streuner-Familie, meine Kurzhaarigen und Pelzigen, die mich auf Trab gehalten haben und zum Kuscheln da waren, wann immer ich es gebraucht habe: Wachhund Archie, die Katzen Alabama und Isla und unsere Maus Morrissey. Und natürlich auch Dank an meine Eltern und meine Familie: Ihr habt mich zu der gemacht, die ich heute bin. Wenn ich also eine Nervensäge bin, habt ihr euch das selbst zuzuschreiben.

Dieses Buch ist zwei schmerzlich Vermissten gewidmet, die während seiner Entstehung von uns gegangen sind. Adam Phillips war der letzte unabhängige Uhrengehäusebauer in Großbritannien, der Craig 2017 als inoffiziellen Lehrling annahm und sein Können an ihn weitergab. Seine Großzügigkeit, sein Wissen und seine Freundlichkeit sind unvergessen. Ebenso wenig wird Craig je Adams entschuldigende Worte vergessen, wenn er wieder einmal neue (alte) Werkzeuge von der Drehbank brauchte. Man kann »nie über-gedreht« sein. Weil auch er Katzen liebte, hoffe ich, dass Adam die Widmung gern mit meiner treuen, alten Freundin Indy teilt, die die meiste Zeit, während ich dieses Buch verfasst habe, auf meinem Schoß saß. Sie starb einen Tag nachdem ich das Manuskript eingereicht hatte. Sie war eine tolle Katze, ja, das war sie wirklich.

Glossar

Atomzeit ist eine hochpräzise Zeitmessung, die von Atomuhren realisiert wird. Durch eine Zufuhr von Energie können Elektronen, die sich auf festen Bahnen um den Atomkern bewegen, auf eine weiter außen liegende Bahn springen. Beim Wechsel zwischen den Bahnen wird elektromagnetische Strahlung mit einer bestimmten Frequenz absorbiert oder emittiert, die als Grundlage des Zeittaktes dient.

Automatikuhr ist eine Uhr mit einer Mechanik, bei der die Zugfeder durch die Bewegung des Trägers aufgezogen wird, in der Regel über ein schwingendes oder rotierendes Gewicht.

Breitengrad, auch geographische Breite genannt, ist eine Position, die sich anhand imaginärer horizontaler Linien auf einer Karte oder einem Globus bemisst, die von Ost nach West parallel zum Äquator verlaufen.

Champlevé, auch Grubenschmelz genannt, ist eine bestimmte Art von Zifferblättern aus massivem Silber oder Gold, oft mit eingearbeiteten Ziffern, die mit schwarzem Glasfluss, früher auch mit einer Art »Siegelwachs«, gefüllt wurden und gewöhnlich mit kunstvollen Gravuren, Durchbrüchen und Ziselierungen versehen sind. Heute bezieht sich der Begriff auch auf Zifferblätter, die graviert und dann mit durchscheinendem Email überzogen sind.

Chronometer ist die Bezeichnung für eine Klein- oder Großuhr, die nach höchsten Genauigkeitsstandards arbeitet. Dieser Titel wird von unabhängigen, nationalen Gremien vergeben, die die Zeitmesser überprüfen. In der Vergangenheit geschah dies in Observatorien wie in Kew (Großbritannien), Besançon (Frankreich) sowie Neuchâtel und Genf (Schweiz). Die derzeitig wichtigste Kontrollstelle ist die Contrôle Officiel Suisse des Chronomètres (kurz: COSC). Die Ganggenauigkeit wird über einen Zeitraum von mehreren Tagen (fünfzehn Tage bei der COSC; Kew hatte früher eine vierundvierzigtägige Prüfzeit) und bei verschiedenen Temperaturen und Lagen gemessen. Nur Uhren, die diese strengen Vorgaben erfüllen, dürfen sich Chronometer nennen.

Chronograph ist eine Uhr mit Stoppuhrfunktion, die sich starten, stoppen und zurücksetzen lässt, ohne die Zeitmessung der Uhr zu beeinträchtigen.

Doppelgehäusig bezeichnet man eine Uhrenkonstruktion, bei der das Uhrwerk in einem Innengehäuse untergebracht ist, das von einem Außengehäuse geschützt wird.

Ébauche ist die Bezeichnung für ein standardisiertes Rohwerk, das auf Bestellung vollständig, aber unfertig an einen Uhrenhersteller geliefert wird, der es anpassen, veredeln und signieren kann, bevor er es mit eigenem Gehäuse, Zifferblatt und eigenen Zeigern ausstattet. Die Ébauche-Produktion wurde Mitte des 19. Jahrhunderts perfektioniert.

Eingriff ist der Abstand zweier ineinandergreifender Komponenten. Ein optimaler Eingriff sorgt dafür, dass die Teile effizient zusammenarbeiten, ohne aneinander vorbeizurutschen (dann ist der Eingriff nicht tief genug) oder sich zu blockieren und zu viel Reibung zu erzeugen (dann ist der Eingriff zu tief).

Englische Ankerhemmung, auch Spitzzahnankerhemmung genannt, ist eine in England erfundene Hemmungsart, die dort von der zweiten Hälfte des 18. Jahrhunderts bis zum Beginn des 20. Jahrhunderts zum Einsatz kam. Sie unterscheidet sich von der Schweizer Ankerhemmung durch die Form der Zähne des Hemmrades, die lang, fein und spitz sind.

Établissage ist eine Anfang des 18. Jahrhunderts in der Schweiz aufgekommene frühe Fließfertigung nicht standardisierter Uhren und Uhrwerke (woraus sich die Ébauche entwickelte).

Feuervergoldung ist der Vorläufer der Goldplattierung. Dabei wurde ein Amalgam aus Gold und anderen Metallen sowie Chemikalien in Form einer Paste auf eine Oberfläche von Silber oder einem anderen Basismetall wie Kupfer oder Messing aufgetragen. Die Flüssigkeit wurde mit einer Flamme verdampft, sodass die Goldschicht auf der Oberfläche zurückblieb. Die dabei entstehenden Dämpfe waren äußerst gesundheitsschädlich, denn bei dem Verfahren wurden Zutaten wie Quecksilber, Ammoniak und Salpetersäure verwendet. Die Feuervergoldung wurde von der galvanischen Vergoldung abgelöst.

Formuhr ist die Bezeichnung für eine Uhr aus dem Ende des 16. oder Anfang des 17. Jahrhunderts, die, wie es der Name schon sagt, der Form eines anderen Objekts nachempfunden wurde. Zu beliebten Motiven gehörten Blumen, Tiere, Schädel und religiöse Ikonographie.

Gebläuter Stahl ist Stahl, der wärmebehandelt wurde, traditionell mit der Flamme einer Spirituslampe, um eine Oxidschicht zu erzeugen, die ihn blau erscheinen lässt. Während der Stahl erhitzt wird, verändert er die Farbe. Zunächst wird er strohgelb, dann dunkelviolett, dann nachtblau. Dieses Blau hellt sich allmählich zu einem leuchtenden, fast schon metallischen Hellblau auf, bevor es wieder zu einer stahlgrauen Farbe verblasst. Die Oxidschicht bietet einen gewissen Schutz vor Rost und macht den Stahl härter, aber in der Uhrmacherei wird dieses Verfahren auch aus rein ästhetischen Gründen angewendet. Der Uhrmacher wählt seinen bevorzugten Farbton aus und unterbricht den Farbwechsel, indem er den Stahl nicht weiter erhitzt.

Eine gläserne Spirituslampe,
die Uhrmacher beispielsweise
zum Bläuen von Stahl benutzten.

Guillochieren ist eine Graviertechnik, die auf einer Rundzug- oder Geradzugmaschine ausgeführt wird. Dabei entsteht eine geometrische Form, die an das Muster eines Spirographen oder an ein Korbgeflecht erinnert.

Hemmung ist die Sammelbezeichnung für die Baugruppe einer Uhr, die die von der Zugfeder übertragene Energie drosselt und dafür sorgt, dass sich das Räderwerk in einem gleichmäßigen Gang dreht, der sich für die Zeitmessung nutzen lässt.

Komplikationen sind Funktionen, die über die reine Zeitanzeige und Verbesserung der Ganggenauigkeit hinausgehen, wie zum Beispiel ein Chronograph, eine Kalenderanzeige oder ein Repetitionsschlagwerk.

Krone, auch Knopf oder Bügelknopf genannt, ist ein Bauteil an der Seite des Gehäuses, das sich zum Aufziehen oder Einstellen der Uhrzeit drehen lässt.

Kronenaufzug ist die Baugruppe, die für den Aufzug einer Uhr sorgt und den Wechsel zwischen Aufzug und Zeigerstellung reguliert (bei modernen Uhren durch Herausziehen der Krone). In Zeigerstellung greift die Mechanik in das Zeigerwerk ein.

Lagenfehler ist eine Abweichung in der Ganggenauigkeit, die durch eine Änderung der Schwerkrafteinwirkung verursacht wird, wenn die Uhr in verschiedenen Lagen bewegt wird, wie es beim Tragen der Fall ist.

Längengrad, auch geographische Länge genannt, ist eine Position, die sich anhand imaginärer vertikaler Linien bemisst, die auf einem Globus vom Nord- zum Südpol verlaufen und vom Nullmeridian in Greenwich aus gezählt werden.

Lünette ist der vordere Teil eines Uhrengehäuses, der das durchsichtige Uhrglas (aus Mineral- oder Saphirglas) einfasst, das den Blick auf das Zifferblatt freigibt.

Masstige ist ein Kofferwort aus »Masse« und »Prestige«, das sich auf die Kommerzialisierung von Luxusgütern bezieht.

Nullmeridian, auch Greenwich-Meridian genannt, ist eine imaginäre Linie, die durch Greenwich bei London verläuft. Auf seinem Gegenbogen befindet sich die Datumsgrenze.

Paletten (Eingangs- und Ausgangspalette), auch Ankersteine genannt, sind die Teile der Hemmung, die jeweils einen Zahn des Hemmrades arretieren oder freigeben. Durch dieses regelmäßige, zeitversetzte Arretieren und Freigeben wird die Energie von der Zugfeder auf einen gleichmäßigen Gang reguliert, der sich für die Zeitmessung nutzen lässt.

Pare-chute oder **Parachute** ist der Name der ersten Stoßsicherung, die 1790 in ein Uhrwerk eingebaut wurde. Sie wurde von Abraham-Louis Breguet in Paris erfunden und verhinderte, dass die empfindlichen Zapfen der Unruhwelle zerbrachen, wenn die Uhr angestoßen oder fallen gelassen wurde.

Piezoelektrizität, vom griechischen Wort für »drücken«, bezieht sich in diesem Zusammenhang auf die kleine elektrische Ladung, die die Oberfläche eines Quarzkristalls abgibt, wenn auf sie ein mechanischer Druck ausgeübt wird.

Quarz, auch Schwingquarz genannt, ist ein Kristall, der die Frequenz der Oszillatorschaltung in einer batteriebetriebenen Quarz-Armbanduhr auf Grundlage seiner piezoelektrischen Eigenschaften bestimmt.

Räderwerk, im engeren Sinne Gehwerk, sind die Zahnräder und Triebe, die im Zusammenspiel in einem Uhrwerk die Kraft der Zugfeder auf einen gleichmäßigen Gang regulieren, der sich für die Zeitmessung nutzen lässt.

Repetitionsschlagwerk ist der Mechanismus in einer Uhr, der die Stunden und Viertelstunden oder die Stunden, Minuten und Viertelstunden auf Tonfedern oder kleinen Glocken anschlägt.

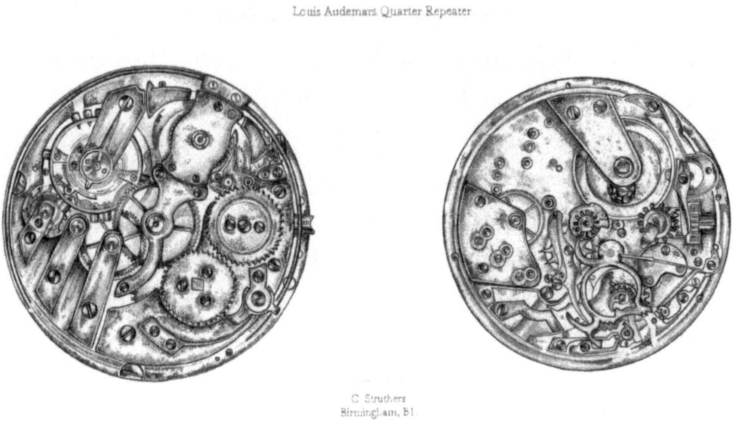

Ein Uhrwerk einer Viertelstunden-Repetieruhr, die um 1860 von Louis-Benjamin Audemars in der Schweiz gefertigt wurde.

Repoussé oder Ziselieren ist eine Form der Metallbearbeitung, bei der ein Muster von der Unterseite in ein Metall getrieben wird, sodass ein Relief entsteht. Dieses wird auf der Vorderseite graviert und im Detail ausgearbeitet. Diese Technik findet sich häufig auf dem Außengehäuse doppelgehäusiger Uhren des 18. Jahrhunderts.

Schnecke ist ein Bauelement, das für eine gleichmäßige Drehkraft der Zugfeder sorgt. Wenn die Zugfeder voll aufgezogen ist, übt sie eine stärkere Drehkraft aus, als wenn sie fast entspannt ist. Die Kraft wird mithilfe einer Darmsaite (später einer Kette) ausgeglichen, die das Drehmoment auf einen Konus mit gewindeartiger Nut überträgt, den man Schnecke nennt. Bei voll aufgezogener Zugfeder wickelt sich die Kette um den kleinsten Durchmesser der Schnecke ab und reduziert so die Kraft der Zugfeder. Die Kette geht auf einen immer größeren Durchmesser über und gleicht damit die nachlassende Kraft der Zugfeder durch eine größere Hebelwirkung aus.

Schwingung ist die regelmäßige Hin-und-her-Bewegung oder der Rhythmus eines Objekts wie eines Pendels oder Rades.

Spiel ist das Ausmaß der End- oder Seitbewegung eines Drehzapfens oder einer Welle im Lager. Zu viel Bewegungsfreiraum wirkt sich auf den Eingriff aus, zu wenig führt zum Festfressen des Bauteils.

Spindelbrücke, später Unruhbrücke, ist der Name eines Bauteils, das auf der oberen Platine einer Uhr mit Spindelhemmung angebracht ist (vereinzelt auch bei frühen Anker- und Zylinderhemmungen) und den oberen Zapfen der Unruhwelle sichert. Es besteht aus einer runden oder länglichen Platte, die oft durchbrochen und/oder graviert ist und in Form einer Brücke durch zwei mit Schrauben befestigte Füße mit der Platine verbunden ist.

Spindelhemmung ist der Name der ersten Hemmung in Uhren. Der in Groß- und Kleinuhren eingesetzte und Anfang des 19. Jahrhunderts abgelöste Mechanismus besteht aus einer Spindel mit zwei Lappen, die im rechten Winkel zueinander stehen. Die an einer Waag, später Unruh, befestigte Spindel schwingt hin und her, sodass die Lappen abwechselnd einen Zahn des Gang- oder Kronrad genannten Hemmrades arretieren und freigeben.

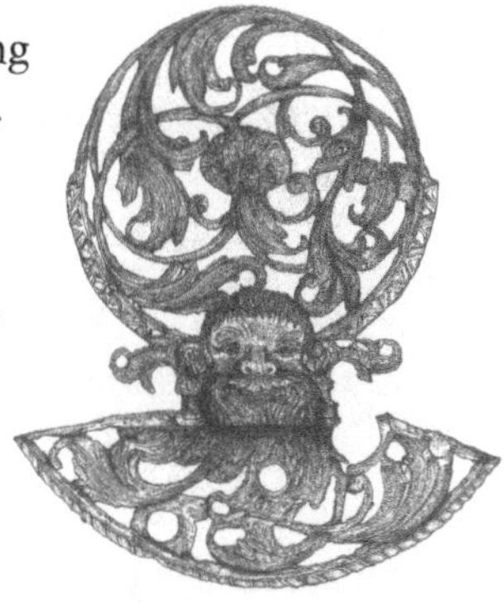

Ein durchbrochener und gravierter Unruhkloben mit dem Motiv des Grünen Mannes, wie er sich in einer englischen Taschenuhr aus den 1760er-Jahren fand.

Spindelkloben ist wie eine Spindelbrücke, hat aber nur einen Fuß, der mit einer Schraube an der Platine befestigt wird.

Spiralfeder, auch Unruhfeder genannt, ist die feine, spiralförmige Feder, die für eine gleichmäßige Schwingung der Unruh sorgt. Wenn ihre Wirklänge gekürzt wird, geht die Uhr schneller, wenn sie verlängert wird, geht die Uhr langsamer. Die Spiralfeder ist in der Mitte durch eine Spiralrolle mit der Unruhwelle verbunden. In frühen Uhren war sie aus Schweineborsten gefertigt.

Steine, auch Lagersteine genannt, heißen die Lager der Drehzapfen, die heute aus synthetischem Korund (Rubin oder Saphir) bestehen. Korund wird wegen seiner außergewöhnlichen Verschleißfestigkeit geschätzt. Sie lösten die Messinglager ab und kamen im 18. Jahrhundert auf.

Stoßsicherung ist die Sammelbezeichnung für Bauteile, die dazu beitragen, dass die Zapfen bei einem Aufprall nicht brechen. Dazu gehört auch die *Pare-chute*, die im Laufe der Jahrhunderte verfeinert und umgestaltet wurde, sodass es heute eine Vielzahl an Systemen gibt.

Temperaturkompensation bezieht sich auf eine Reihe verschiedener Erfindungen, die das Ausdehnen und Zusammenziehen von Metallen beim Wechsel zwischen warmen und kalten Temperaturen ausgleichen.

Tourbillon ist eine von Abraham-Louis Breguet 1801 erfundene Vorrichtung, die dem Lagenfehler entgegenwirkt, indem Hemmung und Unruh in einen Käfig verlagert werden, der sich ständig um dreihundertsechzig Grad dreht.

Treiben ist ein Verfahren, bei dem Metall durch wiederholtes Schlagen und Ausglühen (Verbesserung der Verformbarkeit durch Erwärmen) in die Gestalt eines Objekts wie einer Schüssel, eines Bechers oder eines Uhrengehäuses gebracht wird.

Uhrmacherlupe ist ein Vergrößerungsglas, das in die Augenhöhle geklemmt wird. Für allgemeine Arbeiten wird eine Dreifachvergrößerung verwendet, für genauere Untersuchungen kommt eine Reihe von Lupen zum Einsatz, gewöhnlich bis zu einer zwanzigfachen Vergrößerung.

Unruh, auch Unruhring oder Unruhreifen genannt, ist ein schwingendes Rad in einem Uhrwerk, das an die Form eines Lenkrades erinnert und für die Regulierung der von der Zugfeder freigesetzten Kraft zuständig ist. Es ist reibschlüssig mit der Unruhwelle verbunden.

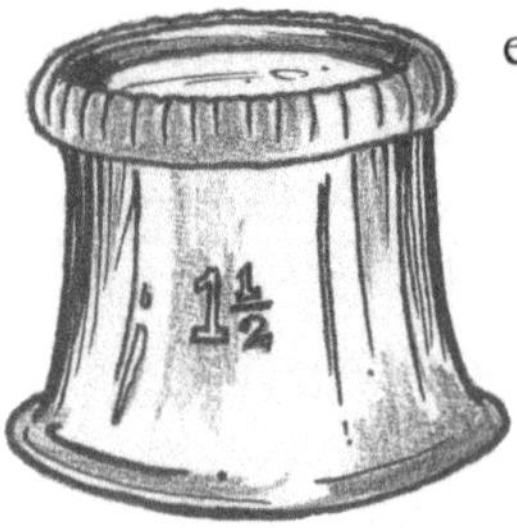

Eine Uhrmacherlupe.

Unruhfeder (siehe **Spiralfeder**).

Unruhwelle heißt die zentrale Komponente oder das Rückgrat des Unruhsystems. Unruhreifen, Doppelrolle und die Spiralrolle in der Mitte der Spiralfeder sind reibschlüssig mit der Welle verbunden, die unten und oben auf Zapfen beweglich gelagert ist. Variationen der Unruhwelle bilden die Grundlage jedes Unruh-Feder-Schwingsystems, das jemals für Uhren erfunden wurde.

Welle ist eine Stange oder Spindel, auf die ein Teil montiert ist, das sich drehen muss wie ein Zahnrad im Uhrwerk.

Zapfen sind die verjüngten Lagersitze einer Welle, die einen kleineren Durchmesser haben und hochglanzpoliert sind, um die Reibung so weit wie möglich zu verringern. Sie sind die Punkte, um die sich die Welle dreht.

Zeigerwerk ist die Reihe von Rädern und Trieben, die die Bewegung der Zeiger steuern. Das Stundenrad dreht sich in zwölf Stunden einmal, das Minutenrohr in sechzig Minuten einmal. Im Normalbetrieb werden die Zeiger vom Räderwerk angetrieben. Beim Kronenaufzug in Zeigerstellung wird das Zeigerwerk vom Räderwerk getrennt, sodass die Zeit manuell eingestellt werden kann.

Zeitgleichung ist die Differenz zwischen der wahren und der mittleren Sonnenzeit, also die Differenz zwischen der Zeit, die eine Sonnenuhr anzeigt, und der, die eine Uhr anzeigt.

Zugfeder heißt die Antriebsquelle einer mechanischen Uhr. Es ist die Bezeichnung für ein spiralförmig aufgerolltes Metallband, das sich in einem Federhaus befindet und um einen Federkern gewickelt werden kann. Bei der Entspannung erzeugt die Feder eine Drehkraft, die über eine Reihe von Zahnrädern auf die Hemmung übertragen wird, die die Drehgeschwindigkeit reguliert.

Bibliographie

Abulafia, D.: *The Boundless Sea: A Human History of the Oceans*, London, Allen Lane 2019.

Albert, H.: »Zoned out on timezones«, in: *Maize*, 30. Januar 2020. Abrufbar unter: www.maize.io/magazine/timezones-extreme-jet-laggers (letzter Zugriff 12. Mai 2021).

Álvarez, V. P.: »The Role of the Mechanical Clock in Medieval Science«, in: *Endeavour*, 39 (1), 2015, S. 63–68.

Anonym: *A View of Real Grievances, with Remedies Proposed for Redressing Them*, London 1772.

Anonym: *Pioneers of Precision Timekeeping*. Ein Symposium, veröffentlicht von der Antiquarian Horological Society als Monographie Nr. 3, 1967.

Anonym: *The Reign of Terror, a Collection of Authentic Narratives of the Horrors Committed By the Revolutionary Government of France Under Marat and Robespierre*, Philadelphia, J. B. Lippincott Company 1898.

Anonym/Verschiedene: »BBC documentary examines the deep scars left from Dundee Timex closure, 26 years on«, in: *Evening Telegraph*, 15. Oktober 2019. Abrufbar unter: www.eveningtelegraph.co.uk/fp/bbc-documentary-examines-the-deep-scars-left-from-dundee-timex-closure-26-years-on (letzter Zugriff: 14. Mai 2021).

Antiquorum: *The Art of Breguet*. Habsburg Fine Art Auctioneers. Verkaufskatalog 14. April, Schudeldruck, Genf 1991.

Baker, A.: »›Precision‹, ›Perfection‹, and the Reality of British Scientific Instruments on the Move during the 18th Century«, in: *Material Culture Review*, 74–5 (Frühjahr), 2012, S. 14–28.

Baker, S. M. und Kennedy, P. F.: »Death by Nostalgia: A Diagnosis of Context-Specific Cases«, in: *NA – Advances in Consumer Research*, Band 21, Hg. Chris T. Allen und Deborah Roedder John, Association for Consumer Research, Provo, UT, 1994, S. 169–174.

Balmer, R. T.: »The Operation of Sand Clocks and Their Medieval Development«, in: *Technology and Culture*, 19 (4), 1978, S. 615–632.

Barrell, J.: *The Dark Side of the Landscape: The Rural Poor in English Painting*, Cambridge, Cambridge University Press 1980.

Barrie, D.: *Sextant: A Voyage Guided by the Stars and the Men Who Mapped the World's Oceans*, London, William Collins 2015.

Barrie, D.: *Incredible Journeys: Exploring the Wonders of Animal Navigation*, London, Hodder & Stoughton 2019.

Bartky, I.: »The Adoption of Standard Time«, in: *Technology and Culture*, 30 (1), 1989, S. 25–56.

Baxter, R.: *A Christian directory, or, A summ of practical theologie and cases of conscience directing Christians how to use their knowledge and faith, how to improve all helps and means, and to perform all duties, how to overcome temptations, and to escape or mortifie every sin: in four parts …* / von Richard Baxter. Gedruckt von Robert White für Nevill Simmons, London 1673.

Beck, J.: »When Nostalgia Was a Disease«, in: *The Atlantic*, 14. August 2013. Abrufbar unter: www.theatlantic.com/health/archive/2013/08/when-nostalgia-was-a-disease/278648 (letzter Zugriff: 14. Mai 2021).

Bedini, Silvio A.; Doggett, Rachel und Quinones, Ricardo J.: *Time: the Greatest Innovator*, Washington, D.C., Folger Shakespeare Library 1986.

Betts, J.: *Harrison*, London National Maritime Museum 2020.

Birth, K.: »Breguet's Decimal Clock«. The Frick Collection, in: *Members' Magazine*, Winter, 2014.

Breguet: »*Grande Complication« pocket watch number 1160.* Abrufbar unter: www.breguet.com/en/house-breguet/manufacture/marie-antoinette-pocket-watch (letzter Zugriff: 18. Mai 2021). Dt.: *»Grand Complication« Nr. 1160.* Abrufbar unter: www.breguet.com/de/haus-breguet/manufaktur/taschenuhr-marie-antoinette (letzter Zugriff: 8. Oktober 2023).

Breguet: *1810, The First Wristwatch*, 2021. Abrufbar unter: www.breguet.com/en/history/inventions/first-wristwatch (letzter Zugriff: 18. Mai 2021). Dt.: *1810 – Die erste Armbanduhr.* Abrufbar unter: www.breguet.com/de/zeitleiste/1801-1823/invention/die-erste-armbanduhr-10831 (letzter Zugriff: 8. Oktober 2023).

Breguet, C.: *Horologer.* Übersetzt von W. A. H. Brown, Middlesex, E. L. Lee, 1962.

Centre, J. I.: »Bacteria Can Tell the Time with Internal Biological Clocks«, in: *Science Daily*, 8. Januar 2021. Abrufbar unter: https://scitechdaily.com/bacteria-can-tell-the-time-with-internal-biological-clocks (letzter Zugriff: 22. April 2021).

Chapuis, A. und Jaquet, E.: *The History of the Self-Winding Watch 1770–1931*, London, B. T. Batsford Ltd 1956.

Chapuis, A. und Jaquet, E.: *Technique and History of the Swiss Watch.* Übersetzte Ausgabe. Middlesex, Hamlyn Publishing Group Limited 1970.

Chevalier, J. und Gheerbrant, A.: *Dictionary of Symbols*, Übersetzte 2. Ausgabe, London, Penguin 1996.

Church, R. A.: »Nineteenth-Century Clock Technology in Britain, the United States, and Switzerland«, in: *Economic History Review*, New Series, 28[4], 1975.

Clarke, A.: *The Struggle of the Breeches: Gender and the Making of the British Working Class*, Berkley, University of California Press 1995.

Clarke, A.: »Edinburgh's iconic Balmoral Hotel clock will not change time at New Year«, in: *Edinburgh Live*, 29. Dezember 2020. Abrufbar unter: www.edinburghlive.co.uk/news/edinburgh-news/edinburghs-iconic-balmoral-hotel-clock-19532113 (letzter Zugriff: 5. Mai 2021).

Clayton: *Friendly Advice to the Poor; written and published at the request of the late and present Officers of the Town of Manchester*, 1755.

Corder, J.: »A look at the new $36,000 1969 Seiko Astron«, in: *Esquire*, 6. November 2019. Abrufbar unter: www.esquireme.com/style/watches/40676-a-look-at-the-new-36000-1969-seiko-astron-draft (letzter Zugriff: 8. Oktober 2023).

Cummings, G.: *How the Watch Was Worn: A Fashion for 500 Years*, Suffolk, The Antique Collectors' Club 2010.

Cummings, N. und Gráda, C. Ó.: »Artisanal Skills, Watchmaking, and the Industrial Revolution: Prescot and Beyond«, in: Competitive Advantage in the Global Economy (CAGE) Online Working Paper Series 440, 2019. Abrufbar unter: https://ideas.repec.org/p/cge/wacage/440.html (letzter Zugriff: 8. April 2021).

Daniels, G.: *The Art of Breguet*, London, Sotheby's Publications 1975.

Darling, D.: *The Universal Book of Mathematics: From Algebra to Zeno's Paradoxes*, New Jersey, John Wiley & Sons 2004.

Davidson, H.: »Tiananmen Square watch withdrawn from sale by auction house«, in: *The Guardian*, 1. April 2021. Abrufbar unter: www.theguardian.com/world/2021/apr/01/tiananmen-square-watch-given-chinese-troops-withdrawn-from-sale-fellows-auction-house (letzter Zugriff: 14. Mai 2021).

Davie, L.: »Border Cave finds confirm cultural practices«, in: *The Heritage Portal*, 2020. Abrufbar unter: www.theheritageportal.co.za/article/border-cave-finds-confirm-cultural-practices (letzter Zugriff: 6. Juli 2020).

Davis, A. C.: »Swiss Watches, Tariffs and Smuggling with Dogs«, in: *Antiquarian Horology*, 37 (3), 2016, S. 377–383.

D'Errico, F., Backwell, L., Villaa, P., Deganog, I., Lucejkog, J. J., Bamford, M. K., Highamh, T. F. G., Colombinig, M. P. und Beaumonti, P. B.: »Early Evidence of San Material Culture Represented by Organic Artifacts from Border Cave, South Africa«, in: *Proceedings of the National Academy of Sciences of the United States of America*, 14. August, 109 (33), 2012, S. 13214–13219.

D'Errico, F., Doyon, L., Colagé, I., Queffelec, A., Le Vraux, E., Giacobini, G., Vandermeersch, B. und Maureille, B.: »From Number Sense to Number Symbols. An Archaeological Perspective«, in: *Philosophical Transactions of the Royal Society*, B 373: 20 160 518, 2017.

De Solla Price, D.: »Gears from the Greeks: The Antikythera Mechanism – A Calendar Computer from ca. 80 B.C.«, in: *Transactions of the American Philosophical Society*, 64 Pt. 6. Philadelphia 1974.

Dickinson, H. W.: *Matthew Boulton*, Cambridge, Cambridge University Press 1937.

Diop, C. A.: *The African Origin of Civilization: Myth or Reality*, Chicago, Chicago Review Press 1974.

Dohrn-van Rossum, G.: *History of the Hour: Clocks and Modern Temporal Orders.* Übersetzte Ausgabe, Chicago, The University of Chicago Press 1996 (dt.: *Die Geschichte der Stunde. Uhren und moderne Zeitordnungen*, München, Hanser 1992).

Dohrn-van Rossum, G.: »Clocks, Clock Time and Time Consciousness in the Visual Arts«, in: *Material Histories of Time: Objects and Practices, 14th–19th Centuries* (Hg. G. Bernasconi und S. Thürigen), Berlin, Walter de Gruyter 2020, S. 71–88.

Dowling, J. und Hess, J. P.: *The Best of Time: Rolex Wristwatches: An Unauthorised History*, 3. Ausgabe, Pennsylvania, Schiffer Publishing Ltd 2013.

Dyke, H.: *Our Experience of Time in the Time of Coronavirus Lockdown*, Cambridge Blog 2020. Abrufbar unter: www.cambridgeblog.org/2020/05/our-experience-of-time-in-the-time-of-coronavirus-lockdown (letzter Zugriff: 11. Februar 2021).

Erickson, A. L. (unveröffentlicht): *Clockmakers, Milliners and Mistresses: Women Trading in the City of London Companies 1700–1750*. Abrufbar unter: www.campop.geog.cam.ac.uk/research/occupations/outputs/preliminary/paper16.pdf.

Evers, L.: *It's About Time: From Calendars and Clocks to Moon Cycles and Light Years – A History*, London, Michael O'Mara Books Ltd 2013.

Falk, D.: *In Search of Time: The Science of a Curious Dimension*, New York, St. Martin's Press 2008.

Forster, J. und Sigmond, A.: *Accutron: From the Space Age to the Digital Age*. Assouline Collaboration 2020.

Forsyth, H.: *London's Lost Jewels: The Cheapside Hoard*, London, Philip Wilson Publishers Ltd 2013.

Forty, A.: *Objects of Desire: Design and Society since 1750*, Dumfriesshire, Cameron Books 1986.

Foulkes, N.: »The Independent Artisans Changing the Face of Watchmaking«, in: *Financial Times*, 12. Oktober 2019.

Foulkes, N.: *Time Tamed: The Remarkable Story of Humanity's Quest to Measure Time*, London, Simon & Schuster 2019.

Fraser, A.: *Mary, Queen of Scots*, Ausgabe zum 50. Jahrestag, London, Weidenfeld & Nicolson 2018.

Freeman, S.: »Parents find time passes more quickly, researchers reveal«, in: *The Times*, 22. Februar 2021. Abrufbar unter: www.thetimes.co.uk/article/parents-find-time-passes-more-quickly-researchers-reveal-sqvv0d65v (letzter Zugriff: 22. Juni 2022).

Fullwood, S. und Allnutt, G.: The AHS *Women and Horology* Project, 2017. Abrufbar unter: www.ahsoc.org/resources/women-and-horology/ (letzter Zugriff: 18. Mai 2021).

Ganev, R.: *Songs of Protest, Songs of Love: Popular Ballads in Eighteenth Century Britain*, Manchester, Manchester University Press 2009.

Geffen, Anthony (Regisseur): *The Wildest Dream* (Film). Vereinigte Staaten, Altitude Films und Atlantic Productions 2010 (dt. Titel: *Der kühnste Traum*).

Glasmeier, A. K.: *Manufacturing Time: Global Competition in the Watch Industry, 1795–2000*, London, The Guilford Press 2000.

Glennie, P. und Thrift, N.: *Shaping the Day: A History of Timekeeping in England and Wales 1300–1800*, Oxford, Oxford University Press 2009.

Good, R.: »The Mudge Marine Timekeeper«. *Pioneers of Precision Timekeeping: A Symposium*, London, Antiquarian Horological Society 1965.

Gould, J. L.: »Animal Navigation: The Longitude Problem«, in: *Current Biology*, 18 (5), 2008, S. 214–216.

Guye, S. und Michel, H.: *Time & Space: Measuring Instruments from the 15th to the 19th Century*, London, Pall Mall Press 1971.

Gwynne, R.: *The Huguenots of London*, Brighton, The Alpha Press 1998.

Hadanny, A., Daniel-Kotovsky, M., Suzin, G., Boussi-Gross, R., Catalogna, M., Dagan, K., Hachmo, Y., Abu Hamed, R.; Sasson, E., Fishlev, G., Lang, E., Polak, N., Doenyas, K. et al.: »Cognitive Enhancement of Healthy Older Adults Using Hyperbaric Oxygen: A Randomized Controlled Trial«, in: *Aging* (Albany, NY), 12 (13), 2020, S. 13740–13761.

Häfker, N. S., Meyer, B., Last, K. S., Pond, D. W., Hüppe, L. und Teschke, M.: »Circadian Clock Involvement in Zooplankton Diel Vertical Migration«, in: *Current Biology*, 27 (14), (24. Juli), 2017, S. 2194–2201.

Heaton, H.: *The Yorkshire Woollen and Worsted Industries, from the Earliest Times up to the Industrial Revolution*, Oxford, Clarendon Press 1920.

Helfrich-Förster, C., Monecke, S., Spiousas, I., Hovestadt, T., Mitesser, O. und Wehr, T. A.: »Women Temporarily Synchronize Their Menstrual Cycles with the Luminance and Gravimetric Cycles of the Moon«, in: *Science Advances*, 7, 2021, eabe1358.

Hom, A.: *International Relations and the Problem of Time*, Oxford, Oxford University Press 2020.

House of Commons: *Report from the Committee on the Petitions of Watchmakers of Coventry*, London, 11. Juli 1817.

House of Commons: *Report from the Select Committee Appointed to Consider the Laws Relating to Watchmakers*, London, 18. März 1818.

James, G. M.: *Stolen Legacy: The Egyptian Origins of Western Philosophy*, Nachdruck, Allegro Editions 2017.

Jones, A. R. und Stallybrass, P.: *Renaissance Clothing and the Materials of Memory*, Cambridge, Cambridge University Press 2000.

Jones, M.: *Fake? The Art of Deception*, London, British Museum Publications 1990.

Jones, P. M.: *Industrial Enlightenment: Science, Technology and Culture in Birmingham and the West Midlands 1760–1820*, Manchester, Manchester University Press 2008.

Keats, A. V.: »Chess in Jewish History and Hebrew Literature«, University College, University of London, Dissertation 1993.

Klein, M.: »How to Set Your Apple Watch a Few Minutes Fast«, in: *How-To Geek*. Abrufbar unter: www.howtogeek.com/237944/how-to-set-your-apple-watch-so-it-displays-the-time-ahead (letzter Zugriff: 8. Februar 2021).

Landes, D.: *Revolution in Time: Clocks and the Making of the Modern World*, Harvard University Press, Massachusetts, 1983.

Lardner, D.: *The Museum of Science and Art, Band 6*, London, Walton & Maberly 1855.

Lester, K. und Oerke, B. V.: *Accessories of Dress: An Illustrated Encyclopaedia*, New York, Dover Publications 2004.

Lockyer, J. N.: *The Dawn of Astronomy: A Study of Temple Worship and Mythology of the Ancient Egyptians*, Dover Edition, New York, Dover Publications 2006.

Lum, T.: »Building Time Through Temporal Illusions of Perception and Action: Sensory & Motor Lag Adaption and Temporal Order Reversals«, Vassar College, Dissertation, 2017, S. 6. Abrufbar unter: https://s3.us-east-2.amazonaws.com/tomlum/Building+Time+Through+Temporal+Illusions+of+Perception+and+Action.pdf (letzter Zugriff: 19. April 2021).

Marshack, A.: *The Roots of Civilization*, New York, McGraw-Hill 1971.

Masood, E.: *Science & Islam: A History*, London, Icon Books Ltd 2009.

Mathius, P.: »The Social Structure in the Eighteenth Century: A Calculation by Joseph Massie«, in: *Economic History Review* (Second Series), X (1), 1957, S. 30–45.

Matthes, D.: »A Watch by Peter Henlein in London?«, in: *Antiquarian Horology*, 36 [2], 2015, (Juni 2012), S. 183–194.

Matthes, D. und Sánchez-Barrios, R.: »Mechanical Clocks and the Advent of Scientific Astronomy«, in: *Antiquarian Horology*, 38 (3), 2017, S. 328–342.

May, W. E.: *A History of Marine Navigation*, London, G. T. Foulis 1973.

Mills, C.: »The Chronopolitics of Racial Time«, in: *Time & Society*, 29 (2), 2020, S. 297–317.

Moore, K.: *The Radium Girls*, London, Simon & Schuster 2016.

Morus, I. W. (Hg.): *The Oxford Illustrated History of Science*, Oxford, Oxford University Press 2017.

Mudge, T.: *A Description with Plates of the Time-keeper Invented by the Late Mr. Thomas Mudge*, London 1799.

Murdoch, T. V.: *The Quiet Conquest: The Huguenots, 1685 to 1985*, London, Museum of London 1985.

Murdoch, T. V.: *Europe Divided: Huguenot Refugee Art and Culture*, London, V&A Publishing 2022.

Myles, J.: *Chapters in the Life of a Dundee Factory Boy, an Autobiography*, Edinburgh, Adam & Charles Black 1850.

Neal, J. A.: *Joseph and Thomas Windmills: Clock and Watch Makers; 1671–1737*, Suffolk, St Edmundsbury Press 1999.

Newberry, P. E.: »The Pig and the Cult-Animal of Set«, in: *The Journal of Egyptian Archaeology*, 14 (3/4), 1928, S. 211–225.

Newman, S.: *The Christchurch Fusee Chain Gang*, Stroud, Amberley Publishing 2010.

Oestmann, G.: »Designing a Model of the Cosmos«, in: *Material Histories of Time: Objects and Practices, 14th–19th Centuries* (Hg. G. Bernasconi und S. Thürigen), Berlin, Walter de Gruyter, 2020, S. 41–54.

Payne, E.: »Morbid Curiosity? Painting the Tribunale della Vicaria in Seicento Naples«, 2021 (Vorlesung, Courtauld Research Forum, 3. Februar 2021).

Peek, S.: »Knocker Uppers: Waking up the Workers in Industrial Britain«, BBC, 27. März 2016. Abrufbar unter: www.bbc.co.uk/news/uk-england-35840393 (letzter Zugriff: 10. Januar 2021).

Popova, M.: »Why Time Slows Down When We're Afraid, Speeds Up as We Age, and Gets Warped on Vacation«, in: *The Marginalian*, 15. Juli 2013. Abrufbar unter: www.themarginalian.org/2013/07/15/time-warped-claudia-hammond (letzter Zugriff: 16. September 2022).

Quickenden, K. und Kover, A. J.: »Did Boulton Sell Silver Plate to the Middle Class? A Quantitative Study of Luxury Marketing in Late Eighteenth-Century Britain«, in: *Journal of Macromarketing*, 27 (1), 2007, S. 51–64.

Rameka, L.: »Kia whakatōmuri te haere whakamua: I walk Backwards into the Future with My Eyes Fixed on My Past«, in: *Contemporary Issues in Early Childhood*, 17 (4), 2016, S. 387–398.

Ramirez, A.: *The Alchemy of Us: How Humans and Matter Transformed One Another*, Cambridge, Massachusetts, The MIT Press 2020.

Rees, A. (Hg.): *The Cyclopaedia, or Universal Dictionary*, Band 2. London, Longman, Hurst, Rees, Orme and Brown 1820.

Ribero, A.: *Dress and Morality*, London, B. T. Batsford 2003.

Roe, J. W.: *English and American Tool Builders: Henry Maudslay*, New York, McGraw-Hill 1916.

Rolex: *Perpetual Spirit: Special Issue – Exploration*, Rolex SA, Genf 2011.

Rooney, D.: *Ruth Belville: The Greenwich Time Lady*, London, National Maritime Museum 2008.

Saliba, G.: *Islamic Science and the Making of the European Renaissance*, Cambridge, Massachusetts, The MIT Press 2011.

Salomons, D. L.: *Breguet 1747–1823*. Nachdruck von Alpha Editions 2021.

Sandoz, C.: *Les Horloges et les Maîtres Horologeurs à Besançon; du XVe Siècle a la Révolution Française*, Besançon, J. Millot et Cie 1904.

Scarsbrick, D.: *Jewellery in Britain 1066–1837: A Documentary, Social, Literary and Artistic Survey*, Norwich, Michael Russell Ltd 1994.

Scott, R. F.: *Scott's Last Expedition* (herausgegeben 1941), London, John Murray, 1911–1912.

Seneca, L. A.: *Von der Kürze des Lebens / Vom glücklichen Leben*, Ditzingen, Reclam 2023, S. 19. Aus dem Lateinischen von Marion Giebel.

Shaw, M.: *Time and the French Revolution*, Suffolk, The Boydell Press 2011.

Snir, A., Nadel, D., Groman-Yaroslavski, I., Melamed, Y., Sternberg, M., Bar-Yosef, O. et al.: »The Origin of Cultivation and Proto-Weeds, Long Before Neolithic Farming«, in: *PLoS ONE*, 10 (7), 2015. Abrufbar unter: www.sciencedaily.com/releases/2015/07/150722144709.htm (letzter Zugriff: 10. August 2020).

Sobel, D.: *Längengrad*, Berlin, Berliner Taschenbuchverlag 2003, S. 72–76. Aus dem Amerikanischen von Matthias Fienbork.

Sobel, D. und Andrewes, W. J. H.: *The Illustrated Longitude: The True Story of a Lone Genius Who Solved the Greatest Scientific Problem of His Time*, London, Fourth Estate 1995.

Stadlen, N.: *What Mothers Do (Especially When It Looks Like Nothing)*, London, Piatkus Books 2004.

Steiner, S.: »Top Five Regrets of the Dying«, in: *Guardian*, 1. Februar 2012. Abrufbar unter: www.theguardian.com/lifeandstyle/2012/feb/01/top-five-regrets-of-the-dying (letzter Zugriff: 23. Juli 2020).

Stern, T.: »Time for Shakespeare: Hourglasses, Sundials, Clocks, and Early Modern Theatre«, in: *Journal of the British Academy*, Band 3, 1–33 (19. März) 2015.

Stubberud, S. C., Kramer, K. A. und Stubberud, A. R.: »Image Navigation Using a Tracking-Based Approach«, in: *Advances in Science, Technology and Engineering Systems Journal*, 2 (3), 2017, S. 1478–1486.

Sullivan, W.: »The Einstein Papers. A Man of Many Parts«, in: *New York Times*, 29. März 1972. Abrufbar unter: www.nytimes.com/1972/03/29/archives/the-einstein-papers-a-man-of-many-parts-the-einstein-papers-man-of.html (letzter Zugriff: 14. Mai 2021).

Tann, J.: »Borrowing Brilliance: Technology Transfer across Sectors in the Early Industrial Revolution«, in: *International Journal for the History of Engineering and Technology*, 85 (1), 2015, S. 94–114.

Taylor, J. und Prince, S.: »Temporalities, Ritual, and Drinking in Mass Observation's Worktown«, in: *The Historical Journal,* Cambridge University Press, 2020, S. 1–22.

Thompson, A.: *Time and Timekeepers*, London, T. & W. Boone 1842.

Thompson, D.: *Watches in the Ashmolean Museum,* Oxford, Ashmolean Handbooks, Ashmolean Museum, 2007.

Thompson, D.: *Watches*, London, British Museum Press 2014.

Thompson, E. P.: »Über Zeit, Arbeitsdisziplin und Industriekapitalismus«, in: Holloway, J. und Thompson, Edward P.: *Blauer Montag*, Hamburg, Nautilus 2007. Deutsch von Lars Stubbe.

Thompson, W. I.: *The Time Falling Bodies Take to Light: Mythology, Sexuality and the Origins of Culture*, Digitaldruck, New York, St. Martin's Press 2008.

Verhoeven, G.: »Time Technologies«, in: *Material Histories of Time: Objects and Practices, 14th–19th Centuries* (Hg. G. Bernasconi und S. Thürigen), Berlin, Walter de Gruyter 2020, S. 103–115.

Wadley, L.: *Early Humans in South Africa Used Grass to Create Bedding, 200,000 years ago*. YouTube Video, 2020. Abrufbar unter: www.youtube.com/watch?v=AzUui4eZI2I (letzter Zugriff: 8. November 2020).

Walker, R.: *Blacks and Science Volume One: Ancient Egyptian Contributions to Science and Technology and the Mysterious Sciences of the Great Pyramid*, London, Reklaw Education Ltd 2013.

Weiss, A.: »Why Mexicans celebrate the Day of the Dead«, in: *The Guardian*, 2. November 2010. Abrufbar unter: www.theguardian.com/commentisfree/belief/2010/nov/02/mexican-celebrate-day-of-dead (letzter Zugriff: 2. September 2020).

Weiss, L.: *Watch-making in England, 1760–1820*, London, Robert Hale Ltd 1982.

Wesolowski, Z. M.: *A Concise Guide to Military Timepieces 1880–1990*. Nachdruck, Wiltshire, The Crowood Press 1996.

Whitehouse, D.: »›Oldest sky chart‹ found«, BBC, 21. Januar 2003. Abrufbar unter: http://news.bbc.co.uk/1/hi/sci/tech/2679675.stm (letzter Zugriff: 12. Juni 2020).

Wilkinson, C.: *British Logbooks in UK Archives 17th–19th Centuries. A Survey of the Range, Selection and Suitability of British Logbooks and Related Documents for Climatic Research* [online] 2009.

Wragg Sykes, R.: *Kindred: Neanderthal Life, Love, Death and Art*, London, Bloomsbury Sigma 2020 (dt.: *Der verkannte Mensch. Ein neuer Blick auf Leben, Liebe und Kunst der Neandertaler*, München, Goldmann 2023).

Yazid, M., Akmal, A., Salleh, M., Fahmi, M. und Ruskam, A.: »The Mechanical Engineer: Abu'l –'Izz Badi'u'z – Zaman Ismail ibnu'r – Razzaz al Jazari«, 2014 (Seminar über Religion und Wissenschaft: Beiträge zum Islam, 1. Semester, 2014/2015, 9. Dezember, Skudai, Johor, Malaysia).

Yoshihara, N.: »›Cheap Chic‹ Timekeepers: Swatch Watches Offer Many Scents, Patterns«, in: *Los Angeles Times*, 21. Juni 1985. Abrufbar unter: www.latimes.com/archives/la-xpm-1985-06-21-fi-11660-story.html (letzter Zugriff: 14. Mai 2021).

Zaimeche, S.: *Toledo*, in: Foundation for Science Technology and Civilisation. Juni 2005, Pub. ID 4092.

Zaslavsky, C.: »Women as the First Mathematicians«, in: *International Study Group on Ethnomathematics Newsletter*, 7 (1), Januar 1992.

Zaslavsky, C.: *Africa Counts: Number and Pattern in African Cultures*, 3. Ausgabe, Chicago, Lawrence Hill Books 1999.

Uhrensammlungen

Den Entwicklungsgang eines Objekts zu erkunden, ist nur möglich, wenn man den Forschungsgegenstand in Augenschein nehmen und untersuchen kann. Dieses Buch wäre nicht möglich gewesen ohne die Unterstützung einiger der vielen Uhrensammlungen in Museen und Kunstgalerien auf der ganzen Welt.

Falls Sie sich einige der Zeitmesser, die ich in diesem Buch beschreibe, und andere solcher Beispiele einmal anschauen möchten, finden Sie im Folgenden eine Aufstellung der Museen mit öffentlich zugänglichen Uhrensammlungen. Einige davon sind in umfangreichere Kunst- und Designausstellungen eingebettet, sodass ein wenig Laufarbeit vonnöten ist, um alle betrachten zu können. Manche der Museen sind klein und nicht immer geöffnet, andere bieten nach Voranmeldung Führungen und einen Blick hinter die Kulissen an. Ich empfehle Ihnen, vor Ihrem Besuch mit den Museen in Kontakt zu treten und sich zu erkundigen, welche Artefakte derzeit ausgestellt werden oder ob eine Kuratorin oder ein Kurator verfügbar ist, der Ihnen die nicht präsentierten Objekte zeigen kann!

Europa

Belgien
Mechelen: Horlogeriemuseum

Dänemark
Aarhus: Danmarks Nationale Ursamling / Den Gamle By

Deutschland
Albstadt-Onstmettingen: Philipp-Matthäus-Hahn-Museum
Bad Grund: Uhrenmuseum Bad Grund
Furtwangen: Deutsches Uhrenmuseum
Glashütte: Deutsches Uhrenmuseum Glashütte
Nürnberg: Uhrensammlung Karl Gebhardt
Pforzheim: Technisches Museum der Pforzheimer Schmuck- und Uhrenindustrie
Schramberg: Junghans Terrassenbau Museum

Finnland
Espoo: Suomen kello-ja korumuseo Kruunu

Frankreich
Besançon: Musée du Temps
Cluses: Musée de l'Horlogerie et du Décolletage
Paris: Conservatoire National des Arts et Métiers
Paris: Musée des Arts et Métiers
Paris: Musée Breguet
Saint-Nicolas d'Aliermont: Musée de l'Horlogerie

Großbritannien
Bury St. Edmunds: Moyse's Hall Museum
Coventry: Coventry Watch Museum
London: British Museum
London: The Clockmakers' Museum / Science Museum
London: Royal Observatory / Royal Museums Greenwich
London: Victoria and Albert Museum
London: The Wallace Collection
Newark: Museum of Timekeeping
Oxford: Ashmolean Museum
Oxford: History of Science Museum / University of Oxford

Italien
Bardino Nuovo: Museo dell'Orologio da Torre »G. B. Bergallo«
Mailand: Museo Nazionale della Scienza e della Tecnologia Leonardo da Vinci

Niederlande
Franeker: Koninklijk Eise Eisinga Planetarium
Joure: Museum Joure
Zaandam: Museum Zaanse Tijd

Österreich
Karlstein: Uhrenmuseum
Wien: Uhrenmuseum des Wien Museum

Rumänien
Ploieşti, Prahova: Muzeul Ceasului »Nicolae Simache«

Russland

Angarsk, Sibirien: Angarskij Musej Tschasow
Moskau: Musej »Sobranie«
St. Petersburg: Eremitage

Schweiz

Basel: Haus zum Kirschgarten – Historisches Museum Basel
Fleurier: Chopard Museum L.U.CEUM – Spuren der Zeit
Genf: Musée d'Art et d'Histoire; Patek Philippe Museum
La Chaux-de-Fonds: Musée International d'Horlogerie (MIH)
Le Locle: Musée d'Horlogerie du Locle / Château des Monts
Vallée de Joux: Espace Horloger
Zürich: Uhrenmuseum Beyer

Spanien

Madrid: Museo del Reloj Antiguo

Afrika

Südafrika

Kimberley: McGregor Museum

Asien

China

Macau: Macau Timepiece Museum
Peking: Palastmuseum
Yantai: Polaris Heritage Museum of Clocks and Watches

Japan
Hiroshima: Friedensgedächtnismuseum Hiroshima
Nagano: Uhrenmuseum Gishodo Suwako
Tokio: Daimyo Uhrenmuseum
Tokio: Nationalmuseum der Naturwissenschaften
Tokio: Seiko Museum

Thailand
Bangkok: Clocks & Watches Museum

Australasien

Australien
Melbourne: Museums Victoria

Neuseeland
Whangarei: Claphams National Clock Museum

Nahost

Israel
Jerusalem: Sammlung Salomons / (L. A. Mayer) Museum für Islamische Kunst

Türkei
Istanbul: Topkapı-Palast

Nordamerika

Kanada

Deep River, Ontario: The Canadian Clock Museum
Peace River, Alberta: Alberta Museum of Chinese Horology in Peace River

Mexiko

Jicolapa, Zacatlán, Puebla: Museo de Reloj
Mexiko-Stadt: Museo del Tiempo Tlalpan

USA

Baltimore, Maryland: B&O Railroad Museum
Bristol, Connecticut: American Clock & Watch Museum
Columbia, Pennsylvania: National Watch & Clock Museum (NAWCC)
Evanston, Illinois: Halim Time & Glass Museum
Harrison, Ohio: Orville R. Hagans History of Time Museum (AWCI)
Lockhart, Texas: Southwest Museum of Clocks and Watches
New York: The Frick Collection
New York: Metropolitan Museum of Art
North Grafton, Massachusetts: Willard House & Clock Museum
Philadelphia, Pennsylvania: Philadelphia Museum of Art
San Francisco, Kalifornien: The Interval / The Long Now Foundation
Waltham, Massachusetts: Charles River Museum of Industry and Innovation
Washington, D. C.: National Air and Space Museum

Südamerika

Brasilien
São Paulo: Museu do Relógio Prof. Dimas de Melo Pimenta

Es gibt noch eine Vielzahl anderer Museen mit Uhrensammlungen neben den hier aufgeführten.

Anmerkungen

Rückblickendes Vorwort

1 Laut BBC, wie zitiert in Hom (2020). Zu den zehn am häufigsten gebrauchten Wörtern gehören auch zwei weitere Zeitangaben: »year« (Jahr) und »day« (Tag).

1 Die Sonne im Blick

1 Wadley (2020).
2 Walker (2013), S. 89.
3 Helfrich-Förster et al. (2021).
4 Häfker et al. (2017), S. 2194.
5 Popova (2013).
6 Der in Les Pradelles gefundene Hyänenknochen ist ein weiteres Beispiel eines Knochens, der mit regelmäßigen parallelen Einkerbungen versehen ist, die völlig anders aussehen, als man es bei der Tötung eines Tieres erwarten würde, und der aus einer ähnlichen Zeit wie der Lebombo-Knochen stammt. Der Unterschied ist, dass der Hyänenknochen von Les Pradelles von unseren Verwandten, den Neandertalern, geschnitzt wurde. Bei den Markierungen könnte es sich durchaus um Verzierungen handeln, oder sie sind möglicherweise ein Hinweis auf ein gewisses Rechenvermögen. Siehe Wragg Sykes (2020), S. 254.
7 Der Ishango-Knochen ist derzeit in einer öffentlichen Dauerausstellung im Königlichen Belgischen Institut für Naturwissenschaften in Brüssel, Belgien, zu besichtigen.
8 Thompson, W. I. (2008), S. 95.
9 Snir et al. (2015).
10 Zaslavsky (1999), S. 62.

11 Wragg Sykes (2020), S. 278 f.
12 Rameka (2016), S. 387.
13 Zaslavsky (1999), S. 23.
14 Lockyer (2006), S. 110. Als engagierte Astronomen waren die Ägypter möglicherweise sogar die Vorreiter des heliozentrischen Weltbildes – der Theorie, dass die Erde und andere Planeten um die Sonne kreisen –, obwohl jahrhundertelang das geozentrische Modell von Claudius Ptolemäus aus dem 2. Jahrhundert n. Chr. vorherrschte.
15 Ebenda, S. 343.
16 Walker (2013), S. 16.
17 Ebenda, S. 18 f.
18 Die Beschreibung stammt aus den Berichten von König Alfreds königlichem Biografen, Bischof Asser, aus dem Jahr 893.
19 Balmer (1978), S. 616.
20 May (1973), S. 110.

2 Geniale Erfindungen

1 Deutsche Übersetzung zitiert nach: Ernst Schmutzer und Wilhelm Schütz, *Galileo Galilei*, Leipzig, B. G. Teubner 1989.
2 Masood (2009), S. 163.
3 Ebenda, S. 74.
4 Zaimeche (2005), S. 10.
5 Masood (2009), S. 74.
6 Foulkes (2019), S. 64.
7 Morus (2017), S. 108, wie zitiert in Foulkes (2019), S. 65.
8 Foulkes (2019), S. 65. Leider ist die Uhr von Su Song nicht erhalten. Sie wurde während des Einfalls der Tataren in China im Jahr 1127 erbeutet, doch – ähnlich wie es der Uhr von az-Zarqali aus Toledo widerfahren war – waren auch die Gelehrten der Eroberer nicht in der Lage, sie wieder zusammenzufügen und zum Laufen zu bringen. Das Exemplar, das der ursprünglichen Uhr am nächsten kommt, ist eine voll funktionsfähige, maßstabsgetreue Nachbildung, die vor dem Uhrenmuseum Gishodo Suwako in der Region Suwa steht, einem der größten Uhrmacherzentren Japans, das nur eine kurze Autofahrt von der berühmten Uhrenfirma Seiko entfernt ist.
9 Yazid et al. (2014).
10 Masood (2009), S. 163.

11 Stern (2015), S. 18; aus einem Manuskript des 17. Jahrhunderts, zusammengetragen von Richard Smith und zitiert in: Bedini, Doggett und Quinones (1986), S. 65.
12 Glennie und Thrift (2009), S. 24.
13 Ebenda.
14 Oestmann (2020), S. 42.
15 Ein Exemplar einer Mond-Volvelle ist in den Bodleian Libraries der Universität Oxford zu finden, Zugangsnummer MS. Savile 39, fol. 7r, www.cabinet.ox.ac.uk/lunar-tool#/media=8135 (letzter Zugriff: 19. April 2021).
16 Baker (2012), S. 16.
17 Álvarez (2015), S. 64.
18 Johnson (2014), S. 137.
19 Álvarez (2015), S. 65.
20 König, G. (1991). *Die Uhr.* Koehler & Amelang, Berlin und Leipzig, S. 115. Obwohl die Angabe »vierzig Stunden« zweifelhaft ist, denn Uhren jener Zeit liefen selten länger als einen Tag.

3 Tempus fugit

1 Deutsche Übersetzung zitiert und leicht geändert nach: Maria Stuart, Königin von Schottland: *Sämtliche Gedichte*, Berlin 1921, S. 12. Deutsch von Rudolf Leonhard.
2 Horaz: »Pallida mors aequo pulsat pede pauperum tabernas Regumque turres« (Schäferhütten und Königsschlösser betritt mit gleichem Fuße / Der blasse Tod).
3 Thompson, A. (1842), S. 53 f.
4 Jagger fand Hinweise darauf, dass 1822 in Salisbury eine Totenkopfuhr existierte, von der man annahm, sie habe Maria Stuart gehört, und die wiederum zur Fertigung zweier weiterer Uhren im 19. Jahrhundert geführt haben könnte. In einem Brief aus dem Jahr 1863 des Uhrmachers von Königin Viktoria in Schottland wird eine »Totenkopfuhr, die einst Maria, Königin von Schottland, besaß«, beschrieben. Sie sei in den Besitz der Familie von Sir John Dick Lauder gekommen durch Catherine Seton, die Schwester von Mary Seton, »der die unglückselige Königin die Uhr vor ihrer Hinrichtung vermacht« habe. In einem Transaktionsbuch aus dem Jahr 1895 der St Paul's Ecclesiological Society wird der Verkauf einer »Andachtsuhr mit einer sehr lieblich klingenden Glocke, auf der die Stunden geschlagen

werden, in einem Gehäuse in der Form eines Totenkopfes, das mit Gravuren bedeckt ist«, aufgeführt. »Sie ähnelt stark der Uhr von Sir Thomas W. Dick-Lauder … die, wie er sagte, eine der zwölf war, die Maria ihren bevorzugten Hofdamen schenkte.«

5 Ein Inventar, das während Marias Aufenthalt im Holyrood Palace 1562 erstellt wurde, führt eine beeindruckende Auswahl an Besitztümern auf, darunter sechzig Kleider – viele davon reich bestickt – in ihrer Lieblingsfarbe Weiß sowie in Samtschwarz, Purpurrot und Orange mit silbernen Details. Stoffe aus Gold, Silber, Samt, Satin und Seide warteten darauf, zu Kleidern verarbeitet zu werden. Sie besaß vierzehn Mäntel und Umhänge aus purpurnem Samt und Hermelin sowie vierunddreißig Basquines oder Korsetts.

6 Maria Stuart soll während ihrer Gefangenschaft den Vers »En ma Fin gît mon Commencement« (In meinem Ende liegt mein Anfang) gestickt haben.

7 Fraser (2018), S. 669.

8 Es gibt eine Reihe von Holbein-Porträts, auf denen die Uhren seiner wohlhabenden Auftraggeber deutlich abgebildet sind, darunter das des französischen Diplomaten Charles de Solier (1480–1552), das des Danziger Kaufmanns Georg Gisze (1497–1562) und das Gruppenbildnis des englischen Staatsmannes Thomas Morus (1478–1535) und seiner Familie.

9 Cummings (2010), S. 14.

10 Duftstoffe waren wichtig, nicht nur, um im 16. Jahrhundert Europäern mit feinen Nasen dabei zu helfen, die geruchlichen Herausforderungen des Lebens in einer Stadt ohne ein richtiges Abwassersystem zu bewältigen, sondern man glaubte auch, dass das Räuchern von Duftstoffen Krankheiten wie die Pest abwehren würde.

11 Bis heute wissen wir nicht, wer den Schatz wann und aus welchem Grund vergrub. Die Kuratorin des Schatzes im Museum of London, Hazel Forsyth, hat diesen Fragen einen beträchtlichen Teil ihres Œuvres gewidmet. Ihren Theorien zufolge könnte es sich um einen Goldschmied gehandelt haben, der in den 1642 beginnenden Englischen Bürgerkrieg zog und nie zurückkehrte. Ebenso ist möglich, dass er aufgrund dieses Krieges floh und sich im Ausland in Sicherheit brachte. Wahrscheinlich gehörten die Schmuckstücke einem jakobinischen Goldschmied, der an jenem Ort lebte. Aber wer auch immer es gewesen sein mag, fest steht, dass er nicht lange genug zugegen war, um seinen vergrabenen Schatz zu bergen.

12 Bei Gräueltaten solchen Ausmaßes, die sich vor fast fünfhundert Jahren

ereigneten und bei denen kaum versucht wurde, sie offiziell zu dokumentieren, ist es verständlich, dass die Schätzungen der Zahl der Toten und Vertriebenen in den verschiedenen Quellen stark voneinander abweichen. Ich beziehe mich bei diesen Zahlen auf Murdoch (1985), S. 32.

13 Ribero (2003), S. 65.

14 Ebenda, S. 73.

15 Es findet sich eine Uhr in der Sammlung des British Museum, deren Herkunft, obgleich das strittig ist, mit Cromwell in Verbindung gebracht wird. Ein anderes Exemplar hingegen, das ebenfalls einst dem puritanischen Staatsmann gedient haben soll, tauchte 2019 auf einer Auktion in Carlisle, Cumbria, auf.

16 Insbesondere die Hugenotten waren für ihren Arbeitseifer bekannt. 1708 schilderte Edward Wortley vor dem Unterhaus, dass Arbeit für die Hugenotten »die praktische Ausübung einer von Gott gegebenen Berufung« sei. Der Uhrmacher David Bouguet war ein frommer Protestant – er hatte viermal das Amt des Gemeindeältesten der französischen Kirche in der Threadneedle Street inne – und hätte vermutlich die Ansicht vertreten, dass es eine Sünde sei, seine von Gott verliehene Begabung nicht nach bestem Vermögen einzusetzen. Für die Calvinisten war Zeit ein Beispiel für Gottes Plan, der sich in der Natur manifestierte, und achtsam mit ihr umzugehen, war für sie eine Angelegenheit von religiöser Bedeutung.

17 Dohrn-van Rossum, G. (2020), S. 85.

18 Richardson (1734), wie zitiert in Dohrn-van Rossum (2020), S. 85.

19 Baxter (1673).

20 Fraser (1979), wie zitiert in Dohrn-van Rossum (2020), S. 74.

21 Murdoch (1985), S. 51.

22 Ebenda.

23 Thompson, W. I. (2008), S. 40.

4 Das Goldene Zeitalter

1 Deutsche Übersetzung zitiert nach: Jonathan Swift, *Gullivers Reisen*, Ditzingen, Reclam 2022, S. 47 f. Aus dem Englischen von Hermann J. Real und Heinz J. Vienken.

2 Deutsche Übersetzung zitiert nach: Isaac Newton, *Mathematische Grundlagen der Naturphilosophie*, Sankt Augustin, Academia Verlag 2016, S. 92. Aus dem Englischen von Ed Dellian.

3 Tagebucheintrag von Samuel Pepys vom 13. Mai 1665, in: Pepys (2010)

Tagebücher 1665, Haffmans Verlag, Frankfurt am Main 2010, S. 125. Aus dem Englischen von Georg Deggerich.

4 Ebenda, S. 126.

5 House of Commons (1818), S. 4. Jedes Objekt, dessen Erschaffung eine beträchtliche menschliche Leistung erforderte, wird zu einem individuellen Artefakt, das ein gewisses Maß persönlicher Eigenheiten sowohl bei den Feinheiten der Verarbeitung als auch bei den offensichtlichen Spuren seiner Schöpfer aufweist (wie Signaturen und Herstellerzeichen). Mit einem geschulten Auge kann man diese Zeichen wie einen Text lesen.

6 Cummings und Gráda (2019), S. 11 f.

7 Dickinson (1937), S. 96; Tann (2015), wie zitiert in Cummings und Gráda (2019), S. 19.

8 Thompson, E. P. (2007), S. 30.

9 Stubberud, Kramer und Stubberud (2017), S. 1478.

10 Abulafia (2019), S. 17, 812 f.

11 Sobel (2003), S. 72 f.

12 Ebenda, S. 72.

13 Ebenda, S. 73.

14 Ebenda, S. 76.

15 Robert FitzRoy, wie zitiert in Barrie (2014), S. 227.

16 Henry Raper, wie zitiert in Barrie (2014), S. 89.

17 Baker, A. (2012), S. 15.

18 Ebenda, S. 23 f.

19 National Maritime Museum, Flinders' Aufzeichnungen FLI/11, wie zitiert in Barrie (2014), S. 204.

20 Wilkinson (2009), S. 37.

21 Rodger (2005), S. 382 f., wie zitiert in Barrie (2014), S. 115.

22 Good (1965), S. 44.

5 Zeit der Fälschungen

1 Obwohl Mudge 1767 die freie Ankerhemmung eingeführt hatte, war sie für eine durchschnittliche Taschenuhr jener Zeit so etwas wie eine Zenith Defy (von der behauptet wird, sie sei die präziseste mechanische Uhr auf dem Markt) im Vergleich zu einer einfachen Timex. Die Spindelhemmung war noch der Standard.

2 Chapuis und Jaquet (1970), S. 80 ff.

3 Heaton (1920), S. 306–311, wie zitiert in Cummings und Gráda (2019), S. 6.
4 Ganev (2009), S. 110 f.
5 Cummings und Gráda (2019), S. 6.
6 Clarke (1995), wie zitiert in Ganev (2009), S. 5.
7 Erickson, A. L., S. 2.
8 Die Liste wird häufig aktualisiert, die letzten Zahlen sind einsehbar unter www.ahsoc.org/resources/women-and-horology/.
9 Landes (1983), S. 442.
10 Neal (1999), S. 109.
11 Pitt führte in jener Zeit eine Fülle von Steuern ein, darunter die Einkommenssteuer, um die finanzielle Belastung durch die Koalitionskriege zu kompensieren.
12 Dohrn-van Rossum (2020), S. 78.
13 Ebenda, S. 73.
14 Ebenda, S. 86.
15 Styles (2007), wie zitiert in Verhoeven (2020), S. 111.
16 Verhoeven (2020), S. 105. Die Entwicklung des Zeitbewusstseins wurde auch dadurch gefördert, dass immer mehr Menschen Uhren besaßen. 1675 hatten kaum elf Prozent der Londoner Haushalte eine Uhr, dreißig Jahre später waren es schon siebenundfünfzig Prozent. In den 1770er-Jahren betrafen mehr als zehn Prozent aller Fälle, die vor dem Old Bailey verhandelt wurden, den Diebstahl von Uhren. Gleichzeitig sanken die Durchschnittspreise für Uhren und fielen im Laufe des Jahrhunderts um fünfundsiebzig Prozent. Dennoch ging mehr als die Hälfte der Anzeigen eines Uhrendiebstahls Ende des 18. und Anfang des 19. Jahrhunderts auf wohlhabende Eigentümer zurück, auch wenn diese eine Minderheit in der Bevölkerung darstellten.
17 House of Commons (1817), S. 67.

6 Revolutionszeit

1 Salomons (1921), S. 5.
2 Die Ehre für diese Analogie gebührt dem außerordentlich talentierten Uhrenrestaurator und Meister an der Rundzugmaschine Seth Kennedy.
3 Etwas über Breguets Privatleben in Erfahrung zu bringen, ist eine Herausforderung. Zu seiner Zeit war er eine Berühmtheit, und seitdem ist viel über ihn geschrieben worden, doch es finden sich nur wenige belastbare Fakten über ihn außerhalb seines Schaffens als Uhrmacher. Es gibt Bücher

über sein Leben, in denen seine Familie überhaupt nicht erwähnt wird; selbst die Angaben, wann er ein Werk fertigstellte, können voneinander abweichen. Ich habe mir alle Mühe gegeben, einen Mittelweg einzuschlagen.

4 Je nach Quelle wird Breguets Alter beim Tod seines Vaters mit zehn, elf oder zwölf angegeben.

5 Breguet, C. (1962), S. 5.

6 Ebenda, S. 6.

7 Auch als »der Schrecken« oder die »Terror- oder Schreckensherrschaft« bezeichnet.

8 Paradoxerweise wurde die Guillotine von einem Hinrichtungsgegner, dem Arzt Dr. Joseph-Ignace Guillotin, als humanere Hinrichtungsmethode erfunden. Die Maschine basierte auf früheren Fallbeilen, wie sie in Italien und Schottland zum Einsatz gekommen waren und die nun weiterentwickelt wurden, um eine schnelle und saubere Enthauptung zu gewährleisten.

9 Diese und viele weitere solcher Schilderungen finden sich in Anonymer Autor (1772).

10 Antiquorum (1991).

11 Daniels (2021), S. 6.

12 Die hier erwähnte Uhr kam am 14. Juli 2020 bei Sotheby's unter den Hammer und wurde für 1 575 000 Pfund verkauft. Bei meiner Beschreibung habe ich mich auf die Angaben des Auktionshauses gestützt, die vollständig nachzulesen sind unter www.sothebys.com/en/buy/auction/2020/the-collection-of-a-connoisseur/breguet-retailed-by-recordon-london-a-highly.

13 Mills (2020), S. 301.

14 Shaw (2011).

15 Um die Schaltjahre auszugleichen, wurde alle vier Jahre ein zusätzlicher »Tag der Revolution« eingeführt.

16 Daniels (2021), S. 7.

17 Ebenda, S. 9.

18 Deutsche Übersetzung zitiert nach: Alexander Puschkin, *Eugen Onegin*, Frankfurt am Main und Basel, Stroemfeld 2009, S. 73. Aus dem Russischen von Sabine Baumann unter Mitarbeit von Christiane Körner.

19 Salomons (2019), S. 11 f.

20 Breguet, C. (1962), S. 10. Deutsche Übersetzung zitiert nach: Stendhal, *Reise in Italien (Rom, Neapel, Florenz 1817)*, Berlin, Propyläen 1922, S. 98. Deutsch von Friedrich von Oppeln-Bronikowski.

7 Nach der Stechuhr arbeiten

1 Deutsche Übersetzung zitiert nach: Charles Dickens, *Schwere Zeiten*, München, Boer Verlag 2018, S. 114. Aus dem Englischen von Carl Kolb.
2 Der 1967 veröffentlichte bahnbrechende Essay »Zeit, Arbeitsdisziplin und Industriekapitalismus« des britischen Sozialhistorikers und politischen Aktivisten Edward Palmer Thompson ist eine äußerst ergiebige Quelle, wenn man etwas darüber erfahren will, wie sehr sich Zeit von einer an den Rhythmen der Natur orientierten Strukturierung zu einem Mittel der organisatorischen Kontrolle gewandelt hat. Wenn Sie diesen Abschnitt interessant finden, kann ich Ihnen den ursprünglichen Essay und die Texte, die davon inspiriert wurden, wärmstens empfehlen.
3 Thompson, E. P. (2007), S. 24 f. Das Konzept eines Arbeitstages und Stundenlohns geht auf das 16. Jahrhundert zurück, siehe Glennie und Thift (2009), S. 220.
4 Vgl. Thompson, E. P. (2007), S. 54.
5 Edmund Burke, wie zitiert in Ganev (2009), S. 125.
6 Thompson, E. P. (2007), S. 34 f.
7 Myles (1850), S. 12.
8 Peek (2016). Die Aufwecker waren ein so wichtiger Bestandteil des Londoner Lebens, dass Charles Dickens sie in *Große Erwartungen* erwähnt, wo Mr. Wopsle von einem solchen geweckt wird. Der Beruf war alles andere als kurzlebig und wurde bis in jüngere Zeit ausgeübt. Erst in den 1970er-Jahren hängte der letzte Aufwecker sein Pusterohr an den Nagel.
9 Alfred (1857), wie zitiert in Thompson, E. P. (2007), S. 56.
10 Ebenda, S. 56 f.
11 Rev. J. Claytons *Friendly Advice to the Poor* (1755), wie zitiert in Thompson, E. P. (2007), S. 53.
12 Temple (1739–1796) stammte aus Berwick-upon-Tweed in Northumberland und hatte an der Universität Edinburgh studiert. Er veröffentlichte eine Reihe von Essays, in denen er seine Ansichten über Religion, Macht und Moral zum Ausdruck brachte.
13 Thompson, E. P. (2007), S. 54.
14 Anonymer Autor (1772).
15 Newman (2010), S. 124.
16 Deutsche Übersetzung zitiert nach: Ray Robertson, *Warum nicht? 15 Gründe, doch am Leben zu bleiben*, München, Diederichs 2012, S. 18.
17 Thompson, E. P. (2007), S. 23.
18 Mills (2020), S. 300.

19 Ebenda, S. 308.
20 Thompson, E. P. (2007), S. 64.
21 Hom (2020), S. 210.
22 Thompson, E. P. (2007), S. 64.
23 Ebenda, S. 19–72.
24 Collier, M. (1739): »The Woman's Labour: an Epistle to Mr. Stephen Duck«, in: *Answer to his late Poem, called The Thresher's Labour*, S. 10 f.
25 Ganev (2009), S. 120.
26 Stadlen (2004), S. 86. Eine junge Mutter, die Stadlen interviewt, sagt: »Die Uhrzeit hat keine Bedeutung mehr.«
27 Freeman (2021); Popova (2013).
28 House of Commons (1817), S. 15.
29 Ebenda, S. 5.
30 Thompson, E. P. (2007), S. 31.
31 Hoult, J.: »Prescot Watchmaking in the xviii Century«, in: *Transactions of the Historic Society of Lancashire and Cheshire*, LXXVII (1926), S. 42, wie zitiert in Cummings und Gráda (2019), S. 27.
32 Church (1975), S. 625, wie zitiert in Cummings und Gráda (2019), S. 24.

8 Uhren in Aktion

1 Ramirez (2020), S. 49.
2 Ebenda, Abb. 18–19.
3 »Corn Exchange Dual-Time Clock«, *Atlas Obscura*, www.atlasobscura.com/places/corn-exchange-dualtime-clock.
4 Bartky (1989), S. 26.
5 Slocum, wie zitiert in Barrie (2014), S. 245. Deutsche Übersetzung zitiert nach: Joshua Slocum, *Allein um die Welt segeln*, Aequator Verlag, München 2014. Aus dem Amerikanischen von Manfred Braun; E-Book-Ausgabe.
6 Die Gefahr von Leuchtfarben wurde einer breiten Öffentlichkeit durch die verheerenden Schäden bekannt, die sie bei den »Radium Girls« anrichteten, die in den 1910er- und 1920er-Jahren diese Zifferblätter von Hand mit einem feinen Pinsel bemalten. Zu ihrer Geschichte werden wir im nächsten Kapitel zurückkehren.
7 Scott (1911–1912), S. 235.
8 Ebenda, S. 210.

9 »South African concentration camps«, in: *New Zealand History*, https://nzhistory.govt.nz/media/photo/south-african-concentration-camps (letzter Zugriff: 23. November 2022).
10 »The History of the Nato Watch Strap«, *A. F. 0210*, https://af0210strap.com/the-history-of-the-nato-watch-strap-nato-straps-in-the-great-war-wwi-era/ (letzter Zugriff: 12. Januar 2023).
11 Ebenda.
12 Ebenda.
13 Geffen (2010).
14 Gabardine ist ein strapazierfähiger, dicht gewebter Stoff, der gewöhnlich aus Wolle oder Baumwolle gefertigt wurde und häufig für die Herstellung von Uniformen, Mänteln oder Outdoorbekleidung Verwendung fand.

9 Beschleunigte Zeit

1 Einstein im Rahmen des Einstein-Bohr-Dialogs, siehe J. Wheeler / W. Zurek (Hg.), *Quantum Theory and Measurement*, Princeton University Press, Princeton (1983). Deutsche Übersetzung zitiert nach: Gerda Lier, *Das Untersterblichkeitsproblem*, Teil I, V&R Unipress, Göttingen 2010, S. 104.
2 Gohl (1977), S. 587, wie zitiert in Glasmeier (2000), S. 142.
3 Der Karikaturist M. C. Fisher, wie zitiert in Cummings (2010), S. 232.
4 Dowling und Hess (2013), S. 11.
5 W. I. Lenin, *Briefe aus der Ferne*, Brief 1, »Die erste Etappe der ersten Revolution«, www.marxists.org/deutsch/archiv/lenin/1917/bri-fern/brief1.htm (letzter Zugriff: 11. September 2023).
6 Moore, S. 171.
7 Ebenda, S. 25.
8 Ebenda, S. 9.
9 Ebenda, S. 11.
10 Ebenda, S. 45.
11 Ebenda, S. 8.
12 Ebenda, S. 7 f.
13 Ebenda, S. 10.
14 Ebenda, S. 9 f.
15 Ebenda, S. 16.
16 Ebenda, S. 18 f.
17 Ebenda, S. 111.
18 Ebenda, S. 224.

10 Mensch und Maschine

1 Deutsche Übersetzung zitiert nach: H. G. Wells, *Die Zeitmaschine*, Nikol Verlagsgesellschaft, Hamburg 2023, S. 9. Aus dem Englischen von Ailin Konrad.
2 Davidson (2021).
3 »Reinventing Time: The Original Accutron«, *Hodinkee*, www.hodinkee.com/articles/reinventing-time-original-bulova-accutron (letzter Zugriff: 23. November 2022).
4 Glasmeier (2000), S. 243.
5 Finlay Renwick: »The Digital Watch Turns 50: A Definitive History«, in: *Esquire*, 18. November 2020, www.esquire.com/uk/watches/a34711480/digitalwatch-history/.
6 Yoshihara (1985).
7 Anonym (2019).
8 *South China Post* (1993), S. 3; Hong Kong Trade and Development Council (1998), wie zitiert in Glasmeier (2000), S. 231.
9 Glasmeier (2000), S. 233.
10 Anonym/Verschiedene (2019).
11 »Deep Space Atomic Clock«, NASA, www.nasa.gov/mission_pages/tdm/clock/index.html (letzter Zugriff: 23. November 2022).

11 Der letzte Augenblick

1 Deutsche Übersetzung zitiert nach: William Butler Yeats, *Die Gedichte*, München, Luchterhand 2005, S. 106. Aus »Der grüne Helm und andere Gedichte«, aus dem Englischen von Christa Schwenke.
2 Seneca (2023), S. 19.

Register

Bildnachweis

S. 1 (oben): Mit freundlicher Genehmigung des McGregor Museum, Kimberley, Südafrika. Fotografie des Knochens © F. D'Errico und L. Backwell / McGregor Museum / Andy Pilsbury. Digitale Bearbeitung: Jen O'Shaughnessy.

S. 1 (unten links und rechts): Mit freundlicher Genehmigung des Clockmakers' Museum im Science Museum, London, UK.

S. 2 (oben und unten): Mit freundlicher Genehmigung des Ashmolean Museum, Oxford, UK.

S. 5 (oben und unten): Mit freundlicher Genehmigung des Clockmakers' Museum im Science Museum, London, UK.

S. 6: Mit freundlicher Genehmigung des Museum of Timekeeping, Newark, UK.

S. 7 (oben und unten): Mit freundlicher Genehmigung von James Dowling.

S. 8: Mit freundlicher Genehmigung von Kevin Carter (@kccarter1952).